Laterales Denken

ECON Praxis

Edward de Bono

Laterales Denken

Der Kurs zur Erschließung Ihrer Kreativitätsreserven

ECON Taschenbuch Verlag

Die Deutsche Bibliothek – CIP-Einheitsaufnahme

DeBono, Edward:
Laterales Denken: Der Kurs zur Erschließung Ihrer Kreativitätsreserven / Edward de
Bono. Aus dem Engl. übers. von Margaret Carroux und Wolfgang Eisermann. –
Düsseldorf; Wien: ECON-Taschenbuch-Verl., 1992
(ETB ; 21168 : ECON-Praxis)
Einheitssacht.: Lateral thinking < dt. >
ISBN 3-612-21168-4
NE: GT

Lizenzausgabe
ECON Taschenbuch Verlag GmbH, Düsseldorf und Wien
April 1992

Titel des englischen Originals: Lateral Thinking. A Textbook of Creativity
© 1967 by Edward de Bono, published by Ward Lock Educational Ltd., London
© 1989 für die deutsche Ausgabe by ECON Verlag GmbH, Düsseldorf, Wien, New York
und Moskau.
Aus dem Englischen übersetzt von Margaret Carroux und Wolfgang Eisermann
Umschlaggestaltung: Molesch/Niedertubbesing
Druck und Bindearbeiten: Ebner Ulm
Printed in Germany
ISBN 3-612-21168-4

Inhalt

Vorwort

Den meisten Menschen fällt während ihres ganzen Lebens keine einzige neue Idee ein. Warum?

Ist Kreativität eine so schwierige Sache?

Ist Kreativität ein Geschenk des Zufalls, um das man nur beten kann?

Kann man Kreativität nicht überlegt fördern?

Ist Kreativität die Gabe einer guten Fee, die nur wenige beschenkt? Oder ist Kreativität eine Art des Denkens, die in der herkömmlichen Erziehung nicht ausgebildet, ja sogar untersagt wird?

Ich glaube, daß viele Menschen schöpferische Fähigkeiten besitzen – nur erkennen sie ihre Begabung nicht, da sie nie geübt und ausgebildet wurde. Sie haben nie gelernt, mit zwei Augen zu sehen. Unter »Kreativität« verstehe ich die Fähigkeit, aus dem Gefängnis der alten Ideen auszubrechen und neue zu entwickeln. Diese Art zu denken nenne ich »laterales Denken«.

Ich habe diesen Begriff gewählt, um eine bestimmte Art der Kreativität von der Inspiration des Künstlers abzugrenzen.

Unser Erziehungssystem sorgt sich nicht um die Förderung der Kreativität. Die Erziehung, so meint man, müsse vorhandenes Wissen weitergeben und gegen Veränderungen im Lernprozeß absichern. Die Erziehung erzieht also zur Sachkompetenz, nicht zur Kreativität. Sie übermittelt feste Vorstellungen ohne zu lehren, wie wir Vorstellungen und Ideen verändern.

Gegen dieses Erziehungsziel habe ich nichts einzuwenden. Ich glaube an die Notwendigkeit von Sachkompetenz und Ordnung. Aber beide reichen nicht aus. Wir müssen die Wirksamkeit sachlicher Kompetenz *vervielfachen* durch die Fähigkeit, neue Ideen zu entwickeln.

Warum brauchen wir überhaupt neue Ideen? Die meisten persönlichen, geschäftlichen oder politischen Probleme entstehen durch die Starrheit des Denkens. Lösungen finden wir nur, wenn wir neue Ideen entwickeln und neue Betrachtungsmöglichkeiten erproben. Ich erinnere mich noch an den Fall einer Stahlfirma, die mit einer ganz einfachen Idee Millionenbeträge einsparte. Jeder hätte auf diese Idee kommen können, aber trotzdem fiel sie niemandem ein. So geht es allen neuen Ideen: Sie leuchten schlagartig ein, wenn sie jemand gefunden hat. Aber was immer man auch versucht, man stößt auf sie weder mit Logik noch mit Willensanstrengung – nur mit Kreativität (lateralem Denken). Neue Ideen bewähren sich überall. Im Alltag schafft allein die Starrheit unseres Denkens viele Probleme.

Ich bin davon überzeugt, daß bis in zwanzig Jahren in jeder Schule »Kreativität« unterrichtet wird. Aber das wird für uns zu spät sein. Was wir heute tun können, ist, die traditionelle Erziehung mit Kreativitätstraining zu ergänzen – wenn man die Kreativität als Fertigkeit üben will. Dieses Buch dient sowohl dem Lehrer, der Kreativität in der Schule lehren will (und in diesem Sinn wird es schon verwendet), als auch dem einzelnen, der seine Kreativitätsreserven erschließen will, anstatt das Versäumnis in seiner Erziehung zu bedauern. Vielleicht ist es bedeutsam, daß viele Manager und »Manager-Schulen« dieses ursprünglich als Schulbuch konzipierte Werk verwenden.

Ich glaube nicht, daß Kreativität die Gabe einer guten Fee ist. Ich glaube, sie ist eine Fertigkeit, die wie Autofahren geübt und gelernt werden kann. Wir halten die Kreativität nur für eine Gabe, weil wir uns nie bemüht haben, sie als Fertigkeit zu üben. Kreativität hängt auch nicht mit Intelligenz zusammen. Ich kenne viele sehr intelligente Leute, die nie kreativ geworden sind, und viele weniger intelligente Leute, die ihre kreativen Fähigkeiten zu großer Meisterschaft entwickelt haben.

Dieses Buch ist ein Lehrbuch. Es sollte nicht wie ein Roman gelesen werden. Beim Durcharbeiten sollte man sich Zeit lassen – Wochen, Monate, wenn man will, auch Jahre. Das Wichtigste ist Übung.

Kreativität bedeutet sowohl eine Geisteshaltung als auch die Anwendung bestimmter Techniken. Eine dieser Techniken ist das neue Wortinstrument PO. Dieses neue Wort PO spielt im kreativen Denken eine so wichtige Rolle wie das Wort NEIN im logischen Denken.

Einführung

Laterales Denken ist eng verwandt mit Intuition, Kreativität und Humor. Alle vier Vorgänge haben dieselbe Basis. Aber während man sich Intuition, Kreativität und Humor nur als Gabe wünschen kann, ist laterales Denken ein bewußt erreichter Prozeß. Ebenso wie logisches Denken ist es eine bestimmte, wenn auch ganz andere Art, den Verstand zu gebrauchen.

Bildung hat mit der Annahme von Ideen zu tun, Erziehung damit, die angenommenen Ideen mitzuteilen und weiterzugeben. Bildung und Erziehung beschäftigen sich mit der Verbesserung von Ideen, indem sie sie auf den neuesten Stand bringen. Die einzige Methode, Ideen zu ändern, ist der Widerspruch, der auf zweierlei Art und Weise wirkt. Im einen Fall wird ein einzelner Mensch mit einander entgegengesetzten Ideen konfrontiert. Eine der beiden Ideen gewinnt praktisch die Herrschaft über die andere, die so zwar unterdrückt, aber nicht verändert wird. Im anderen Fall besteht ein Widerspruch zwischen einer neuen Erkenntnis und der alten Idee. Das Ergebnis des Konflikts ist die Veränderung der alten Idee. Dieser Methode bedient sich die Wissenschaft, die immer auf der Suche nach neuen Erkenntnissen ist, welche die alten Ideen ins Wanken bringen und neue entstehen lassen. Aber dies ist nicht nur die Methode der Wissenschaft – es ist auch die des menschlichen Verstandes.

Die Erziehung geht von der sicheren Voraussetzung aus, daß man nur immer mehr Informationen anzuhäufen braucht, damit diese sich zu brauchbaren Ideen formen. Wir haben uns Instrumente zur Verarbeitung von Informationen geschaffen: die Mathematik zu ihrer Ausweitung, das logische Denken zu ihrer Verfeinerung.

Die Methode des Widerspruchs zur Veränderung von Ideen funktioniert gut, wenn die Information objektiv beurteilt werden kann. Sie funktioniert jedoch überhaupt nicht, wenn neue Informationen sich lediglich mit alten Ideen beurteilen lassen. Statt verändert zu werden, werden die alten Ideen bestärkt und noch mehr verfestigt.

Am wirkungsvollsten werden Ideen nicht durch Widerspruch von außen, sondern durch einsichtiges Neuanordnen der vorhandenen Informationen von innen heraus verändert. In einer fiktiven Situation, in der sich Informationen nicht objektiv beurteilen lassen, ist Intuition der einzige wirkungsvolle Weg zur Veränderung von Ideen. Selbst wenn sie sich objektiv beurteilen lassen – wie in der Wissenschaft –, bedeutet das einsichtige Neuanordnen einen großen Schritt vorwärts. Bei der Erziehung geht es nicht nur um das Anhäufen von Informationen, sondern auch um die beste Methode, die angehäuften Informationen anzuwenden.

Wenn die Ideen vor der Information kommen und nicht hinter ihr herhinken, machen wir rasche Fortschritte. Noch haben wir jedoch keine praktikablen Methoden zur Handhabung der Intuition entwickelt. Wir können nur weiter Informationen sammeln und hoffen, daß die Intuition sich irgendwann einstellt. Das laterale Denken ist ein Werkzeug der Intuition.

Intuition, Kreativität und Humor sind deshalb so schwer faßbar, weil der Verstand so leistungsfähig ist. Der Verstand bildet Muster aus dem, was ihn umgibt. Sind die Muster gebildet, wird es möglich, sie wiederzuerkennen, auf sie zu reagieren und sie anzuwenden. Je häufiger die Muster angewendet werden, um so hartnäckiger setzen sie sich fest.

Das System der Anwendung von Mustern ist ein überaus wirksamer Weg zur Verarbeitung von Informationen. Sobald sie feststehen, bilden die Muster eine Art Code. Der Vorteil eines Codesystems liegt darin, daß man nicht alle Informationen zu sammeln braucht, sondern nur so viele, wie zur Identifizierung des Codemusters nötig sind, damit man es abrufen kann – ähnlich wie in einer Bibliothek Bücher über ein bestimmtes Thema durch eine Signatur im Katalog abgerufen werden können.

Es ist bequem, vom Verstand zu reden, als wäre er eine Art Maschine zur Verarbeitung von Informationen – etwa wie ein Computer. Der Verstand ist jedoch keine Maschine, sondern eine besondere Form, in der sich Information zu Mustern anordnen kann. Dieses sich selbst schaffende, sich selbst erweiternde Gedächtnissystem vermag sehr gut Muster zu bilden – und darin liegt die Wirksamkeit des Verstands.

Doch bei aller Nützlichkeit sind mit einem musterbildenden System gewisse Einschränkungen untrennbar verbunden. In einem derartigen System ist es leicht, Muster miteinander zu kombinieren oder ihnen etwas hinzuzufügen, aber es ist außerordentlich schwierig, sie neu zu gestalten, da die Muster die Aufmerksamkeit kontrollieren. Intuition und Humor bewirken die Umstrukturierung von Mustern. Ebenso die Kreativität, jedoch mit stärkerem Nachdruck darauf, einschränkende Muster abzubauen. Laterales Denken führt ebenfalls zu einer Umstrukturierung, zur Flucht vor alten Mustern und zur Anregung neuer.

Laterales Denken ist eng mit Kreativität verwandt. Aber während Kreativität zu oft nur ein Ergebnis beschreibt, ist laterales Denken die Beschreibung eines Prozesses. Ein Ergebnis kann man nur bewundern, einen Prozeß aber kann man anwenden lernen. Um Kreativität liegt das Mystische des Talents und das Unwägbare, nicht Greifbare. In der Welt der Kunst mag dies seinen rechten Platz haben. Dort bedeutet sie ästhetische Sensibilität, emotionale Resonanz und die Gabe, etwas auszudrücken. Außerhalb der Kunst trifft diese Begriffsbestimmung nicht zu. Immer mehr wird die Kreativität als wesentlicher Bestandteil der Veränderung und des Fortschritts erkannt. Sie wird inzwischen höher als technische Verfahren und reines Wissen bewertet, weil Wissen und Technik jedermann zugänglich geworden sind. Um die Kreativität einzusetzen, muß man sie von der Aura der Mystik befreien und sie begreifen als eine Art, den Verstand zu gebrauchen – als eine Art, mit Informationen umzugehen. Das ist der Kern des lateralen Denkens.

Laterales Denken erzeugt neue Ideen. Noch hält sich die merkwürdige Ansicht, daß neue Ideen etwas mit technischen Neuerungen zu tun haben. Das ist nur ein äußerst nebensächlicher Aspekt. Neue Ideen sind das Rohmaterial für Veränderung und Fortschritt auf allen Gebieten, angefangen bei der Wissenschaft, über die Kunst, die Politik bis hin zu persönlichem Glück.

Laterales Denken leitet an zum Ausbrechen aus den Begriffsgefängnissen alter Ideen. Dieses Ausbrechen verändert die Einstellung und die Art, sich einem Problem zu nähern. Es führt zur vollkommen veränderten Betrachtung von Dingen, die bisher immer in ein und derselben Weise betrachtet worden sind. Die Befreiung von alten Ideen und die Anregung neuer sind engverwandte Formen des lateralen Denkens.

Laterales Denken unterscheidet sich deutlich vom vertikalen Denken, der herkömmlichen Denkweise. Beim vertikalen Denken bewegt man sich mit aufeinanderfolgenden Schritten vorwärts. Jeder einzelne Schritt muß begründet sein. Die Trennungslinie zwischen den beiden Denkweisen ist scharf gezogen. Beim lateralen Denken setzt man Informationen beispielsweise nicht um ihrer selbst willen ein, sondern wegen ihrer Wirkung. Man muß sich beim lateralen Denken vielleicht auf einer gewissen Stufe irren, um zu einer richtigen Lösung zu kommen; beim vertikalen Denken (Logik oder Mathematik) wäre das unmöglich. Beim lateralen Denken kann man absichtlich belanglose Informationen einbeziehen; beim vertikalen Denken sucht man nur das aus, was wichtig ist. Laterales Denken ist kein Ersatz für vertikales Denken. Beide Denkarten sind notwendig. Sie ergänzen einander. Das laterale Denken ist generativ, das vertikale Denken selektiv.

Beim vertikalen Denken kann man durch eine zwingende Folge von Schritten zu einem Ergebnis kommen. Weil die Schritte logisch stichhaltig sind, ist man in anmaßender Weise von der Richtigkeit des Ergebnisses überzeugt. Aber unabhängig davon, wie richtig der Weg auch sein mag, der Ausgangspunkt war eine intuitive Wahl, die die grundlegenden Begriffe, die benutzt wurden, geprägt hat. Die intuitive Wahl neigt zum Beispiel dazu, scharfe Trennungen einzuführen und extreme Gegensätze zu gebrauchen. Das vertikale Denken würde dann mit den Begriffen arbeiten, die auf diese Art und Weise konstruiert worden sind. Das laterale Denken wird gebraucht, um die intuitive Wahl zu steuern, die sich dem vertikalen Denken entzieht. Das laterale Denken würde auch alle anmaßend starren Ergebnisse abschwächen, ganz egal, wie folgerichtig sie anscheinend erarbeitet wurden.

Laterales Denken steigert die Wirksamkeit des vertikalen Denkens. Das vertikale Denken treibt die Ideen weiter, die das laterale Denken hervorgebracht hat. Man gräbt kein zweites Loch, wenn man ein bereits vorhandenes vertieft. Mit dem vertikalen Denken wird ein vorhandenes Loch vertieft. Das laterale Denken wird angewendet, um woanders ein Loch zu graben.

Die ausschließliche Förderung des vertikalen Denkens in der Vergangenheit macht es in verstärktem Maße notwendig, laterales Denken zu lehren. Das vertikale Denken allein reicht nicht nur für den Fortschritt nicht aus, es kann sogar – ausschließlich eingesetzt – gefährlich sein.

Wie logisches Denken ist laterales Denken eine Art, den Verstand einzusetzen – zugleich Gewohnheit und Haltung. Ähnlich wie beim logischen Denken gibt es besondere Techniken, die man anwenden kann. Dieses Buch legt besonderen Nachdruck auf die Techniken, und zwar nicht deshalb, weil sie ein wichtiger Teil des lateralen Denkens wären, sondern weil sie praktisch sind. Guter Wille und ständige Ermahnungsreden reichen nicht aus, um Fähigkeiten im lateralen Denken zu erwerben. Man braucht den richtigen Rahmen und faßbare Techniken zum Üben. Aus dem Begreifen der Techniken und aus dem selbstverständlichen Umgang mit ihnen entwickelt sich das laterale Denken als Verstandeshaltung. Zudem kann man die Techniken auch in der Praxis anwenden.

Laterales Denken ist kein magisches neues System. Es hat immer Augenblicke gegeben, in denen Menschen laterales Denken angewendet haben, um zu einem Ergebnis zu kommen. Es hat immer Menschen gegeben, die von Natur aus zum lateralen Denken neigten. Dieses Buch soll zeigen, daß das laterale Denken eine Grundlage des Denkens überhaupt ist und daß man einige Fähigkeiten darin erwerben kann. Statt nur auf Intuition und Kreativität zu hoffen, kann man laterales Denken überlegt und praxisbezogen einsetzen.

Zusammenfassung

Der Zweck des Denkens ist es, Informationen zu sammeln und den bestmöglichen Gebrauch davon zu machen. Da der Verstand mit festen Begriffsmustern arbeitet, können wir nur dann den besten Gebrauch von neuen Informationen machen, wenn wir Mittel zur Neuordnung der alten Muster besitzen und fähig sind, sie auf den neuesten Stand zu bringen. Unsere traditionellen Denkmethoden lehren uns, wie wir solche Muster verfeinern und wie wir ihre Gültigkeit verankern. Aber wir machen nie den bestmöglichen Gebrauch von verfügbaren Informationen, es sei denn, wir wissen, wie man neue Muster schafft und wie man sich von der Herrschaft der alten befreit. Das vertikale Denken konzentriert sich auf die Prüfung und Entwicklung von Begriffsmustern. Das laterale Denken beschäftigt sich mit der Umstrukturierung solcher Muster (Intuition) und mit der Anregung neuer (Kreativität). Laterales und vertikales Denken ergänzen einander. Fähigkeiten in beiden Denkarten sind notwendig. Doch in der Erziehung wurde stets ausschließlich das vertikale Denken gefördert.

Die Notwendigkeit des lateralen Denkens entsteht aus den Verhaltensbeschränkungen des Verstandes, der als sich selbst erweiterndes Gedächtnissystem angelegt ist.

Zur Benutzung des Buches

Dieses Buch hat weder die Absicht, in ein neues Gebiet einzuführen, noch will es den Leser mit dem bekannt machen, was auf einem bestimmten Gebiet geschieht. Es soll benutzt werden. Der Leser soll es zum eigenen Nutzen, der Lehrer zum Nutzen seiner Schüler heranziehen.

Alter

In diesem Buch werden grundlegende Prozesse beschrieben. Sie sind für alle Altersgruppen und die verschiedensten Ausbildungsstufen verständlich. Ich habe einige der elementarsten Demonstrationen den anspruchsvollsten Gruppen, zum Beispiel Programmierern schwieriger Computerprogramme, vorgelegt, und sie hatten nicht den Eindruck, ihre Zeit nutzlos zu vertun. Je anspruchsvoller eine Gruppe ist, desto besser kann sie den Prozeß von der speziellen Form abstrahieren, in der er demonstriert wird. Während jüngere Gruppen an den einzelnen Punkten um ihrer selbst willen Vergnügen fanden, sehen Ältere mehr auf den Sinn, der dahintersteckt. Obwohl sich die einfacheren Punkte für alle Altersgruppen eignen, dürften die komplizierteren nur für Ältere von Nutzen sein.

Bei Kindern spricht die visuelle Form weitaus wirkungsvoller als die verbale an, da ein Kind immer versuchen kann, etwas im Bild auszudrücken. Es kann zudem den noch wichtigeren Versuch machen, etwas zu verstehen, was bildlich ausgedrückt worden ist.

Der laterale Denkprozeß ist für das siebenjährige Kind genauso wichtig wie für den Hochschulabsolventen. Er ist so grundlegend wie das logische Denken, und die Relevanz des logischen Denkens ist ganz sicher nicht auf ein bestimmtes Alter beschränkt. Die Relevanz des lateralen Denkens hebt Unterschiede zwischen Sachgebieten auf, und zwar noch weitgehender als die Mathematik. Das laterale Denken ist überall relevant, ganz egal, ob man sich mit Naturwissenschaften, Technik, Geschichte oder Sprache beschäftigt. Auf Grund dieser unbeschränkten Anwendbarkeit setzt das in diesem Buch benutzte Material keine Kenntnisse auf irgendeinem bestimmten Fachgebiet voraus.

Man sollte den Versuch machen, spätestens vom siebten Lebensjahr an laterales Denkverhalten als intellektuelle Gewohnheit anzuregen und zu entwickeln. Ob sich die hier formulierten Ideen wirklich für eine bestimmte Altersstufe eignen, muß man bis zu einem gewissen Grade der Erfahrung des Lesers überlassen. Wenn er Lehrer sein sollte, wird er aus seiner Praxis Wege wissen, das Material in angemessener Form zu vermitteln. Gewöhnlich werden in diesem Zusammenhang zwei Fehler gemacht:
● Die Annahme, daß laterales Denken einleuchtend ist und daß ohnehin jeder lateral denkt.
● Die Annahme, daß es sich um ein besonderes Fach handelt, das nicht für jedermann nützlich oder bedeutsam ist.

Die praktische Bedeutung des Buches wird deutlicher, wenn man erst einmal weiter vorgedrungen ist. Allgemein ausgedrückt: Der erste Teil des praktischen Materials eignet sich für Siebenjährige, die späteren Teile für jeden. Das heißt nicht, daß der erste Teil nur für Kinder und die späteren Teile nur für Erwachsene geeignet sind, sondern daß es einen Weg gibt, laterales Denkverhalten jeder Altersstufe zu vermitteln.

Für den Lehrer

Wie logisches Denken ist laterales Denken ein allgemeines Verhaltensmuster des Verstandes, das gelegentlich von gewissen Techniken Gebrauch machen kann. Dennoch läßt sich dieses Verhalten am besten in einem formalen Rahmen mit bestimmten Materialien und Übungen lehren. Dadurch soll die Entwicklung der lateralen Denkgewohnheit unterstützt werden. Ohne formalen Rahmen bleibt man auf bloße Ermutigung zum lateralen Denken angewiesen und, wenn es einem begegnet, auf Würdigung. Beides trägt nicht viel dazu bei, es zu einer Gewohnheit zu machen.

Es ist viel nützlicher, einen festen Zeitraum für den Unterricht in lateralem Denken einzuplanen, als den Versuch zu machen, das laterale Denken schrittweise im Zusammenhang mit einem anderen Unterrichtsfach einzuführen.

Falls man es zusammen mit einem anderen Fach unterrichten muß, sollte man dennoch eine kurze, feste Zeit aus der Unterrichtszeit ausgliedern (auch wenn sich Unterrichtsstoff und Denkübung eng berühren).

Eine Stunde wöchentlich reicht völlig aus, um laterales Denken als Gewohnheit zu verankern – oder kreatives Denken, wenn man es lieber so nennen möchte.

Die praktischen Teile des Buches sind nach verschiedenen Gesichtspunkten gegliedert. Es ist nicht ratsam, das Buch schematisch durchzuarbeiten, indem man sich in jeder Unterrichtsstunde einen Abschnitt vornimmt und dann zum nächsten übergeht. Das wäre völlig nutzlos. *Statt dessen verwende man die Grundstruktur eines jeden Abschnitts so lange, bis man mit dem Prozeß vertraut ist. Man kann sich mehrere Unterrichtsstunden – oder sogar mehrere Monate – mit einem bestimmten Abschnitt beschäftigen.* Man ändert fortgesetzt das Grundmaterial, entwickelt aber denselben lateralen Denkprozeß. Die Anwendung des lateralen Denkens zählt, nicht die Kenntnis jedes einzelnen Prozesses. Man kann das laterale Verhalten des Verstandes genauso leicht durch sorgfältiges Üben einer einzigen Technik entwickeln wie durch kurzes Üben aller Techniken.

An den Techniken ist nichts Besonderes. Nur das Verhalten, aus dem sie entstehen, zählt. Aber Ermahnungen und guter Wille reichen nicht aus. Wenn man eine Fähigkeit entwickeln soll, braucht man einen formalen Rahmen, in dem man sie üben kann – und ein paar Instrumente. Die beste Methode, die Fähigkeit zum lateralen Denken zu erwerben, ist, die Fähigkeit zum Umgang mit einer Reihe von Instrumenten zu erwerben, die alle für dasselbe Ziel eingesetzt werden.

Materialien

Viele Demonstrationen in diesem Buch sind anscheinend trivial und künstlich. Sie sind es wirklich. Die Demonstrationen werden gebraucht, um einen bestimmten Punkt im Denkprozeß zu verdeutlichen. Sie wollen nichts lehren, sondern den Leser ermutigen, Einsicht in das natürliche Verhalten des Verstandes zu erwerben. Ebenso wie der eigentliche Inhalt von Parabeln oder Fabeln weniger wichtig ist als die Moral, die sie ausdrücken wollen, können die Demonstrationen dem Inhalt nach trivial sein, aber eine wichtige Feststellung illustrieren.

Unglücklicherweise haben wir keinen Schalter im Gehirn, den man verschieden einstellen kann, je nachdem, ob es um wichtige Dinge oder um weniger wichtige geht. Wie wichtig eine Sache auch sein mag, das System wirkt immer in derselben Weise, das heißt seinem Wesen entsprechend. Bei wichtigen Dingen wird die Wirkungsweise des Systems vielleicht durch emotionale Einflüsse gestört, die jedoch in der Auseinandersetzung mit trivialen Angelegenheiten nicht hemmen. Die einzige Folge ist, daß der Wirkungsgrad abnimmt. *Die Fehler des Systems bei der Auseinandersetzung mit trivialen Angelegenheiten unterscheiden sich also nicht von denen, die bei der Auseinandersetzung mit wichtigen Angelegenheiten auftreten.*

Auf den Prozeß, nicht auf das Ergebnis, kommt es an. Triviale und künstliche Beispiele illustrieren den Prozeß treffend und allgemeinverständlich. Der Prozeß kann aus ihnen abgeleitet werden, wie die in einer algebraischen Formel ausgedrückten Beziehungen von dem, wofür die Symbole tatsächlich stehen, getrennt werden können.

Viele Beispiele sind Bilder oder geometrische Darstellungen. Das ist absichtlich der Fall, weil die Verwendung von sprachlichen Beispielen leicht zu Mißverständnissen führt. Wörter sind bereits eindeutige und fixierte Informationsträger: Bei der Diskussion des Denkprozesses muß man jedoch unbedingt von der Situation selbst ausgehen, da die Wortwahl bei einer Beschreibung bereits die Wahl eines Standpunktes bedeutet und im Denkprozeß einem großen Schritt vorwärts entspricht. Eine visuelle Situation kommt einer Situation im Rohzustand am nächsten – also einer Situation, die noch in keinem Denkprozeß verarbeitet wurde. Geometrische Formen sind dabei vorzuziehen, sie sind deutlicher, und ihr Zustandekommen läßt sich leichter untersuchen. Neben der Wahl des Standpunktes und der Wortwahl treten bei einer verbalen Beschreibung Bedeutungsnuancen auf, die zu Mißverständnissen führen können. In einer visuellen Situation wird keine Bedeutung angeboten. Es ist allein die Situation vorhanden, sie ist für jeden dieselbe, auch wenn sie von jedem unterschiedlich verarbeitet wird.

Wenn die Prinzipien hinter den künstlichen Darstellungen verstanden und die vorgeschlagenen Prozesse ausreichend geübt worden sind, kann man zu realeren Situationen übergehen. Man geht genauso vor, wie wenn man Mathematik an Hand von trivialen und künstlichen Problemen lernt und die Verfahren dann auf wichtige Probleme anwendet.

Der Umfang des in diesem Buch vorgelegten Materials ist sehr begrenzt. Es handelt sich lediglich um Beispiele. Jeder, der laterales Denken lehrt, sollte das angebotene Material durch eigenes ergänzen.

● Anschauungsmaterial
Folgende Materialien können gesammelt und verwendet werden:

1. In dem Abschnitt über die schrittweise Anordnung von Pappformen kann man die gezeigte Form zusammensetzen. Man kann sich aber auch neue Muster zur Illustration derselben Sache ausdenken.

2. Fotos und Bilder kann man Zeitungen und Zeitschriften entnehmen. Sie sind in dem Abschnitt über unterschiedliche Arten, eine Situation zu betrachten und zu interpretieren, von besonderem Nutzen. Die Bildunterschriften werden natürlich abgeschnitten. Um sie handlicher zu machen, kann man die Bilder auf Pappe aufkleben. Wenn eine Zeitschrift mehrere brauchbare Bilder enthält, kann man mehrere Exemplare davon kaufen und sie als ständiges Material verwenden.

3. Zeichnungen von Szenen oder Personen kann man selbst anfertigen. Eine von einem Schüler angefertigte Zeichnung ist Anschauungsmaterial für alle. Die Kompliziertheit oder Ge-

nauigkeit einer Zeichnung ist nicht so wichtig, da es allein darauf ankommt, wie sie von anderen gesehen wird.

4. In den Abschnitten, die die zeichnerische Ausführung von Aufgaben verlangen, bilden die Ergebnisse nicht nur reichliches Material für die beteiligten Schüler, sondern auch für nachfolgende.

● Sprachmaterial
Als Material kann geschriebene, gesprochene oder auf Tonband aufgenommene Sprache dienen.

1. Geschriebenes Material kann man Zeitungen oder Zeitschriften entnehmen.

2. Geschriebenes Material kann der Lehrende liefern. Er schreibt über ein Thema von einem bestimmten, wenn auch fingierten Standpunkt aus.

3. Geschriebenes Material können Schüler und Studenten selbst beisteuern, wenn man sie auffordert, über ein bestimmtes Thema einen kurzen Aufsatz zu schreiben.

4. Gesprochenes Material kann man aus Rundfunksendungen, Schallplatten und aus Tonbandaufnahmen fingierter Gespräche zusammenstellen.

5. Gesprochenes Material können die Schüler selbst beisteuern, wenn einer von ihnen gebeten wird, über ein bestimmtes Thema zu sprechen.

● Problemstoffe
Probleme regen das Denken an, nur ist es sehr schwierig, sich ein Problem einfallen zu lassen, wenn man dazu aufgefordert wird. Es gibt verschiedene Problemarten.

1. Allgemeine Weltprobleme, wie beispielsweise die Ernährungskrise in den Entwicklungsländern. Solche Probleme lassen sich nicht endgültig zu Ende diskutieren.

2. Näherliegende Probleme, wie die Verkehrskontrolle in Großstädten. Mit solchen Problemen ist fast jedermann schon einmal in direkte Berührung gekommen.

3. Naheliegende Probleme. Darunter fallen Probleme des unmittelbaren täglichen Zusammenlebens. Wenn man persönliche Probleme behandelt, führt man sie wahrscheinlich am besten in abstrahierter Form an, als würde man über einen Dritten sprechen.

4. Probleme der Gestaltung und Erneuerung. Ihre Diskussion sollte gewisse Ergebnisse bringen. Diese Probleme betreffen gewöhnlich konkrete Gegenstände, aber auch Organisation und Ideen (z. B.: Wie organisiert man einen Babysitter-Dienst oder einen Supermarkt?).

5. Abgeschlossene Probleme. Auf sie gibt es eine eindeutige Antwort. Es gibt einen Weg, etwas zu tun, und er erweist sich als gangbar, wenn er gefunden worden ist. Abgeschlossene Probleme können praktisch (Wie hängt man eine Wäscheleine auf?) oder künstlich sein (Wie macht man ein Loch in eine Postkarte, das groß genug ist, um den Kopf hindurchstecken zu können?).

Probleme liefern die verschiedensten Quellen:

1. Weltprobleme oder naheliegendere Probleme (Streiks) findet man durch einen flüchtigen Blick in eine Zeitung.

2. Probleme können sich aus dem täglichen Leben ergeben (bessere Zugverbindungen).

3. Probleme können von den Schülern vorgeschlagen werden. Man braucht die Vorschläge nur zu sammeln.

4. Gestaltungs- und Umstrukturierungsprobleme kann man aus allen möglichen Gegenständen (Auto, Tisch, Schreibtisch) ableiten, wenn man nach Verbesserungsvorschlägen fragt. Kompliziertere Konstruktionsprobleme ergeben sich aus der Frage nach einer Maschine, die eine bisher von Hand ausgeführte Arbeit übernehmen könnte – oder nach einer Vorrichtung, die die entsprechende Arbeit erleichtern würde. Man kann auch nach einer einfacheren Methode fragen, mit der die Arbeit zu erledigen wäre.

5. Abgeschlossene Probleme sind ziemlich schwer zu finden. Es muß eine eindeutige Antwort auf sie geben, die einerseits schwierig genug ist, um das Problem interessant zu machen, andererseits aber eindeutig genug, um einzuleuchten, wenn sie gefunden ist. Sicher kennt man ein paar klassische Probleme oder hat vielleicht schon von ihnen gehört. Man sollte jedoch kein Rätselbuch zu Rate ziehen, da viele Probleme ganz gewöhnliche mathematische Tricks einkleiden, die nichts mit lateralem Denken zu tun haben. Wer ohne Anstrengung abgeschlossene Probleme entwickeln will, kann irgendeine Aufgabe nehmen und die Anfangsbedingungen einschränken. Beispielsweise kann man sich die Aufgabe stellen, einen Kreis zu ziehen, ohne dabei einen Zirkel zu benutzen. Wenn man sich das Problem gestellt hat, löst man es erst einmal selbst, ehe man es anderen vorlegt.

● Themen
Es gibt Augenblicke, in denen man irgendein Thema braucht, über das man nachdenken kann. Man braucht weder wirkliche Probleme, noch will man einen bestimmten Standpunkt zum Ausdruck bringen. Es geht nur darum, einen Themenkreis zu haben, in dem man sich bewegen und Ideen entwickeln kann (z. B. Tassen, eine Wandtafel, Bücher, Beschleuni-

gung, Freiheit, ein Gebäude). Ein Themenkreis läßt sich auf verschiedene Weisen finden:

1. Man sieht sich um, nimmt einen Gegenstand und verwandelt ihn zum Thema.

2. Man wirft einen Blick in eine Zeitung und leitet aus jeder Überschrift ein Thema ab.

3. Man bittet die Schüler oder Studenten, sich ein Thema auszudenken.

● Anekdoten und Erzählungen
Sie eignen sich vorzüglich, um die Idee des lateralen Denkens wirksam durchzusetzen, nur lassen sie sich außerordentlich schwer finden.

1. Man kann sie in Fabelsammlungen oder Volkssagen aufspüren (z. B. in den Fabeln des Äsop oder den Heldentaten des Mulla Nasreddin).

2. Man kann sich Notizen über eigene Erlebnisse oder Erlebnisse anderer machen, über Nachrichten usw.

● Materialsammlung
Es scheint immer viel einfacher zu sein, sich Material in der verlangten Art auszudenken, als es in Wirklichkeit ist. Man sollte sich deshalb nach und nach einen Materialvorrat anlegen: Zeitungsausschnitte, Fotos, Probleme, Erzählungen, Anekdoten sowie Themen und Ideen, die von Schülern oder Studenten vorgeschlagen wurden. Hat man einen Vorrat davon, kann man im Bedarfsfall darauf zurückgreifen. Zudem bringt ein Vorrat den Vorteil, daß man bei seiner Benutzung lernen kann, welche Materialien besonders wirkungsvoll sind. Man kann sogar so weit kommen, die üblichen Antworten auf die einzelnen Punkte vorhersagen zu können. Anekdoten,

Erzählungen und Probleme sollten den lateralen Denkvorgang verdeutlichen. Die Themen sollten neutral sein, zwar spezifisch genug, um bestimmte Ideen zu fördern, jedoch auch allgemein genug, um möglichst viele Ideen anzuregen. Die Bilder sollten verschiedene Interpretationen zulassen: Ein Mann, der eine Dose mit Corned beef in der Hand hält, ist geeignet; Feuerwehrmänner, die einen Brand löschen, sind es nicht; eine Frau, die in einen Spiegel blickt, kann mehrdeutig sein, ebenso Polizisten, die einen Mann abführen, oder Soldaten, die durch eine Straße marschieren. Es reicht, wenn einem selbst mindestens zwei verschiedene Interpretationen einfallen.

Im Gegensatz dazu sollte das sprachliche Material so eindeutig wie möglich sein. In einem Artikel sollte ein fester Standpunkt vertreten werden, auch ein fanatischer. Eine allgemein gehaltene Aussage ist nicht sehr nützlich, es sei denn, man braucht Hintergrundinformationen, um die Überlegungen zu einem Thema zu unterstützen.

Wer die Idee des lateralen Denkens propagiert, kann wie beim Vermitteln jeder anderen Denkart in abstrakten Begriffen reden. Aber erst die tatsächliche Anwendung macht die Methode wirklich einsichtig. Die Anwendung kann bei geometrischen Formen ansetzen, dann wird der Prozeß als Ganzes auf realere Situationen übertragen. Es ist möglich, zur Unterstützung des Prozesses immer wieder auf die einfachen Formen zurückzukommen, denn wenn man sich ausschließlich auf reale Situationen beschränkt, kann der Prozeß nur sehr verschwommen hervortreten. Man sollte auch die Gefahr nicht unterschätzen, daß man Situationen ausschließlich unter dem Gesichtspunkt des Sammelns von mehr Informationen bedenkt, obwohl das laterale Denken auf die Umstrukturierung der Begriffe zielt.

Eigenständigkeit des lateralen Denkens

Es mag übertrieben erscheinen, das laterale Denken zu isolieren und zu versuchen, es als eigenen Gegenstand zu lehren, wo es doch weitgehend ein Teil des Denkens selbst ist. Dafür gibt es einen Grund. Viele laterale Denkprozesse verlaufen entgegengesetzt zu anderen Denkprozessen (das ist ihre Aufgabe). Ohne eine deutliche Trennung könnte man den gefährlichen Eindruck vermitteln, das laterale Denken würde das, was anderswo gelehrt wird, untergraben, weil es dem Zweifel Tür und Tor öffnet. Wenn man das laterale Denken vom vertikalen Denken trennt, entgeht man dieser Gefahr und anerkennt den Wert beider Denkmethoden. Das laterale Denken greift das vertikale Denken nicht an, sondern es ist eine Methode, seine Wirksamkeit durch Kreativität zu steigern.

Die andere Gefahr, die entstehen kann, wenn man das laterale Denken nicht als eigenständige Methode betrachtet, ist das vage Gefühl, daß man laterales Denken im Zusammenhang mit anderen Dingen ohnehin lehrt oder lernt. Also besteht nicht die Notwendigkeit, sich besonders darum zu bemühen. Diese Einstellung ist falsch. Natürlich hat jeder das Gefühl, laterales Denken anzuwenden und es bei anderen ständig zu fördern. Dieses Gefühl stellt sich leicht ein, aber das laterale Denken unterscheidet sich so grundlegend vom vertikalen Denken, daß es unmöglich ist, beides gleichzeitig Schüler oder Studenten zu lehren. Es reicht nicht aus, einen verschwommenen Eindruck vom lateralen Denken zu vermitteln. Man möchte ausreichende Fähigkeiten darin entwickeln, damit es wirksam eingesetzt werden kann und nicht nur als eine Möglichkeit zu denken unter anderen beiläufig zur Kenntnis genommen wird.

Aufteilung der Kapitel

Jedes Kapitel in diesem Buch ist in zwei Teile aufgeteilt:

1. Grundlage, Theorie und Art des Prozesses, der in dem jeweiligen Abschnitt besprochen wird.

2. Praktischer Teil zum Üben und Anwenden des besprochenen Prozesses.

1 Die Wirkungsweise des Verstandes

Die Notwendigkeit zu lateralem Denken ergibt sich aus der Wirkungsweise des Verstandes.[1] Obwohl das Informationen verarbeitende System, das wir Verstand nennen, sehr wirksam ist, sind ihm gewisse charakteristische Grenzen gesetzt. Diese Grenzen sind von den Vorzügen des Systems nicht zu trennen, da beide unmittelbar mit der Natur des Systems verbunden sind. Es wäre unmöglich, die Vorteile ohne die Nachteile zu haben. Das laterale Denken versucht, die Nachteile aufzuwiegen und gleichzeitig die Vorteile zu genießen.

Kommunikation mit Codesystemen

Kommunikation ist die Übermittlung von Information. Wenn man möchte, daß jemand etwas tut, könnte man ihm detaillierte Anweisungen geben und ihm genau sagen, was er tun soll. Das wäre zwar richtig, würde aber vielleicht zuviel Zeit in Anspruch nehmen. Es wäre viel einfacher, wenn man

1 Eine vollständige Darstellung der Art, wie der Verstand Informationen verarbeitet, bietet das Buch *The Mechanism of Mind*, London 1969. Es ist aus naheliegenden Gründen nicht möglich, das Thema in diesem Rahmen detailliert zu behandeln, denn der Zweck dieses Buches ist ein anderer. Es ist nur möglich, die Art dieses Verarbeitungssystems anzudeuten. Ein Stern (*) im Text verweist den Leser, der sich genauer unterrichten möchte, auf das andere Buch.

ihm nur zu sagen hätte: »Führe Plan Nummer 4 aus.« Dieser einfache Befehl könnte seitenlange Anweisungen ersetzen. Beim Militär sind gewisse komplexe Verhaltensmuster auf diese Art verschlüsselt, so daß man nur die Codenummer zu nennen braucht, um das ganze Verhaltensmuster in Gang zu setzen. Das gleiche gilt für Computer: Vielgebrauchte Programme sind unter einem bestimmten Schlüssel gespeichert, und man kann sie abrufen, wenn man den Schlüssel eingibt. Wenn man in einer Bibliothek ein Buch ausleihen will, könnte man das gewünschte Buch in allen Einzelheiten beschreiben und den Autor, den Titel, den Inhalt und die Aufmachung angeben. Man gibt aber statt dessen nur die Signatur aus dem Katalog an.

Kommunikation durch einen Code ist nur möglich, wenn vorgegebene Muster vorhanden sind. Diese Muster, die sehr komplex sein können, werden im voraus ausgearbeitet und stehen unter einem gewissen Codetitel zur Verfügung. Statt alle erforderlichen Informationen zu übermitteln, gibt man einfach den Codetitel weiter. Dieser Titel wirkt als Auslösewort, das das gewünschte Muster identifiziert und abruft. Das Auslösewort kann ein wirklicher Codetitel sein, wie beispielsweise der Name eines Films, oder es kann irgendein Bestandteil der Informationen sein, der den Rest abruft. Man erinnert sich beispielsweise nicht an einen Film, wenn man nur den Namen hört. Aber wenn einem gesagt würde: »Erinnerst du dich an den Film mit Julie Andrews, in dem sie eine Gouvernante spielt, die sich in Österreich um ein paar Kinder kümmert?«, dann würde einem vielleicht der Rest des Films schnell wieder einfallen.

Die Sprache ist das bekannteste und auffälligste Codesystem. In ihr dienen Wörter als Auslöser. Jedes Codesystem besitzt große Vorteile. Es erleichtert die Aufgabe, große Informationsmengen sehr schnell und ohne große Anstrengung zu übermitteln. Es ermöglicht es, angemessen in einer Situation zu reagieren, wenn die Situation einmal an ihrer Codenummer erkannt wurde. Eine Analyse aller Einzelheiten ist nicht mehr notwendig. Codesysteme schaffen die Möglichkeit, angemessen auf eine Situation zu reagieren, noch ehe sie sich voll entwickelt hat, wenn man die Situation sofort durch wenige Merkmale identifiziert.

Gewöhnlich stellt man sich die Kommunikation als zweiseitige Angelegenheit vor: Jemand hat die Absicht, eine Botschaft auszusenden, und jemand versucht, sie zu verstehen. An einem Schiffsmast werden Fähnchen bewußt in einer bestimmten Anordnung gehißt, und jeder, der den Code kennt, weiß, was damit gemeint ist. Aber wer den Code kennt, wäre auch in der Lage, eine Nachricht aus einer zufälligen Anordnung von Fähnchen abzulesen, mit denen eine Party oder eine Tankstelle dekoriert wurde.

Kommunikation kann jedoch auch eine »Einbahnstraße« sein. Die Beschäftigung mit der Umwelt ist ein Beispiel für Einbahn-Kommunikation. Man empfängt Botschaften aus seiner Umwelt, obwohl niemand sie bewußt dort hinterlassen hat.

Wenn man einer Gruppe von Menschen eine willkürliche Anordnung von Linien vorlegt, werden sie bald anfangen, darin bedeutungsvolle Muster zu suchen. Sie werden überzeugt davon sein, daß die Muster bewußt darin untergebracht wurden, oder daß die willkürliche Anordnung durchaus nicht willkürlich ist, sondern in Wahrheit aus besonderen Mustern zusammengesetzt wurde. Studenten, die aufgefordert wurden, in einer bestimmten Weise auf eine Klingel zu reagieren, die in willkürlichen Abständen läutete, waren bald davon überzeugt, daß sich hinter dem Klingeln ein bedeutungsvolles Muster verbergen müßte.

Die Kommunikation durch einen Code oder vorgegebene Muster setzt die Aufstellung eines Katalogs von Mustern vor-

aus – genauso wie man in einer Bibliothek die Katalognummer eines Buches nur dann benutzen kann, wenn jemand die Bücher vorher katalogisiert hat. Wie oben angedeutet, muß es durchaus nicht für jedes Muster eine Codenummer geben. Ein bestimmter Teil des Musters kann das vollständige Muster vertreten. Wenn man einen Mann erkennt, sobald man den Namen »Franz Maier« hört, dann benutzt man eine Codenummer. Erkennt man ihn aber auf einer Party an der Stimme, benutzt man einen Teil des Musters. Die Abbildungen oben auf dieser Seite zeigen zwei bekannte Muster, die beide teilweise verdeckt sind. Ohne Schwierigkeiten erkennt man die Muster an den sichtbaren Teilen.

Der Verstand als musterbildendes System

Der Verstand ist ein musterbildendes System. Das Informationssystem des Verstandes schafft Muster und erkennt sie. Die funktionelle Anordnung der Nervenzellen im Gehirn bewirkt dieses Verhalten.

Die Wirksamkeit des Verstandes bei eingleisiger Kommunikation mit der Umwelt ergibt sich aus seiner Fähigkeit, Muster zu erzeugen, zu speichern und wiederzuerkennen. Möglicherweise sind ein paar Muster im Verstand angelegt. Sie manifestieren sich als instinktives Verhalten. Jedoch scheint der instinktive Teil beim Menschen im Vergleich mit niederen Tierarten relativ unwichtig zu sein. Der Verstand kann auch vorgefertigte Muster akzeptieren, die ihm eingegeben werden. Aber die wichtigste Eigenschaft des Systems bleibt die Fähigkeit, eigene Muster zu erzeugen. Die Art und Weise, in der der Verstand tatsächlich Muster erzeugt, wird an anderer Stelle beschrieben.*

Ein System, das seine eigenen Muster erzeugen und wiedererkennen kann, ist zu wirksamer Kommunikation mit der Umwelt fähig. Es spielt keine Rolle, ob die Muster richtig oder falsch sind, solange sie deutlich sind. Da die Muster immer künstliche, vom Verstand erzeugte sind, könnte man sagen, daß die Funktion des Verstandes fehleranfällig ist. Sind die Muster erst einmal gebildet, dann sortiert sie ein Selektionsmechanismus nach ihrer Nützlichkeit aus (Furcht, Hunger, Durst, Sexualität etc.) und behält diejenigen zurück, die zum Überleben gebraucht werden. Aber zuerst müssen die Muster gebildet werden. Der Selektionsmechanismus kann nur Muster auswählen, er kann sie nicht erzeugen oder etwa ändern.

Das sich selbst organisierende System

Man kann sich eine Sekretärin vorstellen, die aktiv ein Ablagesystem betreut, einen Bibliothekar, der aktiv Bücher katalogisiert, einen Computer, der aktiv Informationen sortiert. Der Verstand sortiert Informationen jedoch nicht aktiv. Die Informationen sortieren sich selbst und gruppieren sich selbst zu Mustern. Der Verstand ist passiv. Er bietet den Informationen nur die Gelegenheit, sich so zu verhalten. Er sorgt für eine bestimmte Umgebung, in der die Informationen sich selbst organisieren können. Diese besondere Umgebung ist eine Erinnerungsoberfläche mit besonderen Eigenschaften.

Eine Erinnerung ist alles das, was geschieht und nicht vollkommen nicht geschieht. Das Ergebnis ist eine Spur, die zurückbleibt. Diese Spur kann sich lange oder nur kurze Zeit halten. Informationen, die ins Gehirn gelangen, hinterlassen ihre Spur im veränderten Verhalten der Nervenzellen, aus denen die Erinnerungsoberfläche besteht.

Eine Landschaft ist solch eine Erinnerungsoberfläche. Die Oberflächenformen stellen eine Anhäufung von Erinnerungsspuren an das Wasser dar, das auf sie niedergegangen ist. Der Regen bildet kleine Rinnsale, die sich erst zu Bächen und dann zu Flüssen vereinigen. Hat sich das Abflußmuster einmal geformt, dann neigt es dazu, immer beständiger zu werden, da der Regen, der sich in den Abflußkanälen sammelt, sie immer tiefer auswäscht. Der Regen bewirkt die Formung, und dennoch organisiert die Reaktion der Oberfläche auf den Regen die Art und Weise, in der der Regen seine Formung vornimmt.

Bei einer Landschaft haben die physikalischen Eigenschaften der Oberfläche einen starken Einfluß auf die Art, in der der Regen die Oberfläche angreift. Die Natur der Oberfläche entscheidet darüber, was für eine Art Fluß sich bildet. Felsbarrieren bestimmen, welchen Weg der Fluß nimmt.

Statt einer Landschaft muß man sich nun eine homogene Oberfläche vorstellen, auf die der Regen fällt. Ein flacher Teller mit Gelee wäre eine derartige Oberfläche. Wenn etwas heißes Wasser auf die Oberfläche auftrifft, löst es ein wenig Gelee auf, und wenn man das Wasser abgießt, bleibt eine flache Vertiefung zurück. Wenn in die Nähe der ersten Vertiefung noch mehr Wasser gegossen wird, läuft das Wasser in die erste Vertiefung und höhlt sie etwas weiter aus, hinterläßt aber auch gleichzeitig selbst eine Spur. Gießt man mehrere Male heißes Wasser auf die Geleefläche (und gießt man es, sobald es abgekühlt ist, wieder ab), dann verwandelt sich die Oberfläche zu einer Landschaft aus Vertiefungen und Erhebungen. Der homogene Gelee gab für das heiße Wasser nur eine Erinnerungsoberfläche ab, auf dem es sich zu Mustern organisieren konnte. Die Formen der Oberfläche sind durch das Wasser entstanden, aber sobald sie angelegt waren, haben sie die Richtung des Wassers bestimmt. Das zufällige Muster hängt davon ab, *wohin und in welchen zeitlichen Abständen das Wasser gegossen wurde.* Dies entspricht den einlaufenden Informationen und der Reihenfolge ihres Eintreffens. Der Gelee stellt eine Umgebung dar, in der sich die Informationen selbst zu Mustern organisieren können.

Die begrenzte Aufmerksamkeitsspanne

Eine grundlegende Eigenschaft eines passiven, sich selbst organisierenden Erinnerungssystems ist die begrenzte Aufmerksamkeitsspanne. Aus diesem Grund wurde das heiße Wasser nur nach und nach auf den Gelee gegossen. Die Mechanismen, die zur begrenzten Aufmerksamkeitsspanne einer passiven Erinnerungsoberfläche führen, werden an anderer Stelle erklärt.* Begrenzte Aufmerksamkeitsspanne bedeutet, daß immer nur ein Teil der Erinnerungsoberfläche zu einem gewissen Zeitpunkt aktiviert werden kann. Welcher Teil aktiviert wird, hängt davon ab, was der Erinnerungsoberfläche in diesem Moment angeboten wird, was ihr kurz vorher angeboten wurde und in welchem Zustand sie sich befindet (d. h. was mit ihr in der Vergangenheit geschehen ist).

Diese begrenzte Aufmerksamkeitsspanne ist außerordentlich wichtig. Sie bedeutet, daß die aktivierte Zone eine geschlossene, kohärente Zone sein wird und daß diese kohärente Zone auf dem Teil der Erinnerungsoberfläche liegt, der am leichtesten aktiviert werden kann. (Im Geleemodell wäre es das tiefste Loch.) Die Zone oder das Muster, die sich am leichtesten aktivieren lassen, sind die vertrautesten, die am häufigsten benutzt werden und die meisten Spuren auf der Erinnerungsoberfläche hinterlassen haben. Weil ein bekanntes Muster oft eingesetzt wird, wird es immer bekannter. Auf diese Weise baut der Verstand den Vorrat an vorgegebenen

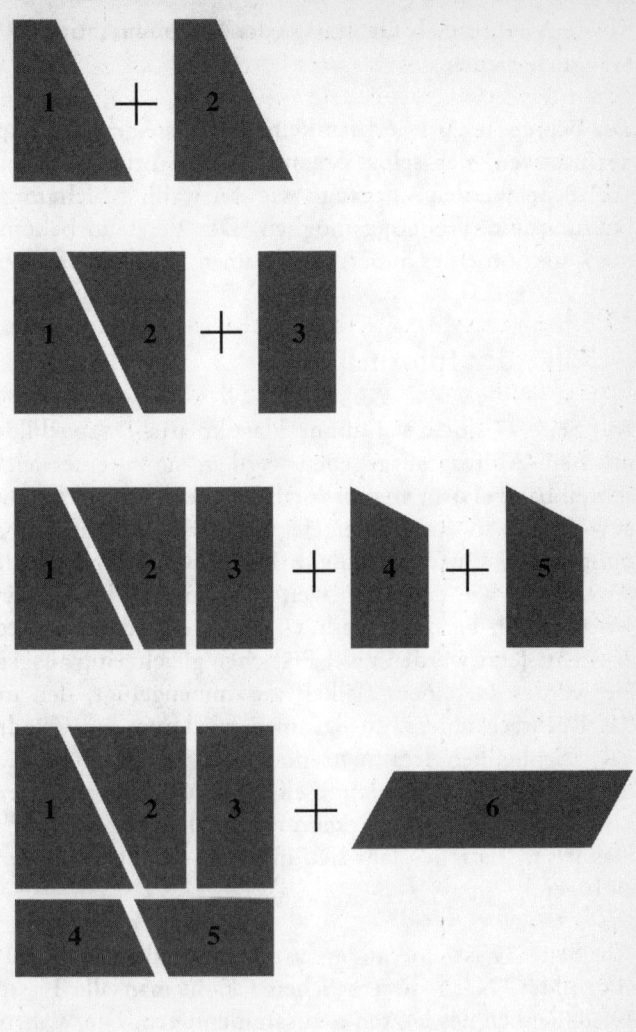

Mustern auf, die als Grundlage der Kommunikation in Codesystemen dienen.

Die begrenzte Aufmerksamkeitsspanne steigert die Kapazität der passiven, sich selbst organisierenden Erinnerungsoberfläche. Nun werden Vorgänge wie Auswahl, Ablehnung, Verbindung und Trennung möglich. Der Verstand bekommt so die Funktion eines äußerst wirksamen Verarbeitungssystems.

Abfolge der Informationen

Auf Seite 37 sind zwei dünne Plastikplättchen abgebildet, die mit dem Auftrag ausgegeben werden, sie zu einer leicht beschreibbaren Form anzuordnen. Die beiden Plättchen werden gewöhnlich so zusammengelegt, daß sie – wie in der Abbildung – ein Quadrat bilden. Dann wird mit der gleichen Anweisung wie zuvor ein weiteres Plättchen hinzugefügt. Es wird einfach an das Quadrat angelegt, so daß ein Rechteck entsteht. Jetzt werden zwei Plättchen gleichzeitig ausgegeben. Sie werden zu einem Balken zusammengefügt, den man an das Rechteck anlegt, so daß man wiederum ein Quadrat erhält. Schließlich legt man noch ein Plättchen dazu. Aber dieses Plättchen paßt nicht mehr. Obwohl man auf jeder Stufe korrekt vorgegangen ist, kann man nicht mehr weitermachen. Das letzte Plättchen läßt sich in das vorhandene Muster nicht einfügen.

Auf Seite 39 ist eine andere Anordnung der Plastikplättchen abgebildet. Nach diesem Schema kann man alle Plättchen – einschließlich des letzten – zusammenfügen. Die Wahrscheinlichkeit, daß diese Methode ausprobiert wird, ist gering, da sich ein Quadrat viel offensichtlicher als ein Parallelogramm ergibt.

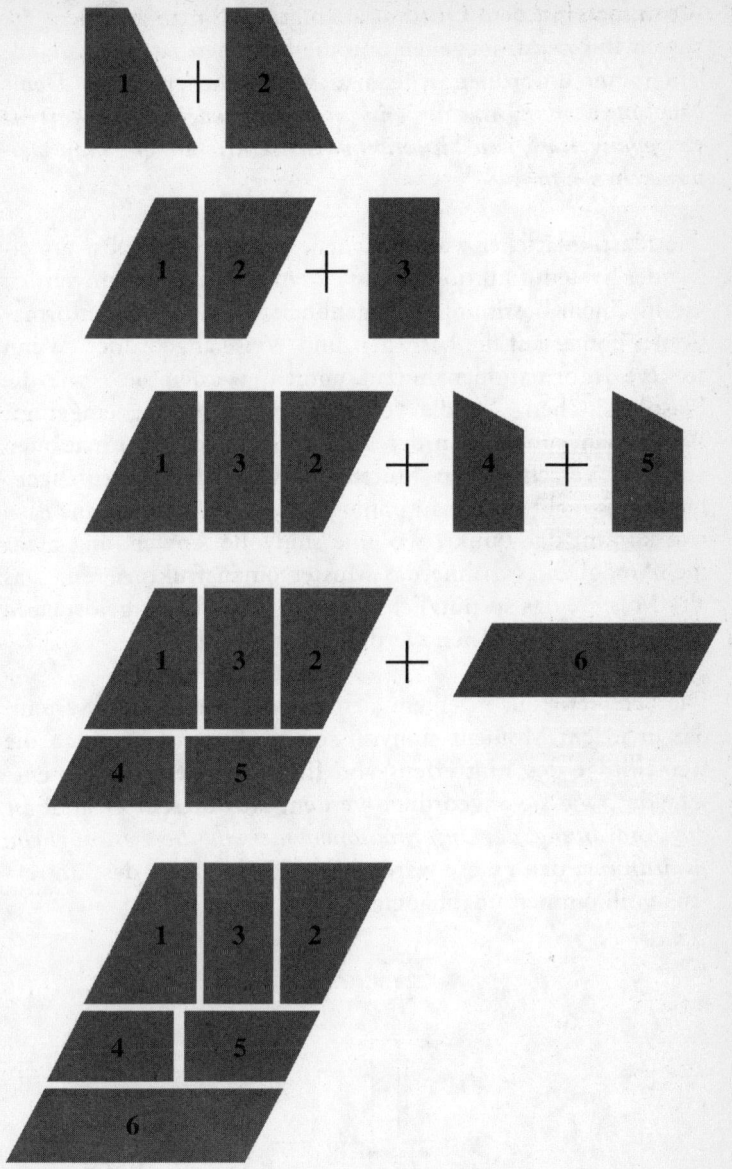

Wenn man mit dem Quadrat anfängt, muß man an einem gewissen Punkt zurückgehen und die Plättchen zu einem Parallelogramm umordnen, ehe man weitermachen kann. *Demnach muß man, auch wenn man auf jeder Stufe korrekt vorgegangen ist, eine Situation umstrukturieren, ehe man weitermachen kann.*

Die Plastikplättchen verdeutlichen, wie ein sich selbst erweiterndes System funktioniert. In einem solchen System werden die in einem bestimmten Augenblick vorhandenen Informationen immer auf die beste Art und Weise angeordnet. Wenn weitere Informationen hinzukommen, werden sie – wie die Plastikplättchen – in die vorhandene Anordnung eingefügt. Wenn man nun aber in der Lage ist, mit den Informationen auf den verschiedenen Stufen sinnvoll etwas anzufangen, heißt dies nicht, daß man immer so weitermachen kann. Einmal kommt der Punkt, wo eine sinnvolle Anwendung nicht mehr möglich ist, ohne das Muster umzustrukturieren. Das alte Muster, das so nützlich gewesen ist, wird aufgelöst, und die alten Informationen werden neu geordnet.

Die Schwierigkeit in einem sich selbst erweiternden System, das in jedem Moment sinnvoll sein muß, ist daher, daß die Reihenfolge des Eintreffens von Informationen darüber entscheidet, wie sie angeordnet werden. Aus diesem Grunde *ist die Anordnung der Informationen niemals die bestmögliche Anordnung,* denn diese wäre von der Reihenfolge des Eintreffens vollkommen unabhängig.

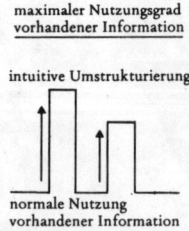

maximaler Nutzungsgrad
vorhandener Information

intuitive Umstrukturierung

normale Nutzung
vorhandener Information

Im Verstand, dem ständig anwachsenden Erinnerungssystem, folgt die Anordnung der Informationen in Begriffen und Ideen nicht der Regel, die vorhandenen Informationen optimal auszunutzen. Die auf Seite 40 schematische Darstellung versucht zu zeigen, daß der übliche Nutzungsgrad der Informationen beträchtlich unter dem theoretisch möglichen Niveau liegt. Durch intuitive Umstrukturierung kann man sich diesem Niveau etwas mehr nähern.

Humor und Intuition

Wie im Falle der Plastikplättchen existiert häufig eine Alternative zur Anordnung vorhandener Informationen. Das heißt, man kann auf eine andere Anordnung umschalten. Gewöhnlich geschieht die Umschaltung plötzlich.* Ist sie nur vorübergehend, dann bewirkt sie Humor, hält sie an, dann erzeugt sie intuitive Einsicht. Interessanterweise ist die Reaktion auf eine intuitive Lösung häufig Gelächter, auch wenn der Lösung selbst gar nichts Lächerliches anhaftet.

Ein Mann springt vom Dach eines Wolkenkratzers. Als er am dritten Stock vorbeifällt, hört man ihn murmeln: »So weit, so gut.«

Churchill saß bei einem Dinner neben Lady Astor. Sie wandte sich ihm zu und sagte: »Mr. Churchill, wenn ich mit Ihnen verheiratet wäre, würde ich Ihnen Gift in den Kaffee tun.« Churchill erwiderte: »Madam, wenn ich mit Ihnen verheiratet wäre ... dann würde ich den Kaffee trinken.«

Ein Polizist wurde beobachtet, wie er auf der Hauptstraße ein Drahtseil hinter sich herzog. Wissen Sie, warum er das Drahtseil gezogen hat? ... Haben Sie jemals versucht, ein Drahtseil zu *schieben*?

In jeder dieser Situationen erzeugt die Art und Weise, wie die Informationen zusammengesetzt sind, eine bestimmte Erwartung. Dann wird die Erwartung plötzlich durchkreuzt, aber man begreift sofort, daß die unerwartete Entwicklung nur ein anderer Weg ist, die Dinge zusammenzusetzen.

Humor und Intuition sind charakteristisch für dieses System der Informationsverarbeitung. Beide lassen sich nur schwer absichtlich hervorbringen.

Nachteile des Systems

Die Vorteile des Systems, in dem Informationen in vorgeformten Mustern untergebracht werden, wurden bereits erwähnt. Im Grunde sind die Vorteile Schnelligkeit beim Erkennen und dadurch Schnelligkeit beim Reagieren. Weil man das, wonach man sucht, erkennen kann, kann man auch die Umwelt wirksam erforschen. Die Nachteile sind genauso eindeutig. Einige seien hier aufgeführt.
1. Die Muster neigen dazu, sich immer mehr zu verfestigen, da sie die Aufmerksamkeit kontrollieren.
2. Es ist außerordentlich schwierig, Muster zu verändern, wenn sie sich erst einmal verfestigt haben.
3. Informationen, die als Teil eines Musters angeordnet sind, lassen sich nicht so leicht als Teil eines vollkommen anderen Musters verwenden.
4. Es existiert eine gewisse »Anziehungskraft«. Sie bewirkt, daß alles, was irgendwie an ein oft gebrauchtes Muster erinnert, auch so begriffen wird.
5. Muster können durch Trennungen erzeugt werden, die mehr oder weniger willkürlich sind. Was kontinuierlich ist, kann in einzelne Einheiten unterteilt werden, die dann immer weiter auseinanderstreben. Wenn solche Einheiten einmal gebildet sind, verewigen sie sich. Die Trennung kann noch lange, nachdem sie aufgehört hat, nützlich zu sein, weiterbe-

A   B

stehen, oder sie kann in Zonen eindringen, wo sie nicht von Nutzen ist.

Wenn – wie in der Darstellung oben – ein Quadrat in Vierekke unterteilt wird (A), fällt es schwer, eine andere Aufteilung (B) vorzunehmen.

6. Das System besitzt eine große Stetigkeit. Eine geringe Abweichung an einer Stelle kann später zu einem gewaltigen Unterschied führen.

7. Die Reihenfolge ihres Eintreffens spielt bei der Anordnung von Informationen eine zu große Rolle. Keine Anordnung nutzt daher die verfügbare Information optimal aus.

8. Die Übergänge von einem Muster zum anderen sind oft sprunghaft und nur selten gleichmäßig. Wie bei Tintenfässern, die zwei Standflächen haben (siehe Abbildung unten), tritt ein abrupter Wechsel auf, wenn man von einem festgelegten Muster zu einem anderen umschaltet.

9. Auch wenn die Wahl zwischen zwei miteinander wetteifernden Mustern sehr delikat ist, wird nur eines gewählt und das andere vollkommen ausgeschieden.

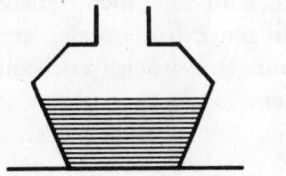 

10. Es besteht die deutliche Neigung zum »Polarisieren«. Man entscheidet sich für das eine oder andere Extrem, anstatt einen ausgewogenen Standpunkt in der Mitte einzunehmen.
11. Einmal angelegte Muster wachsen immer weiter – das heißt, daß selbständige Muster aneinandergekettet werden und immer längere Sequenzen bilden. Dieser Vorgang erzeugt eigenständige Muster. Im System des Verstandes gibt es nichts, was derartig lange Sequenzen unterbrechen würde.
12. Der Verstand ist ein System, das Denkklischees hervorbringt und einsetzt.

Das laterale Denken setzt sich zum Ziel, diese Beschränkungen zu überwinden. Es stellt Hilfsmittel zur Umstrukturierung, zum Überwinden der Denkklischees und zur Neuanordnung von Informationen zur Verfügung. So können neue Ideen entstehen. Um dieses Ziel zu erreichen, bedient sich das laterale Denken der Möglichkeiten dieses Systemtyps. Der Einsatz wahlloser Stimulation kann beispielsweise nur in einem sich selbst erweiternden System sinnvoll sein. Auch Unterbrechung und Provokation sind nur von Nutzen, wenn die Informationen anschließend wieder zu einem neuen Muster zusammengesetzt werden.

Zusammenfassung

Der Verstand geht in charakteristischer Weise mit Informationen um. Die Art der Verarbeitung ist äußerst wirksam und bringt große praktische Vorteile mit sich. Jedoch sind ihr auch Grenzen gesetzt. Der Verstand kann zwar sehr gut Begriffsmuster anlegen, aber er kann sie nicht ebenso gut umstrukturieren und den jeweiligen Erfordernissen anpassen. Aus diesen inneren Beschränkungen erwächst eben die Notwendigkeit zu lateralem Denken.

2   Der Unterschied zwischen lateralem und vertikalem Denken

D a die meisten Menschen der Meinung sind, das traditionelle vertikale Denken sei die einzig wirkungsvolle Art zu denken, scheint es nützlich, laterales und vertikales Denken zu vergleichen und durch die Unterschiede das laterale Denken näher zu bestimmen. Einige der auffälligsten Unterscheidungsmerkmale werden unten besprochen. Wir sind so an das vertikale Denken gewöhnt, daß einige dieser Unterscheidungsmerkmale sich wie ein Sakrileg ausnehmen. Es mag auch den Anschein haben, als würde in einigen Fällen ein Widerspruch um des Widerspruchs willen konstruiert. Und dennoch ist das laterale Denken im Verhaltenskontext eines sich selbst erweiternden Erinnerungssystems nicht nur sinnvoll, sondern sogar notwendig.

Vertikales Denken ist selektiv, laterales Denken generativ

Beim vertikalen Denken kommt es auf Richtigkeit an, beim lateralen Denken auf Ergiebigkeit. Das vertikale Denken sucht einen Weg, indem es andere Wege ausschließt. Das laterale Denken schließt nichts aus, sondern bemüht sich, andere Wege zu öffnen. Das vertikale Denken wählt den vielversprechendsten Lösungsweg eines Problems und die beste Betrachtungsweise einer Situation. Das laterale Denken bringt so viele Lösungswege wie möglich hervor. Beim vertikalen Denken kann man sich, bis man einen vielversprechenden Lö-

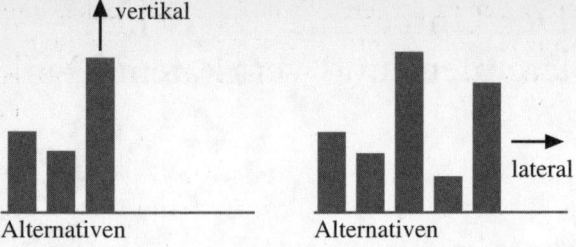

sungsweg gefunden hat, auch nach anderen umsehen. Beim lateralen Denken fährt man fort, so viele Wege zur Lösung wie möglich auszumachen, auch *nachdem* man bereits einen vielversprechenden gefunden hat. Das vertikale Denken versucht, den besten Lösungsweg auszuwählen, das laterale Denken bringt die verschiedensten Lösungsmöglichkeiten um ihrer selbst willen hervor.

Vertikales Denken setzt sich nur dann in Bewegung, wenn eine Richtung vorhanden ist, in die es sich bewegen kann. Laterales Denken setzt sich in Bewegung, um eine Richtung zu finden

Beim vertikalen Denken bewegt man sich in einer klar definierten Richtung auf die Lösung eines Problems zu. Man benutzt dabei eine bestimmte Form der Annäherung oder eine bestimmte Technik. Beim lateralen Denken bewegt man sich um der Bewegung willen. Man muß sich nicht unbedingt auf etwas zubewegen, man kann sich auch von etwas fortbewegen. Es geht allein um die Bewegung oder Veränderung. Beim lateralen Denken bewegt man sich nicht, um einer Richtung zu folgen, sondern um eine Richtung zu finden. Beim vertikalen Denken baut man eine Versuchsanordnung auf, um etwas zu demonstrieren. Beim lateralen Denken benutzt man den Versuch als Vehikel, um seine Ideen zu ändern. Das vertikale Denken zwingt uns, den Nutzen eines Vorgehens nicht aus den Augen zu verlieren. Beim lateralen Denken kann man herumspielen, ohne einen Zweck oder eine Richtung zu verfolgen. Man kann mit Versuchen, Modellen, Bezeichnungen und Ideen spielen.

Bewegung und Veränderung geschehen beim lateralen Denken nicht um ihrer selbst willen, sondern bereiten eine neue Anordnung der Muster vor. Wenn Bewegung und Veränderung erst einmal ausgelöst sind, werden die Eigenschaften des Verstandes dafür sorgen, daß etwas Nützliches geschieht. Der vertikale Denker sagt: »Ich weiß, wonach ich suche.« Der laterale Denker sagt: »Ich suche, aber wonach ich suche, werde ich erst wissen, wenn ich es gefunden habe.«

Vertikales Denken ist analytisch, laterales Denken provokativ

Man kann sich drei verschiedene Einstellungen zu der Bemerkung eines Schülers vorstellen, der zu dem Schluß gekommen ist: »Odysseus war ein Heuchler.«
1. »Du irrst dich, Odysseus war kein Heuchler.«
2. »Was du sagst, ist außerordentlich interessant. Wie bist du zu diesem Schluß gekommen?«
3. »Schön und gut. Und was jetzt? Wie willst du von dieser Grundlage aus weiter vorgehen?«

Um die provokativen Eigenschaften des lateralen Denkens einzusetzen, muß man fähig sein, die selektiven Eigenschaften des vertikalen Denkens folgen zu lassen.

Vertikales Denken ist folgerichtig, laterales Denken kann sprunghaft sein

Beim vertikalen Denken bewegt man sich schrittweise vorwärts. Jeder Schritt ergibt sich unmittelbar aus dem vorhergehenden, mit dem er eng in Verbindung steht. Wenn man zu einer Schlußfolgerung gekommen ist, dann folgt ihre Stichhaltigkeit aus der Stichhaltigkeit der einzelnen Schritte, durch die man zu ihr gekommen ist.

Beim lateralen Denken braucht man nicht folgerichtig vorzugehen. Man kann zu einem neuen Gedanken vorspringen und die entstandene Lücke nachher ausfüllen. In der unten abgebildeten Darstellung geht das vertikale Denken folgerichtig von A zu B, von B zu C und von C zu D vor. Beim lateralen Denken kann man D über den Umweg G erreichen und sich, wenn man bei D angekommen ist, zu A zurückarbeiten.

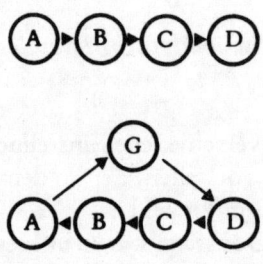

Wenn man unmittelbar auf eine Lösung stößt, kann ihre Stichhaltigkeit natürlich nicht von der des Weges abhängen, auf dem sie erreicht wurde. Trotzdem kann diese Lösung durchaus sinnvoll sein, auch ohne Weg, auf dem sie gefunden wurde. Ein erfolgreiches Experiment ist erfolgreich, auch wenn überhaupt kein Grund vorlag, es durchzuführen. Es kann aber auch passieren, daß es von einem bestimmten Punkt aus möglich wird, einen stichhaltigen logischen Rückweg zum Ausgangspunkt zu konstruieren. Wenn ein derartiger Rückweg angelegt ist, kann es auf keinen Fall mehr etwas ausmachen, an welchem Ende mit der Konstruktion des Weges begonnen wurde – und doch bestand vielleicht nur die Möglichkeit, ihn vom falschen Ende aus anzulegen. Es kann durchaus notwendig sein, erst einmal auf dem Gipfel eines Berges zu stehen, um von dort die beste Aufstiegsmöglichkeit zu erkunden.

Beim vertikalen Denken muß jeder einzelne Schritt richtig sein, beim lateralen Denken nicht

Das vertikale Denken beruht auf dem Prinzip, daß jeder einzelne Schritt richtig sein muß. Ohne dieses Postulat gäbe es weder das logische Denken noch die Mathematik. Beim lateralen Denken muß jedoch durchaus nicht jeder einzelne

 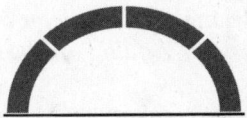

Schritt richtig sein – wenn nur die Lösung richtig ist. Etwas Vergleichbares begegnet uns beim Bau einer Brücke. Die Einzelteile müssen sich durchaus nicht in jeder Bauphase selbst tragen, aber wenn das letzte Teilstück eingesetzt ist, trägt die Brücke sich plötzlich selbst.

Beim vertikalen Denken verneint man etwas, um bestimmte Wege zu blockieren. Beim lateralen Denken gibt es keine Verneinung

Manchmal kann es notwendig werden, unrecht zu haben, um am Ende recht zu haben. Dieser Fall kann eintreten, wenn einem nach dem herrschenden Bezugssystem unrecht gegeben wird, man aber in dem Augenblick recht hat, wo das Bezugssystem sich geändert hat. Auch wenn es sich nicht ändert, kann es nützen, ein falsches Gebiet zu durchlaufen, um einen Punkt zu erreichen, von dem aus der richtige Weg zu überblicken ist. Die Abbildung auf Seite 50 veranschaulicht diese

 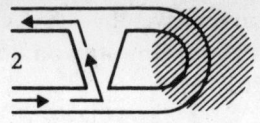

falsches Gebiet

Möglichkeit. Der endgültige Weg darf natürlich nicht durch das falsche Gebiet führen, aber weil man durch dieses falsche Gebiet hindurchgegangen ist, kann man vielleicht besser den richtigen Weg erkennen.

Beim vertikalen Denken konzentriert man sich und schließt alles Belanglose aus, beim lateralen Denken begrüßt man alles, was sich zufällig aufdrängt

Vertikales Denken ist Auswahl durch Ausschluß. Man arbeitet in einem bestimmten Bezugssystem und schließt alles nicht zur Sache Gehörende aus. Beim lateralen Denken erkennt man, daß ein Muster nicht aus sich selbst heraus umstrukturiert werden kann, sondern nur durch Anstoß von außen. Deshalb begrüßt man Einflüsse von außen wegen ihrer provokativen Wirkung. Je belangloser solche Einflüsse sind, desto größer ist die Aussicht, festgelegte Muster zu verändern. Nur nach Dingen zu suchen, die sachlich wichtig sind, bedeutet, den bestehenden Mustern Ewigkeitswert zu verleihen.

Beim vertikalen Denken sind Kategorien, Klassifizierungen und Kennmarken festgelegt, beim lateralen Denken nicht

Beim vertikalen Denken sind Kategorien, Klassifizierungen und Kennmarken nur dann nützlich, wenn sie sich nicht widersprechen, denn vertikales Denken hängt davon ab, daß man etwas als zu einer Klasse gehörend oder nicht zu einer Klasse gehörend erkennt. Wenn etwas mit einer Kennzeichnung versehen oder in eine Klasse eingeordnet wird, dann

darf es weder Namen noch Platz ändern. Beim lateralen Denken können die Kennmarken sich verändern, da etwas einmal so und einmal so angesehen wird. Klassifizierungen und Kategorien sind keine Kästchen zur Identifizierungshilfe, sondern Wegweiser zur Unterstützung der Denkbewegung. Beim lateralen Denken sind Kennmarken nicht von Dauer, sie werden nur zur zeitweiligen Erleichterung benutzt.

Das vertikale Denken hängt weitgehend von der Strenge der Definition ab, so wie die Mathematik von der unwandelbaren Bedeutung ihrer einmal eingeführten Symbole abhängt. Im gleichen Maße, wie aus einem plötzlichen Bedeutungswechsel Humor entstehen kann, ist ein ähnlicher Bedeutungsfluß zur Anregung des lateralen Denkens nützlich.

Vertikales Denken schlägt den wahrscheinlichsten Weg ein, laterales Denken erforscht den am wenigsten wahrscheinlichen

Das laterale Denken kann bewußt abwegig vorgehen. Man bemüht sich nicht so sehr um die eindeutigsten Möglichkeiten zur Annäherung an ein Problem, sondern mehr um die am wenigsten wahrscheinlichen. Der Wille, die am wenigsten wahrscheinlichen Wege zu erkunden, ist wichtig, denn häufig läßt sich kein anderer Grund für ihre Erkundung anführen. Am Anfang eines unwahrscheinlichen Weges deutet nichts darauf hin, daß es sich lohnt, ihn zu erkunden, und dennoch kann er zu etwas Nützlichem führen. Beim vertikalen Denken geht man den breitesten Weg, der in die richtige Richtung führt.

Vertikales Denken ist ein begrenzter Vorgang, laterales Denken ein unbegrenzter

Beim vertikalen Denken erwartet man als Abschluß eine Antwort. Wenn man eine mathematische Technik anwendet, wird eine Antwort garantiert. Beim lateralen Denken gibt es vielleicht überhaupt keine Antwort. Das laterale Denken erhöht die Wahrscheinlichkeit einer Umstrukturierung der Muster und einer intuitiven Lösung. Aber diese Aussichten werden vielleicht nicht erfüllt. Das vertikale Denken verspricht zumindest eine minimale Lösung. Beim lateralen Denken wachsen die Aussichten einer maximalen Lösung, sie wird aber nicht versprochen.

Wenn mehrere schwarze und nur eine einzige weiße Kugel in einer Tasche lägen, dann wäre die Aussicht, ausgerechnet die weiße Kugel aus der Tasche zu ziehen, sehr gering. Legte man immer mehr weiße Kugeln in die Tasche, würde die Wahrscheinlichkeit, eine weiße Kugel aus der Tasche zu ziehen, immer größer. Dennoch könnte man zu keinem Zeitpunkt sicher sein, eine weiße Kugel in die Hand zu bekommen. Das laterale Denken erhöht die Wahrscheinlichkeit einer intuitiven Umstrukturierung, und je besser man lateral denken kann, desto größer sind die Chancen dafür. Das laterale Denken ist ein ebenso eindeutiger Vorgang wie der, mehr weiße Kugeln in die Tasche zu legen, aber das Ergebnis unterliegt dennoch dem Zufall. Trotzdem kann sich eine neue Idee oder die einsichtsvolle Umstrukturierung einer alten Idee so gut auszahlen, daß sich der Versuch lohnt, lateral zu denken, denn verlieren kann man dabei nichts. Wo das vertikale Denken an eine Mauer stößt, sollte man das laterale Denken anwenden, auch wenn die Erfolgsaussichten sehr gering sind.

Zusammenfassung

Die Unterschiede zwischen vertikalem und lateralem Denken sind grundsätzlicher Natur. Beide Vorgänge unterscheiden sich deutlich voneinander. Es geht nicht darum, ob eine der beiden Methoden wirksamer als die andere ist, denn beide sind notwendig. Man muß die Unterschiede erkennen, um beide wirksam einsetzen zu können.

Beim vertikalen Denken benutzt man Informationen um ihrer selbst willen, um zu einer Lösung zu gelangen.

Beim lateralen Denken setzt man Informationen nicht um ihrer selbst willen ein, sondern provokativ, um neue Muster hervorzubringen.

3 Entkräftung der Gegenargumente

Viele Menschen hegen eine Abneigung gegen laterales Denken, weil es sich so stark vom vertikalen Denken unterscheidet. Es wäre ihnen lieber, wenn es einfach ein Teil des vertikalen Denkens wäre oder gar nicht existierte. Einige häufiger anzutreffende Einstellungen zum lateralen Denken werden hier aufgeführt.

Obwohl man die Wirksamkeit intuitiver Lösungen und den Wert neuer Ideen anerkennt, gibt es keinen praktischen Weg, sie zu entwickeln. Man kann lediglich auf sie warten und sie erkennen, wenn sie sich eingestellt haben

Das ist eine negative Einstellung, die weder dem intuitiven Einsichtsmechanismus noch den in stereotypen Mustern gefangenen Informationen Rechnung trägt. Intuitive Einsicht wird durch eine veränderte Abfolge der Muster und diese durch provokative Anregung bewirkt. Das laterale Denken liefert diese Anregung. In alten stereotypen Mustern eingesperrte Informationen können sich häufig selbst neu organisieren, sobald das Muster gesprengt ist. Es gehört zu den Aufgaben des lateralen Denkens, Informationen freizusetzen, indem es klischeehafte Muster in Frage stellt. Intuitive Einsicht und Neuerung als zufällig anzusehen, erklärt nicht, warum einige Menschen laufend imstande sind, mehr Ideen als andere hervorzubringen. In jedem Fall kann man Schritte unternehmen, um einen zufälligen Prozeß zu unterstützen. Die Wirksamkeit des lateralen Denkens bei der Entwicklung neuer Ideen läßt sich experimentell aufzeigen.

Wann immer eine Lösung angeblich durch laterales Denken zustande gekommen ist, gibt es einen logischen Weg, durch den sie hätte erreicht werden können. Demnach ist das vermeintliche laterale Denken nicht mehr als ein Vorwand für besseres logisches Denken

Man kann unmöglich sagen, ob eine bestimmte Lösung durch einen lateralen oder durch einen vertikalen Denkprozeß zustande gekommen ist. Laterales Denken ist die Beschreibung eines Prozesses, nicht eines Ergebnisses. Wenn eine Lösung auch durch vertikales Denken hätte gefunden werden können, bedeutet das nicht, daß sie nicht durch laterales Denken gefunden wurde.

Wenn eine Lösung überhaupt akzeptabel ist, dann muß es auch einen logischen Grund geben, weshalb sie akzeptiert wird. Es ist immer möglich, im nachhinein einen logischen Weg zu beschreiben, *wenn eine Lösung erst einmal gefunden ist*. Aber die Lösung mittels eines im nachhinein beschriebenen Weges zu erreichen, ist eine andere Sache. Man kann das ganz einfach mit gewissen schwer lösbaren Problemen demonstrieren, deren Lösungen – wenn man sie gefunden hat – ganz eindeutig sind. In solchen Fällen ist die Vermutung ausgeschlossen, daß ein Mangel an erforderlicher elementarer Logik das Problem schwierig gemacht hat.

Intuitive Lösungen und neue Ideen zeichnen sich dadurch aus, daß sie augenfällig sind, nachdem sie gefunden wurden. Das allein zeigt, wie wenig die Logik in der Praxis ausreicht, sonst hätten einem so einfache Lösungen schon viel früher einfallen müssen. Es läßt sich natürlich theoretisch nicht beweisen, daß man nicht auch einen logischen Weg hätte einschlagen können, wenn er im nachhinein aufgezeigt worden ist (außer durch einen Hinweis auf die Technik der Informationsverarbeitung des Verstandes). Praktisch gesehen ist es jedoch vollkommen eindeutig, daß die nachträgliche Demonstration eines logischen Weges nicht einschließt, daß die Lösung auf diese Weise auch tatsächlich erreicht worden wäre.

Da jede Art wirkungsvollen Denkens eigentlich logisches Denken ist, ist laterales Denken einfach nur ein Teil des logischen Denkens

Dieser Einwand ist nur scheinbar eine semantische Spitzfindigkeit. Es spielt überhaupt keine Rolle, ob sich das laterale Denken vom logischen Denken unterscheidet oder als Teil des logischen Denkens angesehen wird, solange man seine wahre Natur erkennt. Wenn man mit logischem Denken lediglich effektives Denken meint, dann fällt laterales Denken selbstverständlich darunter. Wenn man mit logischem Denken eine Aufeinanderfolge von Schritten meint, von denen jeder einzelne richtig sein muß, dann unterscheidet sich laterales Denken eindeutig von logischem.

Wenn der Einwand auf das Verhalten des Verstandes beim Verarbeiten von Informationen abzielt, dann wird er mehr als eine sematische Spitzfindigkeit. Von diesem Verhalten her gesehen ist es logisch, unlogisch zu sein. Wenn das nicht der Fall wäre, würde ich kein Buch darüber schreiben. Hier sieht man die Logik wiederum unter dem Blickpunkt der Wirksamkeit und nicht als den Arbeitsvorgang, mit dem wir vertraut sind.

In der Praxis verschleiert die Einordnung des lateralen Denkens in das logische Denken nur den Unterschied zwischen den beiden und kann dazu führen, das laterale Denken unbrauchbar zu machen – aber nicht unnötig.

Laterales Denken ist dasselbe wie induktive Logik

Dieses Argument benutzt den Unterschied zwischen induktiver und deduktiver Logik. Die Annahme lautet, daß etwas, was sich von deduktiver Logik unterscheidet, dasselbe sein muß wie etwas anderes, was sich ebenfalls von deduktiver Logik unterscheidet. Es besteht insofern eine gewisse Ähnlichkeit zwischen induktiver Logik und lateralem Denken, als beide von außerhalb des Systems wirken und nicht von innen heraus. Trotzdem kann das laterale Denken aus dem Inneren des Systems heraus wirken, um die Muster durch Vorgänge wie Umkehrung, Verdrehung, Zweifel usw. neu zu ordnen. Die induktive Logik gehorcht grundsätzlich der Vernunft: Wie bei der deduktiven Logik versucht man auch hier recht zu haben. Das laterale Denken kann jedoch absichtlich und selbstbewußt unvernünftig sein, um ein neues Muster hervorzubringen. Sowohl die induktive als auch die deduktive Logik führen zur Begriffsbildung. Das laterale Denken beschäftigt sich dagegen mehr mit der Auflösung von Begriffen, mit Provokation und Aufspaltung, um dem Verstand die Möglichkeit zu geben, die alten Muster umzubilden.

Laterales Denken ist überhaupt keine bewußte Denkmethode, sondern eine schöpferische Fähigkeit, die einige Menschen besitzen und andere nicht

Manche Menschen können besser lateral denken als andere – ebenso wie manche Menschen besser Mathematik können. Aber das bedeutet nicht, daß es sich nicht um einen Vorgang handelt, der gelernt und gezielt eingesetzt werden kann. Es läßt sich nachweisen, daß laterales Denken Menschen dazu befähigen kann, mehr Ideen hervorzubringen; aber Talente können nicht gelehrt werden. Am lateralen Denken ist nichts Mysteriöses. Es ist einfach eine besondere Methode, Informationen zu verarbeiten.

Laterales und vertikales Denken ergänzen sich gegenseitig

Einige Menschen betrachten das laterale Denken als Unglück, weil sie das Gefühl haben, daß es die Gültigkeit des vertikalen Denkens angreift. Das ist keineswegs der Fall. Beide Vorgänge ergänzen sich gegenseitig, sie stehen sich nicht unversöhnlich gegenüber. Laterales Denken ist nützlich, um neue Ideen und Annäherungsmöglichkeiten an Probleme zu entwickeln, vertikales Denken ist nützlich, um sie weiterzutreiben. Laterales Denken erhöht die Wirksamkeit des vertikalen Denkens, weil es ihm eine breitere Palette zur Auswahl anbietet. Vertikales Denken vervielfacht die Wirksamkeit des lateralen Denkens, wenn es die lateral entwickelten Ideen sinnvoll weiterführt.

Die meiste Zeit mag man vertikal denken, aber wenn man lateral denken *muß,* wird auch nicht das brillanteste vertikale Denken ausreichen. Weiterhin vertikal zu denken, wenn man eigentlich lateral denken sollte, ist gefährlich. Man muß beide Denkarten beherrschen.

Laterales Denken läßt sich mit dem Rückwärtsgang eines Autos vergleichen. Niemand würde versuchen, immer nur im Rückwärtsgang zu fahren. Andererseits braucht man ihn und muß wissen, wann und wie man ihn verwendet, damit man manövrierfähig bleibt und aus einer Sackgasse herauskommen kann.

4 Grundzüge des lateralen Denkens

Die Gegenüberstellung von lateralem und vertikalem Denken im 2. Kapitel hat schon einige Grundzüge des lateralen Denkens deutlich gemacht. In diesem Kapitel geht es nun ausschließlich um das Wesen des lateralen Denkens.

Laterales Denken verändert Muster

Ein Muster ist die Anordnung von Informationen auf der Erinnerungsoberfläche, also im Verstand. Muster bedingen eine wiederholbare Abfolge von Vorgängen im Nervensystem. Eine weitergehende Definition ist nicht nötig. In der Praxis sind Muster alle wiederholbaren Begriffe, Ideen, Gedanken und Vorstellungen. Ein Muster kann auch eine wiederholbare Abfolge von Begriffen oder Ideen sein. Der Begriff »Muster« kann sich darüber hinaus auf eine Anordnung von anderen Mustern beziehen, die zusammen einen Zugang zu einem Problem schaffen und einen Standpunkt oder eine Einstellung zu irgendwelchen Dingen bilden. Dem Umfang eines Musters sind keine Grenzen gesetzt. Die einzigen Anforderungen an ein Muster sind, daß es wiederholbar, erkennbar und brauchbar ist.

Das laterale Denken verändert nun Muster. Statt ein Muster zu nehmen und es dann in einem vertikalen Denkvorgang zu entwickeln, versucht das laterale Denken, das Muster neu zu strukturieren, indem es Informationen in einer anderen Art und Weise zusammenfügt. Weil die Reihenfolge des Eintreffens von Informationen in einem sich selbst erweiternden System so starken Einfluß auf die Art der Anordnung der Information nimmt, ist eine Umstrukturierung der Muster notwendig, um tatsächlich die in ihnen eingeschlossene Information optimal zu verwenden.

In einem sich selbst erweiternden System mit Speichereigenschaften kann die Anordnung der Informationen niemals die bestmögliche sein

Die Neuanordnung von Informationen zu einem anderen Muster ist eine intuitive Umstrukturierung. Durch die Neuanordnung soll ein besseres und wirksameres Muster gefunden werden.

Eine bestimmte Anschauung der Dinge kann sich allmählich ausgebildet haben. Eine früher einmal sehr nützliche Idee ist vielleicht heute nicht mehr in gleicher Weise brauchbar, und dennoch hat sich die aktuelle Idee unmittelbar aus jener alten und überholten entwickelt. Ein Muster mag sich in einer bestimmten Weise entwickeln, weil es aus der Kombination von zwei anderen Mustern hervorgegangen ist, aber wenn alle Informationen auf einmal zur Verfügung gestanden hätten, wäre das Muster ganz anders ausgefallen. Ein Muster kann erhalten bleiben, weil es brauchbar und angemessen ist, und dennoch könnte eine Umstrukturierung dieses Musters etwas viel Besseres zum Durchbruch kommen lassen.

In der folgenden Abbildung auf S. 61 fügen sich zwei Stücke zu einem Muster zusammen. Dieses Muster verbindet sich dann auf einfache Weise mit einem ähnlichen Muster. Ohne daß neue Stücke hinzugefügt werden, kann es plötzlich umstrukturiert werden, um ein sehr viel besseres zu bilden. Hätten alle vier Stücke auf einmal zur Verfügung gestanden,

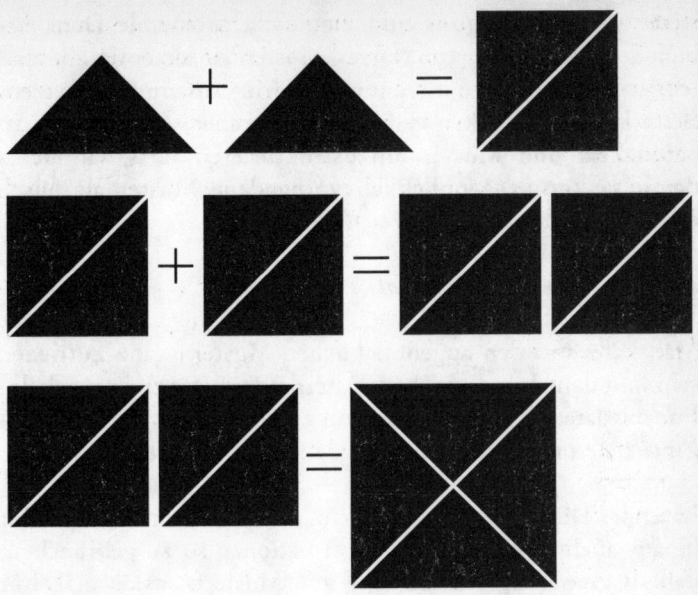

wäre das letzte Muster daraus hervorgegangen, aber auf Grund der Reihenfolge des Eintreffens der Stücke hat sich das andere Muster entwickelt.

Laterales Denken ist ein Verhalten und eine Methode, Informationen zu verwenden

Das laterale Denkverhalten betrachtet jede besondere Einstellung zu einer Sache als nützlich, aber nicht als einzigartig oder absolut. Man erkennt also die Nützlichkeit eines Musters an. Anstatt es aber als etwas Unausweichliches hinzunehmen, sieht man in ihm nur eine bestimmte Art des Zusammensetzens von Dingen. Das laterale Denkverhalten zweifelt an der Annahme, daß ein augenblicklich brauchbares Muster das einzig mögliche ist. Es mildert das arrogante Auf-

61

treten von Verfestigung und Dogma. Das laterale Denkverhalten weigert sich, ein starres Muster zu akzeptieren, und versucht, die Dinge in anderer Form zusammenzusetzen. Beim lateralen Denken versucht man immer, Alternativen zu entwickeln und Muster umzustrukturieren. Das hat nichts damit zu tun, augenblicklich vorhandene Muster als falsch oder unangemessen zu bezeichnen.

Laterales Denken ist niemals ein Werturteil

Man kann mit den augenblicklichen Mustern ganz zufrieden sein und dennoch versuchen, Alternativmuster zu entwickeln. Für das laterale Denken kann an einem Muster nur die arrogante Starrheit falsch sein, mit der an ihm festgehalten wird.

Laterales Denken ist nicht nur ein Verhalten, sondern darüber hinaus auch eine Methode, Informationen so zu gebrauchen, daß sie eine Umstrukturierung von Mustern auslösen. Dafür gibt es spezifische Techniken. Von ihnen soll später die Rede sein. Diese Techniken bauen auf gewissen allgemeinen Prinzipien auf. Beim lateralen Denken werden Informationen nicht um ihrer selbst, sondern um ihrer Wirkung willen eingesetzt. Diese Art der Verwendung blickt nach vorn, nicht zurück: Man interessiert sich nicht für die Gründe, die zum Einsatz eines Teils der Informationen führen und ihn rechtfertigen, sondern für die Wirkung, die sich aus dem Einsatz ergeben könnte. Beim vertikalen Denken ordnet man Informationen zu einer Art Struktur, Brücke oder Pfad an. Die Informationen werden zu einem Bestandteil der Entwicklungslinie. Beim lateralen Denken verwendet man Informationen, um die Struktur zu ändern, und nicht um sie in eine Struktur einzufügen.

Man kann mit einer Nadel zwei Papierstücke zusammenheften, man kann aber auch jemanden damit stechen und ihn zum Aufspringen bringen. Das laterale Denken stabilisiert nicht, sondern provoziert. Das muß es tun, um eine Neuordnung der Muster zu bewirken. Da es nicht möglich ist, ein Muster umzuformen, wenn man nur der Entwicklungslinie dieses Musters folgt, kann das laterale Denken bewußt Abwege benutzen. Aus dem gleichen Grund kann es Belanglosigkeiten einsetzen oder eine Beurteilung aufschieben und einer Idee gestatten, sich zu entwickeln, statt sie als falsch zu bezeichnen und ihre Weiterentwicklung dadurch abzubrechen.

Laterales Denken hängt unmittelbar mit dem Verhalten des Verstandes bei der Verarbeitung von Informationen zusammen

Die Notwendigkeit des lateralen Denkens folgt aus den Beschränkungen eines sich selbst erweiternden Erinnerungssystems. Ein derartiges System erzeugt Muster und versucht sie unverändert beizubehalten. Es enthält keinen angemessenen Mechanismus, der die Muster umformt und auf den neuesten Stand bringt. Das laterale Denken versucht, diese Umstrukturierung oder intuitive Einsichtsfunktion auszulösen.

Die Notwendigkeit des lateralen Denkens folgt jedoch nicht nur aus dem Verhalten des Verstandes bei der Verarbeitung von Informationen: Zugleich hängt auch die Wirksamkeit des lateralen Denkens von diesem Verhalten ab. Das laterale Denken setzt Informationen provokativ ein. Es zerbricht alte Muster, um Informationen freizusetzen. Das laterale Denken regt neue Muster an durch die Konfrontation ungewöhnlicher Informationen. Diese Praktiken erzielen nur Wirkung in einem sich selbst erweiternden Erinnerungssystem, das wieder neue Muster zusammenfügt. Wenn das System sich anders verhielte, wäre das laterale Denken lediglich zerstörerisch und nutzlos.

5 Das Ziel des lateralen Denkens

Wer das laterale Denken erst einmal angenommen hat, muß nicht mehr gesagt bekommen, wann er es anwenden soll.

Um Verwirrung zu vermeiden, werden in diesem Buch vertikales und laterales Denken sorgfältig unterschieden. Ein anderer Grund dafür ist, daß man eine gewisse Fertigkeit im lateralen Denken erwerben soll, ohne die Fähigkeiten im vertikalen Denken zu vernachlässigen. Wenn man mit dem lateralen Denken näher vertraut ist, kann man die strikte Trennung wiederaufheben. Man braucht sich dann nicht mehr bewußt zu machen, ob man lateral oder vertikal denkt. Beide Denkarten gehen ineinander über, so daß man in einem Augenblick vertikal und im nächsten lateral denkt. Dennoch gibt es gewisse Gelegenheiten, die den bewußten Gebrauch des lateralen Denkens verlangen.

Neue Ideen

Meistens erkennt man nicht die Notwendigkeit der Entwicklung neuer Ideen, obwohl man jede dankbar begrüßt. Man versucht erst gar nicht, neue Ideen hervorzubringen, weil man meint, daß Versuche sie nicht hervorbringen können. Obgleich neue Ideen immer nützen, gibt es Zeiten, in denen man sich der Notwendigkeit neuer Ideen besonders bewußt wird. Einige Berufe verlangen einen ständigen Strom von neuen Ideen (Forscher, Designer, Architekten, Techniker, Werbefachleute usw.).

Die bewußte Entwicklung von neuen Ideen ist immer schwierig. Vertikales Denken hilft wenig, sonst ließen sich neue Ideen viel leichter fassen, man könnte sogar einen Computer so programmieren, daß er sie auswirft. Man kann auf einen Zufall oder eine Eingebung warten, oder man kann die Gabe der Kreativität erflehen. Laterales Denken ist jedoch ein weitaus überlegterer Weg zu neuen Ideen.

Viele Menschen sind der Ansicht, neue Ideen hätten etwas mit der Erfindung von mechanischen Vorrichtungen zu tun. Das mag die augenfälligste Form sein, die eine neue Idee annehmen kann. Aber zu neuen Ideen gehören auch neue Methoden, etwas zu tun, etwas zu betrachten, etwas zu organisieren, etwas darzustellen – und neue Ideen über Ideen. In Reklame und Technik, in Kunst und Mathematik, beim Kochen und beim Sport – neue Ideen sind immer gefragt. Der Bedarf an Ideen braucht nicht unbedingt eine allgemein verbreitete Vorliebe zu sein, sondern kann so speziell sein, wie man will. Man sollte sofort an die Arbeit gehen.

Lösung von Problemen

Auch wer nicht den Wunsch verspürt, neue Ideen zu entwickeln, kommt um Probleme nicht herum. Man hat dann keine andere Wahl, als eine Lösung zu suchen. Ein Problem braucht nicht förmlich gestellt zu werden, bei der Lösung kommt man meist ohne Papier und Bleistift aus. *Ein Problem ist einfach der Unterschied zwischen dem, was man hat, und dem, was man will.* Es kann sich darum drehen, etwas zu vermeiden, etwas zu erhalten, etwas loszuwerden oder dahinterzukommen, was man will.

Es gibt drei Problemtypen:

● Der erste erfordert zu seiner Lösung mehr Informationen oder bessere Techniken im Umgang mit Informationen.

● Der zweite erfordert keine neuen Informationen, sondern eine Neuanordnung der bereits vorhandenen – also eine intuitive Umstrukturierung.

● Der dritte ist das Problem, daß kein Problem existiert. Man wird durch die bestehende angemessene Anordnung der Informationen davon abgehalten, zu einer viel besseren überzugehen. Es gibt kein Problem, auf das man seine Bemühungen konzentrieren könnte, um eine bessere Anordnung der Informationen zu erreichen, weil man sich nicht einmal bewußt ist, daß es eine bessere Anordnung gibt. Das Problem ist nun, zu erkennen, daß ein Problem existiert und daß etwas verbessert werden kann. Diese Erkenntnis des Problems muß selbst als Problem definiert werden.

Die Probleme des ersten Typs lassen sich durch vertikales Denken lösen. Beim zweiten und dritten Typ führt das laterale Denken zur Lösung.

Verarbeitung der intuitiven Auswahl

Logisches Denken und Mathematik sind Techniken der Informationsverarbeitung auf der zweiten Stufe. Sie können nur am Ende der ersten Stufe eingesetzt werden: Dort werden die Informationen durch intuitive Auswahl in kleine Pakete gepackt, die dann durch die Techniken der zweiten Stufe wirkungsvoll eingesetzt werden. Die intuitive Auswahl bestimmt, was in jedes Paket hineinkommt. *Intuitive Auswahl ist das natürliche musterbildende Verhalten des Verstandes.* Statt die von der intuitiven Auswahl gelieferten kleinen Pakete zu akzeptieren und mit ihrer logischen und mathematischen Verarbeitung fortzufahren, will man die Pakete vielleicht selbst aufbereiten. Um das zu tun, muß man lateral denken.

Periodische Wertung

Periodische Wertung heißt, sich noch einmal Dinge anzusehen, die als gegeben angenommen werden, also anscheinend
über jeden Zweifel erhaben sind. Die periodische Wertung
stellt alle Voraussetzungen zur Diskussion. Es geht nicht darum, etwas zu bewerten, weil die Notwendigkeit dazu bestünde; die Notwendigkeit dazu braucht durchaus nicht zu
bestehen. Vielmehr soll etwas einfach noch einmal bewertet
werden, weil es existiert und schon lange nicht mehr bewertet
wurde. Periodische Wertung ist ein bewußter und *vollkommen ungerechtfertigter* Versuch, Dinge auf eine neue Art und
Weise zu betrachten.

Verhütung scharfer Trennungen und
Polarisierungen

Vielleicht ist das laterale Denken dann am notwendigsten,
wenn es nicht bewußt gebraucht wird, sondern als Verhaltensweise besteht. Das laterale Denkverhalten sollte von
vornherein Probleme verhindern, die nur durch jene scharfen
Trennungen und Polarisierungen entstehen, die der Verstand
dem aufzwingt, was er untersucht. Während man die Nützlichkeit der vom Verstand erzeugten Muster anerkennt, setzt
man laterales Denken ein, um ihrer anmaßenden Starrheit
entgegenzuwirken.

6 Techniken

Die bisherigen Kapitel haben sich mit dem Wesen und mit der Nützlichkeit des lateralen Denkens beschäftigt. Beim Durchlesen dieser Kapitel hat man vielleicht eine klare Vorstellung von dem bekommen, was laterales Denken ist und will. Das häufigere Ergebnis ist allerdings, das Geschriebene beim Lesen zu verstehen und zu akzeptieren, es dann aber so schnell zu vergessen, daß man nur einen undeutlichen Eindruck vom lateralen Denken zurückbehält. Das ist durchaus nicht überraschend, denn Ideen sind immateriell. Auch wenn man eine klare Vorstellung vom Wesen des lateralen Denkens besäße, wäre es sehr schwierig, sie weiterzugeben, ohne sie in eine Trägersubstanz einzubetten.

Wer die Zweckmäßigkeit des lateralen Denkens flüchtig erkennt, hat noch nicht viel erreicht. Man muß Fähigkeiten entwickeln, um diese Denkart wirklich sinnvoll einzusetzen. Die notwendigen Fähigkeiten können sich aber nur entwickeln, wenn man sie ausreichend üben kann. Das Üben hängt zwar allgemein nicht von einem formalen Rahmen ab, sehr oft tut es das aber doch. Die Techniken, die auf den folgenden Seiten dargestellt werden, bieten formale Gelegenheiten zum Üben des lateralen Denkens. Einige von ihnen erscheinen vielleicht lateraler als andere. Einige erwecken vielleicht sogar den Anschein, es handle sich um Dinge, die man sowieso immer tut – zumindest bildet man sich das ein.

Die Übungen verfolgen den Zweck, die laterale Denkgewohnheit zu fördern. Sie sind nicht als Schablonen gedacht, die man genau lernen muß, damit man sie später bewußt anwenden kann. Aber sie können natürlich in diesem Sinne benutzt werden. Bis man einigermaßen geläufig lateral denken und ohne formale Techniken auskommen kann, darf man sie auch getrost so benutzen.

Jedes Kapitel ist in zwei Teile unterteilt. Der erste Teil behandelt das Wesen und den Zweck einer Technik. Der zweite bringt nur Vorschläge zum eigentlichen Üben der Technik. Das vorgelegte Material soll lediglich als Hinweis auf die Art von Material dienen, die man zusammenstellen kann. Das Sammeln zusätzlichen Materials und die didaktischen Probleme wurden in einem besonderen Kapitel am Anfang des Buches besprochen.

7 Die Entwicklung von Alternativen

D *as laterale Denken baut auf dem Prinzip auf, daß jede*
bestimmte Art der Anschauung von Dingen nur eine von
vielen möglichen Arten ist. Das laterale Denken erkundet
durch die Umstrukturierung und Neuanordnung verfügbarer
Informationen diese anderen Möglichkeiten. Das Wort »lateral« selbst läßt schon auf ein seitwärts gerichtetes Vorgehen
bei der Entwicklung von Alternativen schließen und nicht auf
ein geradlinig vorwärts gerichtetes Vorgehen zur Entwicklung
eines bestimmten Musters. Man kann das der Abbildung unten entnehmen.

Es mag den Anschein haben, als wäre die Suche nach Alternativen üblich. Viele Menschen haben den Eindruck, daß sie es
immer tun. Bis zu einem gewissen Grade stimmt das, aber die

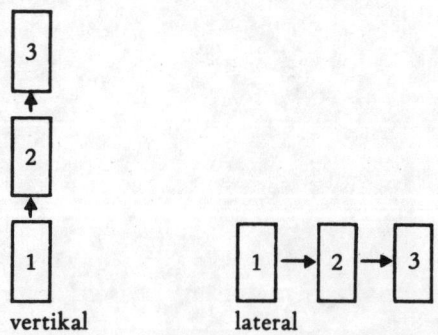

laterale Suche nach Alternativen geht weit über das Übliche hinaus.

Bei der üblichen Suche nach Alternativen sieht man sich nach der bestmöglichen Art um, Zugang zu einem Problem zu gewinnen. Bei der lateralen Suche ist man bemüht, so viele Alternativen wie möglich zu entwickeln. Man sucht nicht nach dem *besten* Zugang, sondern nach so vielen *verschiedenen* wie möglich.

Die übliche Suche nach Alternativen stellt man ein, wenn man einen vielversprechenden Zugang zu einem Problem gefunden hat. Bei der lateralen Suche nach Alternativen nimmt man den vielversprechenden Zugang zur Kenntnis und kommt vielleicht später auf ihn zurück, entwickelt aber weitere Alternativen.

Bei der üblichen Suche nach Alternativen zieht man nur vernünftige in Betracht. Bei der lateralen brauchen die Alternativen nicht vernünftig zu sein.

Die übliche Suche nach Alternativen ist häufiger Absicht als Tatsache. Die laterale Suche nach Alternativen ist ein bewußter Vorgang.

Beide Arten unterscheiden sich hauptsächlich durch den Zweck, den die Suche erfüllen soll. Normalerweise sucht man Alternativen, um die beste Lösung eines Problems zu finden. Beim lateralen Denken verfolgt man mit der Suche die Absicht, starre Muster zu lockern und neue anzuregen. Die Suche kann zu den verschiedensten Ergebnissen führen.

Man kann eine Reihe von Alternativen entwickeln und dann zu der ursprünglich eindeutigsten Lösung zurückkehren. Eine entwickelte Alternative kann ein nützlicher Ausgangspunkt sein.

direkt

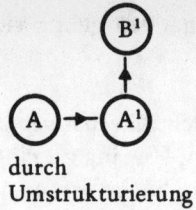
durch
Umstrukturierung

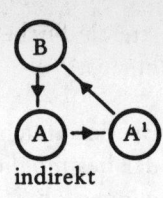
indirekt

Eine entwickelte Alternative kann ohne weitere Anstrengungen das Problem tatsächlich lösen.
Eine entwickelte Alternative kann dazu dienen, Dinge neu anzuordnen, so daß das Problem indirekt bereits gelöst ist.

Auch wenn die Suche nach Alternativen sich in einem bestimmten Fall als Zeitverschwendung herausstellt, trägt sie dazu bei, die Gewohnheit zu entwickeln, sich nach Alternativen umzusehen, anstatt den eindeutigsten Zugang zu einem Problem blind zu akzeptieren.

Die Suche nach Alternativen hält einen in keiner Weise davon ab, den eindeutigsten Zugang zu benutzen. Sie verzögert lediglich seine Benutzung. Sie stellt ihm lediglich eine Reihe von Alternativen gegenüber, tut aber seiner Qualität keinen Abbruch. Tatsächlich steigert sie seinen Wert. Statt einen bestimmten Zugang zu einem Problem zu wählen, weil er der einzige zu sein scheint, wird er gewählt, weil er der beste unter vielen anderen ist.

Quote

Um aus der Suche nach Alternativen nicht eine gute Absicht, sondern eine Praxis zu machen, kann man eine Quote festsetzen. Eine Quote ist eine fixierte Anzahl von Alternativen bei der Beschäftigung mit einem Problem. Der Vorteil einer im voraus festgesetzten Quote besteht darin, daß man so lange Alternativen entwickelt, bis die Quote erfüllt ist. Das heißt wiederum, daß man eine besonders vielversprechende Alternative, die sich gleich am Anfang der Suche ergibt, zwar zur Kenntnis nimmt, die Suche aber nicht deshalb abbricht, weil man von der Alternative gefesselt wird. Die Quote besitzt noch einen weiteren Vorteil: Man muß sich anstrengen, Alternativen zu finden oder zu entwickeln, statt einfach nur auf die üblichen Alternativen zu warten. Man gibt sich Mühe, das Soll zu erfüllen, auch wenn einem die Alternativen, die dabei herauskommen, künstlich oder gar lächerlich vorkommen. Eine angemessene Quote wären drei, vier oder fünf Alternativen.

Die Quote hält natürlich nicht davon ab, mehr Alternativen zu entwickeln, aber sie stellt zumindest sicher, daß man überhaupt ein Minimum an Alternativen entwickelt.

Übung

Geometrische Figuren

Sichtbare Formen haben den Vorteil, das Material unzweideutig zu präsentieren. Jedermann kann es betrachten und daraus machen, was er will, aber das Material bleibt immer dasselbe. Mit sprachlichem Material, dem Tonfall, Betonung und individuelle Bedeutungsnuancen einen persönlichen Anstrich geben, kann im Gegensatz dazu nicht jeder etwas anfangen.

Geometrische Figuren stellen Standardmuster dar, die sich mit einfachen Worten beschreiben lassen. Man kann daher von einer Beschreibung zur anderen übergehen, ohne dabei in irgendwelche Schwierigkeiten zu kommen, die eigene Betrachtungsweise der Figur auszudrücken.

Um eine Vorstellung davon zu geben, worum es bei der Entwicklung von Alternativen geht, fängt der Lehrer mit geometrischen Figuren an. Wenn jeder verstanden hat, kann zu weniger künstlichen Situationen übergegangen werden.

In der Praxis geht der Lehrer folgendermaßen vor:

1. Die Figur wird an der Tafel gezeigt, oder sie wird jedem einzelnen Schüler auf einem Bogen Papier ausgehändigt.

2. Die Schüler erhalten den Auftrag, verschiedene Beschreibungen der Figur zu entwickeln.

3. Der Lehrer kann die Beschreibungen dann entweder einsammeln oder auch nicht; das hängt ganz von der Größe der Gruppe und von der verfügbaren Zeit ab.

4 a (Wenn die Beschreibungen nicht eingesammelt werden). Der Lehrer fordert Freiwillige auf, die Figur zu beschreiben. Wenn sich niemand meldet, benennt er jemanden und bittet ihn, sich zu äußern. Anschließend fragt er die Gruppe nach weiteren Alternativen. Alle Alternativen werden aufgeschrieben.

4 b (Wenn die Beschreibungen eingesammelt werden). Der Lehrer kann eine oder zwei Arbeiten herausgreifen, ohne sie alle durchzugehen. Er fragt dann die Gruppe nach weiteren Varianten, oder er geht alle Arbeiten durch und greift jede einzelne Variante heraus.

Wenn genügend Zeit zwischen den einzelnen Übungsstunden zur Verfügung steht, könnte der Lehrer die Arbeiten durchsehen und eine zahlenmäßige Aufstellung der gelieferten Varianten anfertigen (siehe unten). In der nächsten Stunde legt er sie den Schülern vor.

5. Der Lehrer hat die Aufgabe, Varianten anzuregen und sie zu akzeptieren, er sollte sie nicht bewerten. Wenn eine bestimmte Variante außergewöhnlich zu sein scheint, verwirft er sie nicht, sondern bittet den Urheber, sie ausführlich zu erklären. Wenn die anderen Schüler nicht überzeugt werden können, diese außergewöhnliche Variante zu akzeptieren, dann ist es am besten, sie ans Ende der Liste zu setzen, aber nicht zurückzuweisen.

6. Wann immer es bei der Entwicklung von Varianten Schwierigkeiten gibt, muß der Lehrer ein paar Möglichkeiten vorbereiten und zur Debatte stellen.

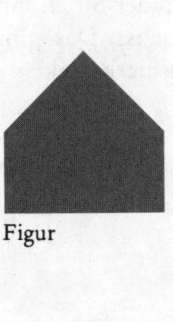

Figur

A
Ein Dreieck auf einem Rechteck

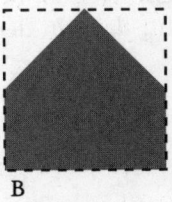

B
Ein Quadrat, bei dem die beiden oberen Ecken fehlen

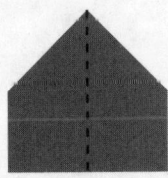

C
Zwei Hälften eines Rechtecks aneinandergestellt

D
Endansicht eines Hauses

Material

1. Wie würden Sie die auf dieser Seite abgebildete Figur beschreiben?

Alternativen

Zwei Kreise, die durch einen geraden Strich miteinander verbunden sind.

Ein gerader Strich mit je einem Kreis an den Enden.

Zwei Kreise mit je einem kurzen Schwanz, so zusammengelegt, daß die Schwänze sich verbinden.

Zwei Hälften einer Dachrinnenklammer, die eine auf die andere gelegt.

Kommentar

Man kann einwenden, daß »zwei Kreise, durch einen geraden Strich miteinander verbunden« und »ein gerader Strich mit je einem Kreis an den Enden« ein und dasselbe ist. Das stimmt nicht, denn in dem einen Fall setzt die Aufmerksamkeit mit

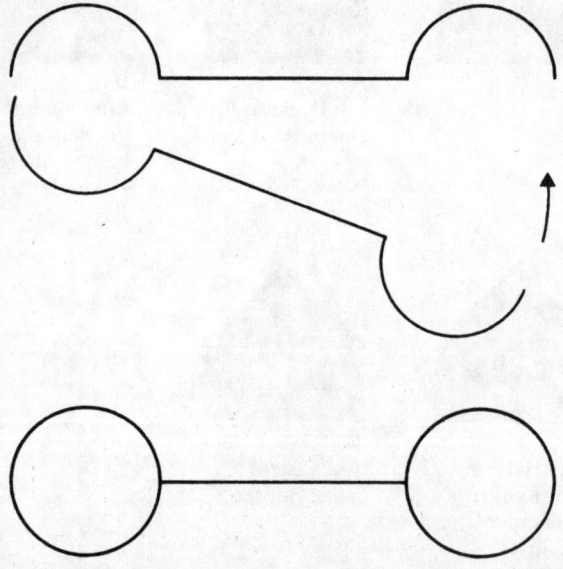

dem Kreis ein, im anderen aber mit dem Strich. Für die Vorgänge im Verstand ist jedoch die Reihenfolge der Informationen von allergrößter Wichtigkeit. Folglich ist auch ein unterschiedlicher Ansatz der Aufmerksamkeit ein Unterschied.

Einige Beschreibungen können statisch sein und lassen sich an Hand der gezeigten Figur erklären. Andere können dynamisch sein und lassen sich leichter durch zusätzliche Abbildungen erklären, da die vorgelegte Abbildung als Endpunkt einer Anordnung anderer Figuren aufgefaßt wird.

2. Wie würden Sie die auf dieser Seite abgebildete Figur beschreiben?
Alternativen
Ein L.
Ein Tischlerwinkel.
Ein auf den Kopf gestellter Galgen.
Die Hälfte eines Bilderrahmens.
Zwei Rechtecke, eins ans andere gelegt.
Ein großes Rechteck, aus dem ein kleineres herausgeschnitten wurde.

Kommentar

Schwierig wird es, wenn die vorgestellte Figur mit einem realen Gegenstand verglichen wird (Tischlerwinkel), denn ein solcher Vergleich läßt eine Fülle von Beschreibungen zu. Man könnte, um ein weiteres Beispiel zu nennen, auch sagen, daß die Figur ein Gebäude aus der Vogelperspektive zeigt. Man sollte niemals vergessen, daß man *um eine Alternative zur Beschreibung der vorgelegten Figur gebeten wurde; man fragt also nicht, was die Figur darstellen könnte oder woran sie einen erinnert.* Die Beschreibung der Figur muß so eindeutig sein, daß jemand sie an Hand der Beschreibung aufzeichnen könnte. Die Bemerkung, die Figur sähe wie ein Gebäude aus der Vogelperspektive aus, ist also nutzlos, es sei denn, das Gebäude würde als L-förmig bezeichnet, aber dann würde die korrekte Beschreibung »L-förmig« lauten. Man braucht nicht darauf zu bestehen, daß eine Beschreibung sehr exakt ist (beispielsweise sollte die Beschreibung »zwei Rechtecke, eins ans andere gelegt« eigentlich einen Anhaltspunkt dafür enthalten, wie sie zusammengelegt sind), aber man braucht auch nicht pedantisch zu sein, weil dadurch die Akzente falsch gesetzt würden.

Einige der Beschreibungen erfordern vielleicht einen bestimmten Denkprozeß. Dazu gehören solche wie »zwei Rechtecke, eins ans andere gelegt« oder »ein großes Rechteck, aus dem ein kleineres herausgeschnitten wurde«. Bei diesen Beschreibungen muß man zunächst an eine andere Figur denken, die man entweder modifiziert, oder von der man etwas abzieht. Selbstverständlich ist dies eine wertvolle Beschreibungsmethode. Grundtypen der Beschreibung können sein:
Zusammensetzen aus kleineren Einheiten.
Mit einer anderen Figur vergleichen.
Eine andere Figur durch Zusätze oder Weglassungen modifizieren.
Auch hier wird man wieder auf zusätzliche Darstellungen zurückgreifen müssen, um zu erklären, was gemeint ist.

Manchmal versteht man die Alternative auch erst nach einer Rückfrage.

3. Wie würden Sie die auf dieser Seite abgebildete Figur beschreiben?

Alternativen
Zwei einander teilweise überlappende Quadrate.
Drei Quadrate.
Zwei L-Formen, die ein Quadrat umschließen.
Ein halbiertes Rechteck, dessen beide Hälften nicht auf gleicher Höhe nebeneinander liegen.

Kommentar
»Zwei einander teilweise überlappende Quadrate« ist eine so offensichtlich zutreffende Beschreibung, daß jede andere abwegig zu sein scheint. Damit wird deutlich, wie stark eindeutige Muster dominieren können. Auch hier kommt es einem

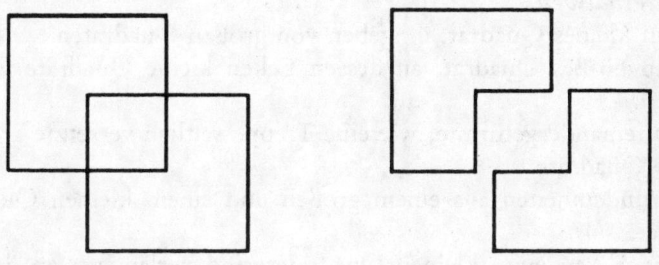

vielleicht wieder so vor, als wären die Beschreibungen »zwei einander teilweise überlappende Quadrate« und »drei Quadrate« ein und dasselbe, da die zweite Möglichkeit in der ersten enthalten ist. Vor dieser Vorstellung muß man sich hüten, da auch eine unbedeutende Veränderung der Betrachtungsweise einen großen Unterschied hervorrufen kann. Man muß der Versuchung widerstehen, in zwei Beschreibungen dasselbe und in der Unterscheidung nur Haarspalterei zu sehen.

Beschreibungen können so umfassend sein, daß alle sonstigen Möglichkeiten der Beschreibung in sie eingegangen sind: »Zwei Quadrate, die einander mit den Ecken überlappen, so daß das Feld, das durch das Überlappen entsteht, seinerseits ein Quadrat ist, dessen Seiten ungefähr halb so lang wie die der Originalquadrate sind.« Solche ausführlichen Beschreibungen reproduzieren nahezu die Abbildung, sie müssen folglich alle Möglichkeiten der Beschreibung enthalten. Dennoch sollten andere Beschreibungen um ihrer selbst willen akzeptiert werden. Natürlich kann eine Beschreibung überflüssig sein, wenn sie schon in einer anderen enthalten ist, aber sie kann andere Muster verwenden. Die Beschreibung »drei Quadrate« ist beispielsweise nützlich, auch wenn sie aus der Beschreibung hervorgeht, in der von »einander überlappenden Quadraten« die Rede ist.

4. Wie ist das Muster auf Seite 81 zusammengesetzt?
Alternativen
Ein kleines Quadrat, umgeben von großen Quadraten.
Ein großes Quadrat, an dessen Ecken kleine Quadrate liegen.
Aufeinandergetürmte, wie eine Treppe seitlich versetzte große Quadrate.
Grundeinheiten aus einem großen und einem kleinen Quadrat.
Die Seiten eines kleinen Quadrates sind verlängert; an den Verlängerungen hängen andere kleine Quadrate.
Eine Strecke ist in drei gleiche Teile unterteilt, rechtwinklig zu den Teilungspunkten verlaufen andere Strecken.
In einem Gittermuster werden einige der kleinen Quadrate nach einem bestimmten Modus ausgewählt und schraffiert, aus dem schraffierten Raum werden alle Linien entfernt, wodurch ein großes Quadrat entsteht. Große Quadrate sind so aneinandergelegt, daß jede Hälfte ihrer Seiten die Hälfte einer Seite eines anderen großen Quadrates darstellt.
Zwei Linienmuster, rechtwinklig zueinander verlaufend.

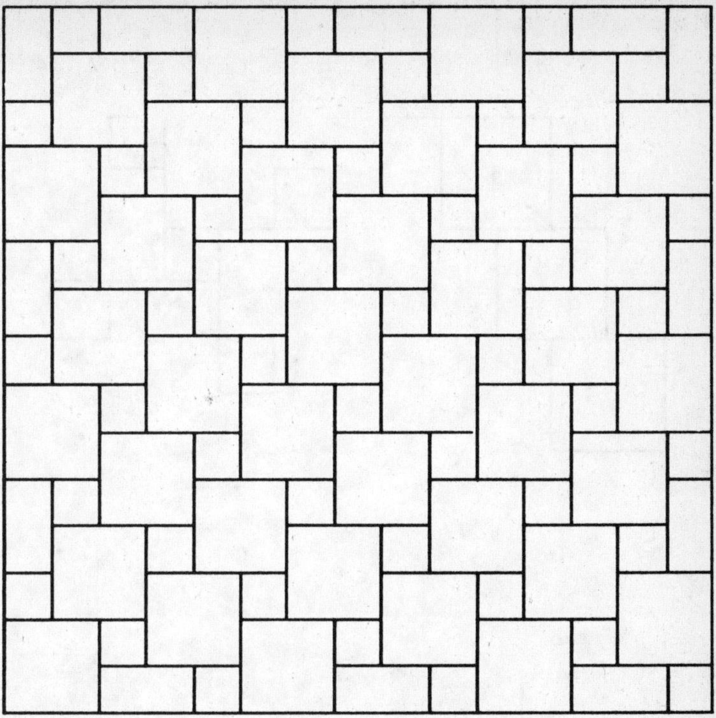

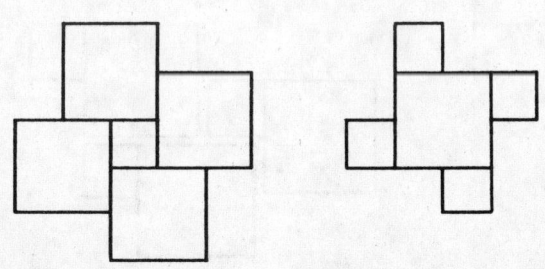

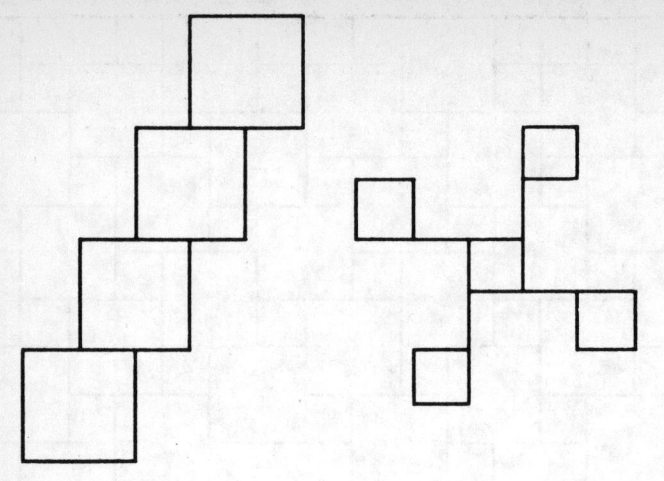

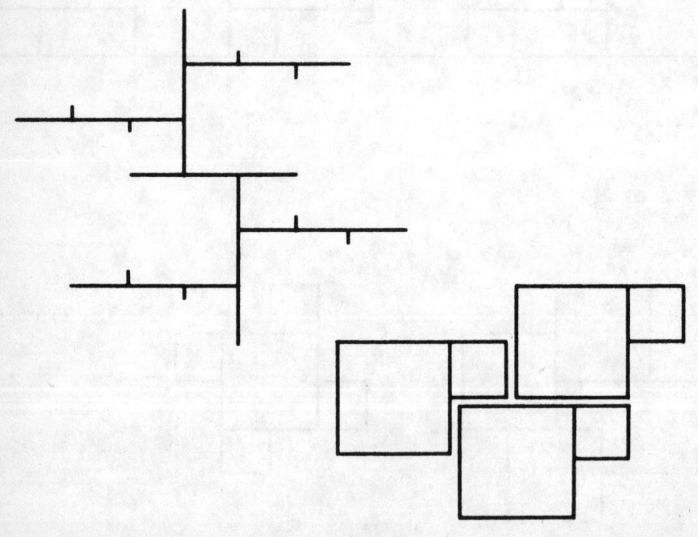

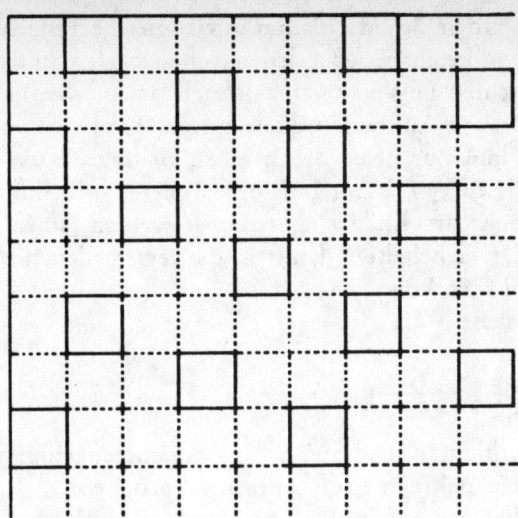

Kommentar

Es gibt noch eine ganze Reihe anderer Möglichkeiten. Die angebotenen Beschreibungen müssen brauchbar sein, und jede einzelne sollte klar erkennen lassen, unter welchen Gesichtspunkten das Muster angesehen wurde. Wichtig ist die Vielzahl der Gesichtspunkte, unter denen ein Muster angesehen werden kann: entweder im Hinblick auf große Quadrate, auf kleine Quadrate, auf große und kleine Quadrate gleichzeitig, auf Linien, Zwischenräume und Gittermuster.

● Beschäftigung

Die Beispiele 1 bis 4 demonstrierten, wie unterschiedlich sich Muster betrachten lassen. Jetzt kann man von der unterschiedlichen Betrachtung von Gegenständen zur unterschiedlichen Beschäftigung mit Gegenständen übergehen. Dieser Schritt ist schwierig, weil es bei der Beschreibung um die Auswahl dessen ging, was bereits vorhanden war, während man bei der Beschäftigung etwas hinzutun muß, was noch nicht vorhanden ist.

5. Wie würden Sie ein Quadrat in vier gleiche Teile aufteilen? (Hierbei sollte man lieber jeden Schüler oder Studenten so viele verschiedene Versionen zeichnen lassen, wie ihm einfallen, statt seine Aufmerksamkeit auf die Tafel zu konzentrieren und ihm nur gelegentlich einen Beitrag abzuverlangen. Falls der Lehrer die Ergebnisse analysieren will, können die Zeichnungen am Ende eingesammelt werden, sonst können die Schüler sie behalten, damit sie die verschiedenen Möglichkeiten abhaken können.)

Alternativen

Scheiben.

Vier kleine Quadrate.

Diagonalen.

Sechzehn kleine Quadrate, die so zusammengefügt werden, daß ein Hakenkreuz oder L-Formen entstehen.

Andere Formen wie in der Abbildung auf Seite 85.

Kommentar

Viele bleiben anfangs bei den Scheiben, den Diagonalen und den vier kleinen Quadraten stecken. Man macht dann auf die Möglichkeit aufmerksam, das Quadrat in sechzehn kleine Quadrate zu unterteilen und die kleinen Quadrate auf unterschiedliche Art und Weise wieder zusammenzusetzen. Als nächstes bringt man vor, daß jede Linie, die von einem Punkt auf der einen Seite des Quadrates zu einem entsprechenden Punkt auf der gegenüberliegenden Seite verläuft und oberhalb und unterhalb ihres Mittelpunktes die gleiche Form hat, das Quadrat halbiert. Wenn man rechtwinklig zu dieser ersten Linie eine zweite dieser Art zieht, ist die Aufgabe gelöst. Diese Linie läßt sich selbstverständlich beliebig oft variieren. Möglicherweise liefert irgend jemand Varianten nach diesem Prinzip, ohne es als Prinzip zu erkennen. Man sollte nicht alle Varianten einzeln anführen, sondern sie unter einem Prinzip zusammenfassen. Eine Variation nach diesem Prinzip erfordert die Halbierung des Quadrates und anschließend die Halbierung der beiden Hälften. Die Hälften können durch jede Linie, die durch den Mittelpunkt der Hälfte verläuft und

ober- und unterhalb desselben die gleiche Form ausschneidet, halbiert werden. Dieses Verfahren führt zu einer ganzen Reihe neuer Formen.

Da es sich hier nicht um eine geometrische oder zeichnerische Übung handelt, sollen nicht sämtliche Möglichkeiten zur Unterteilung eines Quadrates besprochen werden. Es soll lediglich versucht werden aufzuzeigen, daß es noch andere Wege gibt, auch wenn man überzeugt ist, daß es keine mehr gibt. Der Lehrer wartet also ab, bis keine weiteren Variationsmöglichkeiten mehr vorgeschlagen werden, und führt dann nach und nach die oben aufgeführten vor. (Natürlich kann es vorkommen, daß alle oben aufgeführten Variationsmöglichkeiten von den Schülern selbst vorgeschlagen werden.)

6. Wie würden Sie ein Quadrat aus Pappe zu einem L zerschneiden, dessen Grundfläche der des Quadrates entspricht? Es dürfen nicht mehr als zwei Schnitte gemacht werden. (Bei dieser Übung kann man entweder richtige Pappquadrate benutzen oder die Aufgabe zeichnerisch lösen.)

Alternativen

Durch Teilung in zwei Rechtecke.

Durch Herausschneiden eines kleinen Quadrates.

Durch den diagonalen Schnitt.

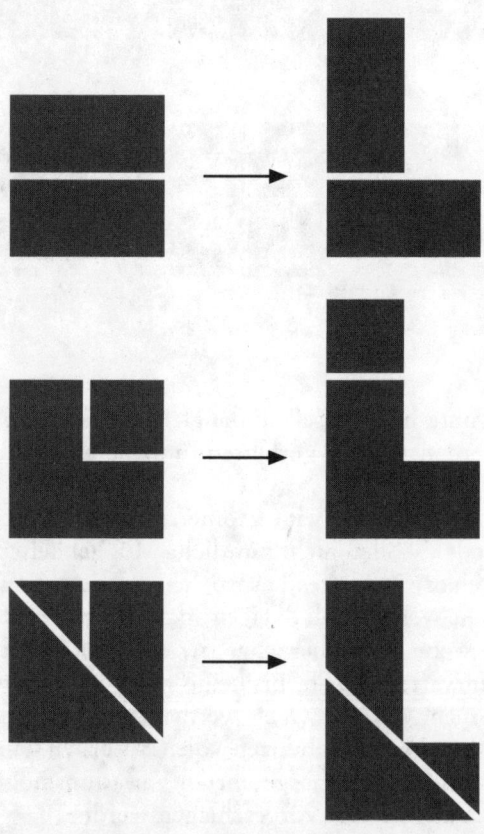

Kommentar

Die Bedingung, nicht mehr als zwei Schnitte zu machen, bedeutet einen gewissen Zwang. Er soll nicht einschränkend wirken, sondern zur Entwicklung schwieriger Alternativen ermutigen und verhindern, daß man sich zu leicht zufriedengibt.

Da man daran gewöhnt ist, sich mit Vertikalen, Horizontalen und mit rechten Winkeln zu beschäftigen, ist es gar nicht so einfach, den diagonalen Schnitt zu finden. Vielleicht bietet der Hinweis, das Quadrat diagonal zu zerschneiden und dann festzustellen, wie weit man damit kommt, eine Erleichterung. Man benutzt dann provokative Taktiken an Stelle einfacher, analytischer.

Nichtgeometrische Formen

Nachdem man geometrische Formen zur Demonstration der bewußten Suche nach Alternativen verwendet hat (und gleichzeitig durch sie auf die Möglichkeit zu solchen Alternativen hingewiesen hat), kann man zu komplexeren Situationen übergehen. Jetzt geht es nicht mehr in erster Linie darum, oft gebrauchte Muster als Alternativen herauszufinden, sondern darum, Dinge zu einem Muster zusammenzufügen.

7. Ein Viertelliter Wasser in einer Halbliter-Milchflasche. Wie würden Sie die Flasche beschreiben?

Alternativen

Eine halbleere Flasche Wasser.

Eine Milchflasche, halb mit Wasser gefüllt.

Ein Viertelliter Wasser in einer Halbliter-Milchflasche.

Kommentar

Das Milchflaschen-Beispiel ist an sich trivial. Aber es demonstriert, daß man eine Sache auf zwei ganz verschiedene Arten betrachten kann. Außerdem macht es deutlich, daß eine Alternative gewöhnlich ignoriert wird, sobald man sich für eine Betrachtungsweise entschieden hat. Interessant ist, daß die Flasche häufiger als halb leer beschrieben wird, wenn sie zur Hälfte mit Milch und als halb voll, wenn sie zur Hälfte mit Wasser gefüllt ist. Wahrscheinlich geht man im Falle der Milch von einer vollen Milchflasche aus, in der Milch fehlt, während man im Falle des Wassers von einer leeren Milchflasche ausgeht, in die Wasser gefüllt worden ist. Die »Geschichte« einer Situation hat einen großen Einfluß darauf, wie sie angesehen wird.

● Bilder

Bilder können auf zwei Arten verwendet werden:
● Man versucht, die auf den Bildern dargestellten Vorgänge zu beschreiben.
● Man versucht, drei verschiedene Vorgänge zu beschreiben, die im Bild festgehalten wurden.

Bei der ersten Methode benutzt der Lehrer ein vieldeutiges Bild und bittet die Schüler, eine Interpretation zu liefern. Die Interpretationen werden eingesammelt. Aus der Unterschiedlichkeit der Beschreibungen lassen sich die verschiedenen Betrachtungsweisen erschließen. Der Lehrer sollte sich sorgsam vor einem Urteil hüten, welche Betrachtungsweise die beste oder warum eine Interpretation nicht berechtigt ist. Er gibt auch nicht bekannt, worum es auf dem Bild tatsächlich geht (er kann es schließlich ja vergessen haben).

Bei der zweiten Methode werden die Schüler gebeten, eine festgelegte Anzahl unterschiedlicher Interpretationen zu entwickeln. Wenn die Schüler dazu neigen, durch eindeutige Interpretationen gehemmt zu werden, und an keine andere mehr denken wollen, dann kann man ihnen erlauben, die Interpretationen in der Reihenfolge ihrer Wahrscheinlichkeit aufzuschreiben. Dazu kann der Lehrer noch ein paar ausgefallene Vorschläge zu dem Bild einflechten, um eine Vorstel-

lung davon zu geben, worauf es bei der Betrachtung
ankommt.

Beispiel
Ein Foto zeigt eine Gruppe von Menschen, die durch seichtes
Wasser watet. Im Hintergrund scheint ein Strand zu liegen,
die Personen sind jedoch nicht so gekleidet, als wollten sie
baden.
Folgende Interpretationen wurden gegeben:
Eine Gruppe von Menschen, die von der Flut überrascht
wurde.
Menschen, die durch einen Fluß mit Hochwasser waten.
Menschen, die zu einer Insel oder zu einer Sandbank waten.
Waten durch Hochwasser.
Menschen, die zu einer Fähre hinauswaten, die nicht anlegen
kann.
Menschen kommen von einem gestrandeten Schiff an Land.

Kommentar
Das Foto zeigt in Wahrheit eine Gruppe von Menschen, die
gegen den miserablen Zustand des Strandes protestierte: Es
war nicht wichtig, diesen Grund zu finden. Schließlich han-
delte es sich nicht um eine Übung in deduktiver Logik,
sondern um eine Übung zur Entwicklung von möglichst vielen Betrachtungsweisen. Lediglich die verschiedenen Interpretationen des gezeigten Vorgangs waren wichtig. Man
mußte diese Variationen nicht nur bemerken, sondern auch
entwickeln – wenn auch nur, um sie abzulehnen.

Beispiel
Foto von einem Jungen, der auf einer Parkbank sitzt.

Alternativen
Ein untätiger oder fauler Junge.
Ein leerer Platz auf einer Parkbank.
Der Junge hält einen Teil der Bank trocken.

Kommentar

Diese Beschreibungen unterscheiden sich vollkommen von denen im ersten Beispiel. Man versucht, weniger zu sagen, was vor sich geht (ein Junge, der auf seine Freunde wartet; ein müder Junge, der sich ausruht; ein Junge, der die Schule schwänzt; ein Junge, der die Sonne genießt). Statt dessen orientieren sich die Beschreibungen an der Szene selbst und nicht an ihrer Bedeutung (ein Junge auf einer Parkbank; ein leerer Platz auf der Bank). Unter den Beschreibungen befindet sich auch ein Versuch, das Foto auf ungewöhnliche Weise zu betrachten. Die Interpretation, der Junge hielte einen Teil der Bank trocken, mag vielleicht zu weit gehen, aber den Interpretationen sind ja keine Grenzen gesetzt. Jedes Foto bietet mehrere unterschiedliche Beschreibungsebenen an: Was wird gezeigt, was geschieht, was ist geschehen, was wird geschehen. Der Lehrer kann, wenn er nach Alternativen fragt, die Beschreibungsebene zunächst völlig offenlassen, später spezifiziert er dann die Ebene, auf der die Alternativen entwickelt werden sollen.

● Veränderte Fotos

Bei Fotos drängt sich häufig allzusehr eine eindeutige Interpretation auf. Es ist nicht leicht, andere Möglichkeiten der Betrachtung zu finden, und diese Möglichkeiten scheinen dann auch noch dumm und an den Haaren herbeigezogen zu sein. Um dieser Schwierigkeit auszuweichen und die Sache interessanter zu machen, kann der Lehrer die Fotos verändern, indem er Teile davon abdeckt. Sofort wird es weitaus schwieriger, aus den sichtbaren Teilen abzulesen, was auf dem Bild dargestellt ist. Somit kann man Alternativen entwickeln, ohne von einer eindeutigen Interpretation beherrscht zu werden. Zudem reizt das nur teilweise sichtbare Foto dazu an, die richtige Antwort herauszufinden, die sofort ins Auge springen würde, wenn das ganze Foto gezeigt würde.

Beispiel

Die Hälfte eines Fotos ist abgedeckt. Zu sehen ist ein Mann, der auf dem Sims eines Hauses balanciert.

Alternativen

Ein Mann, der Selbstmord begehen will.

Er rettet eine Katze, die auf dem Sims nicht mehr weiter-kann.

Er flieht aus einem brennenden Haus.

Ein Filmdouble.

Er versucht, in ein Zimmer zu gelangen, aus dem er sich selbst ausgesperrt hat.

Kommentar

Auf dem abgedeckten Teil des Fotos waren Plakate zu sehen, die der Mann anklebte. Der Gebrauch teilweise abgedeckter Fotos macht es leichter, Alternativen zu entwickeln, aber letzten Endes will man in der Lage sein, Bilder umzustrukturieren, bei denen eine eindeutige Interpretation es schwierig macht, Alternativen zur vorhandenen Struktur zu finden. Besonders an jenen Situationen, die eine eindeutige Interpretation aufdrängen, will man die Umstrukturierung üben. Man kann die abgedeckten Bilder jedoch dazu verwenden, Erfahrungen zu sammeln. Teilbilder haben darüber hinaus den Vorteil, darauf hinzuweisen, daß die Interpretation sich nicht aus dem ergeben muß, was sichtbar ist. Man achtet daher vielleicht bei der Deutung nicht nur auf das, was der abgedeckte Teil zeigt, sondern versucht, auch Dinge zu berücksichtigen, die der Ausschnitt verdeckt.

● Schriftliches Material – Geschichten

Geschichten kann man Zeitungen oder Zeitschriften oder sogar Büchern entnehmen. Märchen sollte man vermeiden, jeder Bericht erfüllt genauso den Zweck. Geschichten und Berichte lassen sich verwenden, um:

● die unterschiedlichen Standpunkte der geschilderten Personen zu entwickeln;

● eine vorteilhafte Beschreibung in eine unvorteilhafte umzu-

wandeln, und zwar nicht durch Veränderung des Materials, sondern durch Veränderung der Betonung und durch Betrachtung der Geschichte unter anderen Gesichtspunkten;
● andere Schlußfolgerungen aus den gegebenen Informationen zu ziehen als der Autor.

Beispiel
Ein Zeitungsbericht über einen Adler, der aus einem Zoo entflogen ist und sich nur schwer wieder einfangen läßt. Er sitzt auf einem hohen Baum und macht sich nichts aus den Bemühungen der Wärter, ihn in seinen Käfig zurückzulocken.

Alternativen
Der Standpunkt des Wärters: Der Adler kann endgültig wegfliegen und vielleicht abgeschossen werden, falls er nicht bald wieder in seinen Käfig zurückkommt. Es ist unbequem, ihm auf Bäume nachzuklettern, man kommt sich dabei ziemlich dumm vor. Irgend jemand muß ihn freigelassen haben.

Der Standpunkt des Zeitungsreporters: Je länger der Adler in Freiheit bleibt, desto besser kommt die Geschichte beim Leser an. Kann man dicht genug an ihn herankommen, um ein gutes Foto zu schießen? Man sollte andere interessante Meinungen veröffentlichen, beispielsweise die Ansichten verschiedener Leute zu dem Thema: Wie kann man den Adler wieder einfangen?

Der Standpunkt des Adlers: Verwunderung über die ganze Aufregung. Merkwürdiges Gefühl, nicht im Käfig zu sein. Hunger macht sich bemerkbar. Unsicherheit über die Richtung, in die er fliegen soll.

Der Standpunkt desjenigen, der den Adler freigelassen hat: Hoffentlich fliegt er weg und bleibt für immer frei. Die eifrigen Bemühungen, ihn wieder einzufangen, sind amüsant. In Freiheit sieht der Adler viel besser aus als im Käfig. Da niemand in der Lage zu sein scheint, den Vogel wieder einzufangen, sollte ich es vielleicht tun und damit meine Geschicklichkeit demonstrieren.

Kommentar

Wenn in einer Geschichte oder einem Bericht mehrere Personen vorkommen, kann man ohne viel Mühe versuchen, deren Standpunkte zu entwickeln. Entweder kann jeder einzelne Schüler versuchen, die Standpunkte aller beteiligten Personen herauszufinden, oder aber die geschilderten Personen werden unter den Schülern verteilt, so daß mehrere Schüler sich mit den Standpunkten einer oder mehrerer Personen auseinandersetzen. Bei dieser Übung geht es weniger darum zu erraten, was andere Menschen denken, sondern darum zu zeigen, wie unterschiedlich eine Situation strukturiert werden kann.

Beispiel

Ein Bericht beschreibt das Leben in einer primitiven Gesellschaft von Analphabeten. Harte Feldarbeit sichert gerade das Existenzminimum.

Alternativen

Komfort ist das, woran man gewöhnt war.

Wenn man an einfache Dinge gewöhnt ist und sie erreichen kann, dann ist das vielleicht besser, als schwierige Dinge zu erwarten und enttäuscht zu sein, wenn man sie nicht erreicht.

Vielleicht verwirrt Lesen und Schreiben die Menschen nur und läßt sie die Greuel erkennen, die in der restlichen Welt vor sich gehen.

Vielleicht werden die Menschen unzufriedener, wenn sie lesen und schreiben können.

Die meisten Menschen arbeiten gewöhnlich hart auf dem einen oder anderen Gebiet. Vielleicht lohnt sich harte Feldarbeit mehr, weil man zusehen kann, wie etwas wächst, und weil man sich von dem ernährt, was man selbst gesät und gepflanzt hat.

Kommentar

Der Alternativstandpunkt braucht nicht notwendigerweise der Standpunkt dessen zu sein, der ihn entwickelt. Er kann in seinen Ansichten durchaus mit dem Autor übereinstimmen.

Es geht nur darum zu zeigen, daß man Dinge auf unterschiedliche Art und Weise betrachten kann. Es braucht auch nicht bewiesen zu werden, daß ein Standpunkt besser als ein anderer ist. Beispielsweise hat es keinen Sinn, vorzubringen, »daß eine primitive Gesellschaft ja ganz schön sein mag, aber wenn man krank ist, dann muß man eben einfach sterben« usw. In der Praxis lassen sich Auseinandersetzungen nur schwer umgehen. Es ist auch schwierig, einen Standpunkt vorzutragen, mit dem man im Grunde gar nicht übereinstimmt. Die Fähigkeit, einen dem eigenen entgegengesetzten Standpunkt zu vertreten, hat den Vorteil, daß man dadurch viel größere Aussichten hat, ihn umzustrukturieren.

Beispiel
Die langen Haare und die farbenfrohe Kleidung junger Männer wird in einem Bericht als Beispiel dafür angeführt, daß die jungen Männer von heute ihre Maskulinität allmählich verlieren und verweichlichen. Schon längst könne man zwischen einem Jungen und einem Mädchen nicht mehr unterscheiden.

Alternativen
Wer lange Haare trägt, beweist Mut, er widersetzt sich Konventionen.
Bis vor gar nicht langer Zeit haben die Männer lange Haare getragen – wie in der Elisabethanischen Zeit. Damals waren sie durchaus nicht weniger männlich, sondern eher männlicher als heute. Und ihre farbenfrohe Kleidung war auffallend, nicht feminin. Sie galt als Zeichen für die männliche Suche nach Individualität.
Ob lange Haare oder nicht, warum sollten sich Jungen und Mädchen nicht ähnlich sehen?
Dadurch würden Mädchen wenigstens die gleichen Rechte erhalten.

Kommentar
Bei dieser Art Umstrukturierung braucht keine zusätzliche Information eingeführt zu werden. Sie soll eindeutig nicht die

andere Seite des Falles darstellen. Es soll gezeigt werden, daß das Material, das zusammengestellt wird und einen Standpunkt ergibt, auch in vollkommen anderer Art und Weise zusammengestellt werden kann.

Probleme

Als Probleme können Beispiele für Unannehmlichkeiten des täglichen Lebens oder Zeitungsberichte dienen. Zeitungen berichten laufend von Schwierigkeiten, von Störungen, von Fehlentwicklungen und von Klagen. Obwohl diese Dinge nicht eigentlich als Probleme dargestellt werden, lassen sie sich leicht in Probleme umformulieren. Es genügt, daß ein allgemeines Problemthema angesprochen wird, es ist durchaus nicht notwendig, daß von einem regelrechten Problem die Rede ist. Jede Situation, die sich verbessern läßt, kann man für unsere Zwecke als Problem verwenden, ebenso jede Schwierigkeit, die man sich vorstellen kann.

Wenn man Probleme als Übungsmaterial für die Entwicklung von Alternativen verwendet, kann man auf zwei Wegen vorgehen:
1. Entwicklung von Alternativen bei der Darstellung des Problems.
2. Entwicklung von Alternativen bei dem Lösungsversuch des Problems.
Der Nachdruck sollte nicht darauf gelegt werden, das Problem tatsächlich zu lösen, sondern darauf, unterschiedliche Betrachtungsweisen einer problematischen Situation zu finden. Man kann natürlich weitermachen, bis man eine Lösung gefunden hat, aber das ist nicht wesentlich.

Beispiel
Das Problem, daß Kinder in großen Menschenmengen von ihren Eltern getrennt werden.

Alternativen

1. Neuformulierungen

Es muß verhütet werden, daß Kinder von ihren Eltern getrennt werden.

Es muß verhütet werden, daß Kinder verlorengehen.

Wie findet man verlorengegangene Kinder wieder und bringt sie ihren Eltern zurück?

Wie kann man es den Eltern ermöglichen, ihre Kinder nicht in große Menschenmengen mitnehmen zu müssen? (Kinderhorte in Ausstellungen usw.)

Kommentar

Einige der Alternativformulierungen des Problems enthalten bereits eine Antwort. Je allgemeiner ein Problem dargestellt wird, desto weniger enthält es eine Antwort. Wenn ein Problem ganz allgemein formuliert wird, ist es nicht so einfach, das Problem mit der gleichen Allgemeinverbindlichkeit anders auszudrücken. In diesem Fall kann man immer noch auf eine spezifischere Ebene zurückgehen, um doch noch Alternativen entwickeln zu können. Beispielsweise könnte man »das Problem der in Menschenmengen verlorengegangenen Kinder« auch als »Problem sorgloser Eltern in Menschenmengen« oder als »Problem von Kindern in Menschenmengen« formulieren, man könnte aber ebensogut spezifischer vom »Problem, verlorengegangene Kinder ihren Eltern zurückzubringen« sprechen.

2. Unterschiedliche Annäherungen

Alternativen

Kinder sollten fester an ihre Eltern gebunden werden (durch eine Hundeleine?).

Bessere Kennzeichnung von Kindern (Schild mit Name und Anschrift).

Es sollte verhindert werden, daß Kinder in Menschenmengen mitgenommen werden müssen (Kinderhorte usw.).

Zentrale Treffpunkte für Kinder und Eltern, zu denen sie gehen können, wenn sie einander aus den Augen verloren haben.

Listen auslegen, auf denen verlorengegangene Kinder eingetragen werden.

Kommentar

In diesem Fall scheinen viele der Annäherungen gleichzeitig Lösungen zu sein. In anderen Situationen deuten Annäherungen jedoch lediglich einen Weg an, auf dem Probleme gelöst werden können. Für das Problem der verlorengegangenen Kinder könnte beispielsweise eine Annäherung sein: »Statistisches Material sammeln, wie viele Leute ihre Kinder in Menschenmengen mitnehmen, weil sie wollen, daß ihre Kinder dabei sind, oder weil sie nicht wissen, bei wem sie ihre Kinder lassen könnten.«

● Problemtyp

Der verwendete Problemtyp hängt weitgehend vom Alter der Schüler oder Studenten ab. Die unten aufgeführten Problemvorschläge sind nach zwei Altersgruppen, einer jüngeren und einer älteren, unterteilt:

Jüngere Altersgruppe

Geschirrspülen leichter oder schneller machen.

Rechtzeitig zur Schule kommen.

Herstellung größerer Eiscremes.

Einen Ball wiederbekommen, der sich in einem Baum verfangen hat.

Wie steigt man bei Busfahrten um?

Bessere Regenschirme.

Ältere Altersgruppe

Verkehrsstockungen.

Platz für Flughäfen.

Eisenbahnen rentabel machen.

Genügend Sozialwohnungen.

Welternährungsproblem.

Was sollten Skiläufer im Sommer machen?

Besserer Entwurf für ein Zelt.

Zusammenfassung

In diesem Kapitel ging es um die bewußte Entwicklung von Alternativen. Die Entwicklung von Alternativen geschieht um ihrer selbst willen und nicht als Suche nach der besten Art und Weise, Dinge zu betrachten. Sie kann sich natürlich im Laufe der Suche ergeben, aber man bemüht sich nicht ausdrücklich darum, optimale Betrachtungsweisen zu finden. Würde man nur nach der besten Annäherung an ein Problem suchen, dann würde man die Suche einstellen, sobald man die anscheinend beste gefunden hat. Aber statt die Suche einzustellen, entwickelt man um ihrer selbst willen weitere Alternativen. Diese Methode verfolgt den Zweck, starre Anschauungen von Dingen zu lockern und zu demonstrieren, daß Alternativen immer vorhanden sind, wenn man sich nur der Mühe unterzieht, nach ihnen zu suchen. Außerdem soll sie die Gewohnheit verankern, Muster umzustrukturieren.

Wahrscheinlich ist es besser, Quoten für Alternativen festzulegen, als sich auf die allgemeine Absicht zu verlassen, andere Arten der Betrachtung von Dingen zu finden. Allgemeine Absichten erfüllen ihren Zweck, solange es sich um einfache Dinge handelt, aber nicht, wenn die Dinge schwierig sind. Die Quote setzt das Minimum fest, das erreicht werden *muß*.

8 Zweifel an den Voraussetzungen

D as letzte Kapitel beschäftigte sich mit Alternativen bei der Zusammensetzung von Dingen. Es ging darum, alternative Lösungen zum Problem der Zusammensetzung von A, B, C und D zu finden. Nur auf diesem Weg entstehen unterschiedliche Muster. Dieses Kapitel befaßt sich mit A, B, C und D um ihrer selbst willen. Jeder dieser Buchstaben steht für ein anerkanntes, oft gebrauchtes Muster.

Ein Klischee ist eine stereotype Formulierung, eine stereotype Art, etwas zu betrachten oder zu beschreiben. Aber nicht nur die Anordnungen von Ideen, sondern auch Ideen selbst können Klischees sein. Gewöhnlich nimmt man an, daß die Grundideen stichhaltig sind. Dann beginnt man diese stichhaltigen Grundideen zu unterschiedlichen Mustern zusammenzusetzen. Aber auch die Grundideen selbst sind Muster, die umstrukturiert werden können. Ziel des lateralen Denkens ist es, jede Voraussetzung und Annahme in Frage zu stellen, denn das laterale Denken versucht, alle Muster umzustrukturieren. Auch wenn über eine Annahme allgemeine Übereinkunft besteht, ist das keine Garantie dafür, daß sie richtig ist. *Die Tradition hält die meisten Annahmen aufrecht – nicht die wiederholte Überprüfung ihrer Gültigkeit.*

Auf Seite 100 sind drei Formen abgebildet. Nehmen Sie an, Sie müßten sie zu einer einzigen, leicht beschreibbaren Form

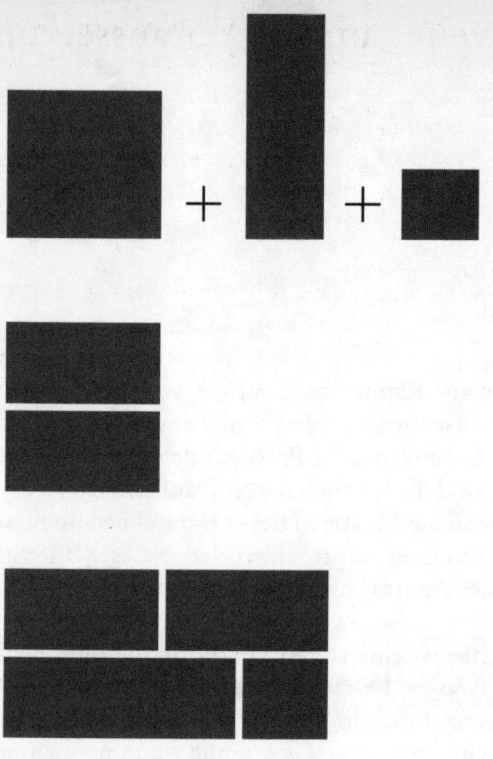

zusammensetzen. Es ist schwierig, eine solche Anordnung zu finden, wenn man die Formen so beläßt, wie sie sind. Wenn man jede Form noch einmal untersuchen würde, dann käme man vielleicht auf die Idee, das große Quadrat in zwei Rechtecke aufzuteilen. Danach wäre es leicht, alle Formen zu einer einzigen, ganz einfachen Form anzuordnen. Dieses Beispiel soll illustrieren, daß man manchmal ein Problem nicht lösen kann, wenn man verschiedene Anordnungen der gegebenen Einzelstücke ausprobiert, sondern nur, wenn die Einzelstükke selbst noch einmal überprüft werden.

Wenn das oben angeführte Problem tatsächlich als Aufgabe gestellt und die gegebene Lösung dazu geliefert würde, liefe man Gefahr, der »Schwindelei« bezichtigt zu werden. Jeder würde mit der Bemerkung protestieren, daß er vorausgesetzt habe, die gegebenen Formen selbst hätten nicht geändert werden dürfen. Dieser Protest enthüllt, daß immer bestimmte Grenzen und Einschränkungen vorausgesetzt werden.

Beim Lösen von Problemen setzt man stets gewisse Grenzen voraus. Sie erleichtern die Lösung, da sie das Gebiet einschränken, in welchem die Lösung gefunden werden soll. Wenn Ihnen jemand eine Adresse in London gäbe, wäre es vermutlich schwierig, sie ausfindig zu machen. Wenn man Ihnen sagte, das Haus mit der betreffenden Anschrift läge nördlich der Themse, ließe es sich etwas leichter finden. Wenn man Ihnen sagte, es wäre vom Piccadilly Circus aus zu Fuß zu erreichen, wäre es wieder etwas leichter zu finden. Das gleiche geschieht beim Lösen von Problemen: Man setzt sich selbst die Grenzen, innerhalb derer man eine Lösung sucht. Wenn ein anderer kommt, der diese Grenzen überschreitet und das Problem löst, bezichtigt man ihn sofort der »Schwindelei«. Und doch hat man sich diese Grenzen gewöhnlich selbst auferlegt. Mehr noch, die einzigen Gründe sind das eigene Belieben und die eigene Bequemlichkeit. Wenn diese Grenzen oder Einschränkungen falsch gesetzt sind, dann kann es ebenso unmöglich sein, ein Problem zu lösen, wie es unmöglich wäre, ein südlich der Themse gelegenes Haus zu finden, wenn man nördlich des Flusses danach sucht.

Da es absolut unmöglich wäre, alles um einen herum nochmals zu prüfen, muß man in jeder Situation die meisten Dinge als gegeben hinnehmen – ob es sich nun um eine Problemsituation handelt oder nicht. An einem Samstagvormittag fiel mir kurz vor Ladenschluß in einer Einkaufsstraße ein Blumenverkäufer auf, der einen großen Strauß Nelken im Arm hielt, für die er nur zehn neue Pennies verlangte. Der Preis erschien mir sehr niedrig, aber ich nahm an, der Mann wolle so kurz vor Ladenschluß noch schnell seine Blumen loswerden. Ich gab ihm die Pennies, worauf er vier zu einem kleinen Strauß gebundene Nelken aus dem großen Strauß zog und mir überreichte. Meine Habgier hatte mich voraussetzen lassen, daß sein Angebot sich auf den ganzen Strauß Nelken bezöge, den er im Arm hielt.

Ein neuer Wohnblock war soeben fertiggestellt worden. Bei der Einweihungszeremonie kam den Beteiligten alles ein wenig niedrig vor, die Decken, die Türen, die Fenster. Niemand konnte sich das erklären. Schließlich stellte sich heraus, daß jemand die Zollstöcke, die von den Handwerkern benutzt worden waren, um einige Zentimeter verkürzt hatte. Selbstverständlich hatten alle Handwerker angenommen, die Zollstöcke seien korrekt, denn sie wurden ja verwendet, um die Korrektheit von allem anderen zu bestimmen.

In der Schweiz wird ein spezieller Birnenschnaps hergestellt. In den Flaschen, in denen er verkauft wird, befindet sich eine Birne. Wie ist die Birne in die Flasche praktiziert worden? Gewöhnlich vermutet man, daß der Flaschenhals erst geschlossen wurde, nachdem die Birne in der Flasche war. Einige vermuten, der Flaschenboden wird angesetzt, wenn die Birne in der Flasche ist. Da es sich um eine »ausgewachsene« Birne handelt, wird immer angenommen, daß sie auch als ausgewachsene Birne in die Flasche praktiziert wurde. Die Frage, wie die Birne in die Flasche gelangt ist, erübrigt sich, wenn man sich überlegt, daß man einen Zweig, an dem der winzige Fruchtansatz hängt, durch den Flaschenhals in die Flasche einführen kann und die Birne in der Flasche reifen läßt.

Wenn man Voraussetzungen anzweifelt, dann stellt man gleichzeitig die Notwendigkeit von Grenzen und Einschränkungen und die Gültigkeit von individuellen Auffassungen in Frage. Es geht, wie immer beim lateralen Denken, nicht darum, Voraussetzungen und Annahmen als falsch anzugreifen oder bessere Lösungen anzubieten. Das laterale Denken soll einfach den Versuch unterstützen, Muster umzustrukturieren. Voraussetzungen sind jedoch per definitionem Muster, die sich gewöhnlich dem Prozeß der Umstrukturierung entziehen.

Übung

1. Darstellungsprobleme
Problem
Ein Landschaftsgärtner erhält die Anweisung, vier besondere Bäume so zu pflanzen, daß jeder von ihnen im gleichen Abstand zu allen anderen steht. Wie würden Sie die Bäume anordnen?

Normalerweise versucht man erst, vier Punkte auf einem Blatt Papier so anzuordnen, daß jeder Punkt von jedem anderen gleich weit entfernt ist. Der Versuch schlägt fehl; das Problem scheint sich nicht lösen zu lassen.

Bei diesem Lösungsversuch geht man von der Voraussetzung aus, daß die Bäume auf einem ebenen Stück Land gepflanzt werden müssen. Stellt man diese Voraussetzung in Frage, dann entdeckt man, daß die Bäume tatsächlich in der geforderten Weise gepflanzt werden können. Man pflanzt einen Baum auf einen Hügel und die anderen drei am Fuße des Hügels um ihn herum. Jeder Baum ist gleich weit vom anderen entfernt (jeder steht an den Spitzen eines Tetraeders). Natürlich ist das Problem auch zu lösen, wenn man einen Baum in eine Mulde pflanzt und die anderen drei an den oberen Rand der Mulde um ihn herum.

Problem

Die Aufgabe ist nicht neu, sie verdeutlicht aber, was wir wollen. Neun Punkte werden entsprechend der Abbildung auf dieser Seite angeordnet. Sie sollen durch vier Gerade verbunden werden, die ohne Absetzen des Bleistifts gezogen werden müssen.

Zunächst erscheint die Aufgabe leicht, man unternimmt verschiedene Versuche und stellt fest, daß man stets mehr als vier Geraden braucht, um die Punkte miteinander zu verbinden. Das Problem scheint unlösbar zu sein.

Man geht hierbei gewöhnlich von der Voraussetzung aus, daß die Geraden, mit denen die Punkte verbunden werden sollen, die seitlichen Begrenzungen, die sich aus der Anordnung der Punkte ergeben, nicht überschreiten dürfen. Durchbricht man diese Voraussetzung, dann ist das Problem, wie die Abbildung auf Seite 105 zeigt, leicht gelöst.

Problem

Ein Mann arbeitet in einem hohen Bürohaus. Jeden Morgen besteigt er im Erdgeschoß des Gebäudes den Fahrstuhl, drückt auf den Knopf zum zehnten Stockwerk, verläßt dort den Fahrstuhl und steigt zu Fuß bis zur fünfzehnten Etage. Abends nimmt er den Fahrstuhl im fünfzehnten Stockwerk und fährt ins Erdgeschoß. Warum tut er das?

Verschiedene Erklärungen werden angeboten:
Der Mann will Bewegung haben.
Er will sich auf dem Weg vom zehnten zum fünfzehnten Stockwerk mit jemandem unterhalten.
Er will auf seinem Weg nach oben die Aussicht genießen.
Er will die Leute glauben machen, daß er eigentlich im zehnten Stockwerk arbeitet (vielleicht ist es mit mehr Prestige verbunden) usw.

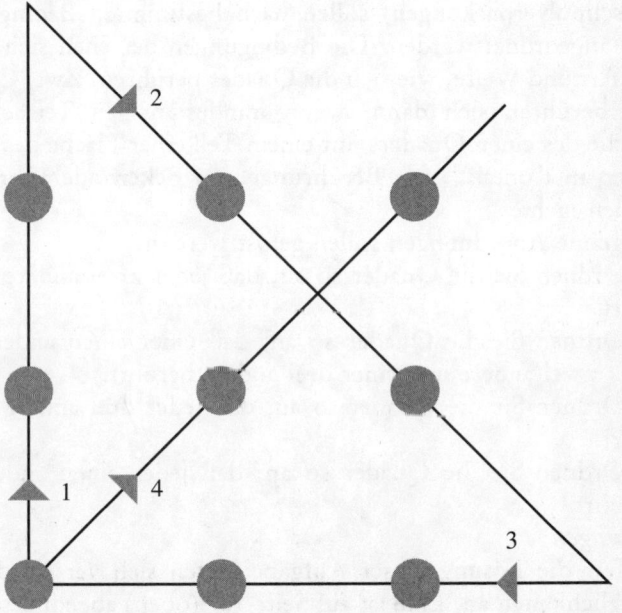

Die Erklärung für sein Verhalten: Er ist zu klein und reicht nicht an den Knopf zum fünfzehnten Stockwerk heran. Man war von der Voraussetzung ausgegangen, daß an dem Mann nichts Ungewöhnliches ist und daß allein sein Verhalten ungewöhnlich sei.

Man kann sich andere Probleme dieser Art ausdenken. Man kann auch Beispiele von seltsamem Verhalten sammeln, das allerdings, sobald man den wahren Grund dafür erkennt, seine Absonderlichkeit verliert. Mit diesen Programmen sollte nachgewiesen werden, daß stillschweigend akzeptierte Voraussetzungen es schwierig oder ganz und gar unmöglich machen können, ein Problem zu lösen.

2. Die Quaderprobleme
Problem
Vier Quader (Streichholzschachteln, Bücher, Zahnpasta- oder Waschpulverpackungen) sollen nach bestimmten Bedingungen angeordnet werden. Die Bedingungen beziehen sich auf die Art und Weise, wie sich die Quader berühren. Zwei Quader berühren sich dann, wenn mindestens ein Teil einer Fläche des einen Quaders mit einem Teil einer Fläche des anderen in Kontakt ist – Berührungen an Ecken oder Kanten zählen nicht.
Folgende Anordnungen sollen gelöst werden:
1. Ordnen Sie die Quader so an, daß jeder zwei andere berührt.
2. Ordnen Sie die Quader so an, daß einer einen anderen, einer zwei andere und einer drei andere berührt.
3. Ordnen Sie die Quader so an, daß jeder drei andere berührt.
4. Ordnen Sie die Quader so an, daß jeder einen anderen berührt.
Lösungen
1. Für die Lösung dieser Aufgabe bieten sich verschiedene Möglichkeiten an. Eine ist auf Seite 107 (oben) abgebildet. Es

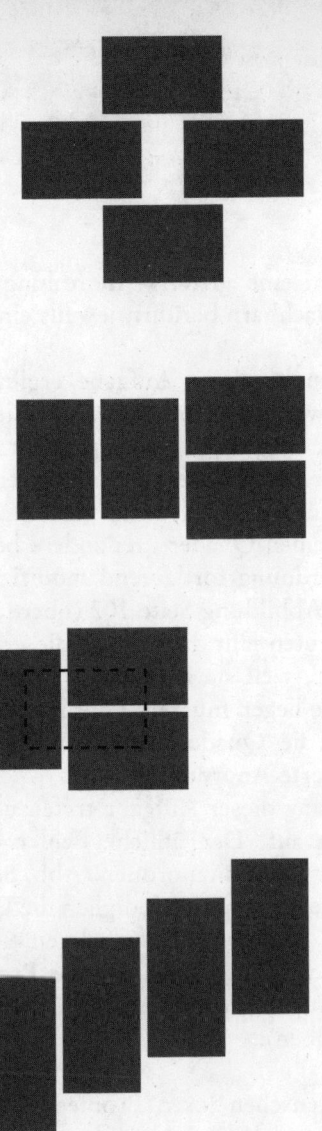

handelt sich um eine »Kreis«-Anordnung, in welcher jeder Quader zwei Nachbarn berührt, jeweils einen vorn und einen hinten.

2. Bei der Lösung dieser Aufgabe ergibt sich häufig eine Schwierigkeit, weil man *voraussetzt,* daß sie in der Reihenfolge gelöst werden muß, in der sie gestellt wurde, das heißt, daß ein Quader einen anderen, einer zwei andere und einer drei andere berühren muß. Wenn man am anderen Ende anfängt und erst einen Quader drei andere berühren läßt, kann man diese Anordnung fortlaufend modifizieren, bis sich die ergibt, die der Abbildung Seite 107 (obere Mitte) entspricht.

3. Manchen Leuten fällt die Lösung dieser Aufgabe außerordentlich schwer, weil sie *voraussetzen,* daß alle Quader auf derselben Ebene liegen müssen. Gibt man diese Annahme auf und fängt an, die Quader übereinanderzutürmen, erreicht man die geforderte Anordnung.

4. Bei der Lösung dieser Aufgabe treten überraschend große Schwierigkeiten auf. Der übliche Fehler besteht darin, die Quader in einer Reihe anzuordnen (Abb. Seite 107 unten). In einer solchen Reihe berühren lediglich die Quader an den Enden nur einen anderen, die mittleren aber zwei. Irgend jemand wird sicher auch erklären, das Problem sei nicht zu lösen. Die richtige Anordnung der Quader ist jedoch sehr einfach (Abb. oben).

Kommentar

Die meisten Menschen lösen Probleme, indem sie mit den Quadern herumspielen und abwarten, was dabei herauskommt. Sicherlich würde nicht viel dabei herauskommen, wenn man es täte, ohne sich darum zu kümmern, daß die

Quader sich berühren müssen. Aus Bequemlichkeit setzt man voraus, daß sie sich nach einer bestimmten Regel berühren müssen (d. h. eine bestimmte Anordnung liegt allen Aufgaben zugrunde). Diese künstliche Einschränkung macht es so schwierig, die letzte Aufgabe zu lösen, die an sich so einfach ist.

Die Warum-Technik

Die Warum-Technik ist ein Spiel, mit dem man üben kann, Voraussetzungen neu zu überdenken. Man kann es aber auch als bewußte Technik einsetzen. Die Warum-Technik ähnelt in vieler Hinsicht der Gewohnheit eines Kindes, ständig »warum« zu fragen. Gewöhnlich fragt man »warum«, wenn man die Antwort nicht kennt. Bei der Warum-Technik fragt man aber »warum«, wenn man die Antwort sehr wohl kennt. Gewöhnlich erklärt man auf die Frage »warum« etwas Unbekanntes mit Begriffen, die so bekannt sind, daß sie als annehmbare Erklärung gelten können. Bei der Warum-Technik sind die bekannten Begriffe gleichfalls Fragen. Nichts wird geschont.

Diese Methode bereitet mehr Schwierigkeiten, als man auf den ersten Blick meint. Es kommt vor, daß einem keine Erklärungen mehr einfallen oder daß man auf eine Erklärung zurückgreift, die man bereits vorher benutzt hat. Außerdem neigt man dazu, »darum« zu sagen, wenn nach einer sehr eindeutigen Sache gefragt wird. Die Übung soll das Gefühl ausschalten, irgend etwas sei so eindeutig, daß es mit »darum« beantwortet werden könnte.

Der Lehrer trifft irgendeine Feststellung, und ein Schüler fragt »warum«. Der Lehrer gibt eine Erklärung, der wiederum mit »warum« entgegnet wird. Ginge es bei dem Vorgang um nicht mehr als um die automatische Wiederholung der

Frage »warum«, wäre eine zweite Partei für die Fragestellung nicht nötig, es sei denn, der Schüler macht es sich zur Gewohnheit, nichts als gegeben hinzunehmen. In der Praxis handelt es sich niemals um eine automatische Wiederholung der Frage »warum«. Die Frage richtet sich vielmehr auf einen bestimmten Aspekt der voraufgegangenen Erklärung und ist nicht nur eine leere Erwiderung. Die Frage »warum« läßt sich ganz gezielt einsetzen.

Beispiele
Warum sind schwarze Tafeln schwarz?
Weil man sie sonst nicht als schwarze Tafeln bezeichnen würde.
Warum spielt die Bezeichnung eine Rolle?
Sie spielt keine Rolle.
Warum?
Weil die Tafeln lediglich da sind, um auf ihnen zu schreiben oder zu zeichnen.
Warum?
Wenn etwas der ganzen Klasse gezeigt werden soll, dann ist es einfacher, es auf eine Tafel zu schreiben, die jeder in der Klasse sehen kann.

Das Frage-und-Antwort-Spiel hätte allerdings auch einen ganz anderen Verlauf nehmen können.
Warum sind Tafeln schwarz?
Damit man auf ihnen ohne Schwierigkeiten weiße Kreidezeichen sehen kann.
Warum will man die weißen Kreidezeichen sehen?
oder:
Warum ist Kreide weiß?
oder:
Warum benutzt man weiße Kreide?
oder:
Warum benutzt man keine schwarze Kreide?

In allen Fällen richtet sich die Frage »warum« auf einen bestimmten Aspekt des Gegenstandes und das bestimmt die Entwicklung des Fragespiels. Der Lehrer kann natürlich auch durch die Art und Weise steuern, in der er die Fragen beantwortet.

Der Lehrer beantwortet die Fragen so lange wie möglich. Er kann jedoch auch jederzeit sagen: »Ich weiß es nicht. Was meinst du denn?« Wenn der Schüler eine Antwort geben kann, dann können Lehrer und Schüler die Rollen tauschen, und der Schüler beantwortet jetzt die Fragen, die der Lehrer stellt.

Einige Themen zum Üben der Warum-Technik werden hier aufgeführt:
Warum sind Räder rund?
Warum hat ein Stuhl vier Beine?
Warum sind die meisten Räume quadratisch oder rechteckig?
Warum ziehen sich Mädchen anders an als Jungen?
Warum arbeiten wir?
Warum haben Menschen zwei Beine?

Gewöhnlich hat die Frage »warum« den Sinn, Informationen herauszulocken. Man möchte eine Erklärung bekommen, die man akzeptieren und mit der man zufrieden sein kann. Der laterale Gebrauch der Frage soll im Gegensatz dazu mit jeder Erklärung Unbequemlichkeit erzeugen. Man lehnt es ab, sich mit einer Antwort zufriedenzugeben, und versucht neue Betrachtungsweisen einzuführen. So erhöht man die Wahrscheinlichkeit, Muster neu zu ordnen.

Bei der Antwort auf die »Warum«-Frage braucht der Lehrer sich nicht darum zu bemühen, etwas als einzig gültige Erklärung zu rechtfertigen. Mit seiner Antwort kann er Alternativen andeuten. Die Antwort auf die Frage: »Warum muß eine

Tafel unbedingt schwarz sein?« könnte lauten: »Sie muß nicht schwarz sein, sie könnte auch grün oder blau sein; wichtig ist nur, daß weiße Kreide darauf zu sehen ist.« Der Eindruck, daß alles einen einzigartigen und notwendigen Grund hat, sollte nicht erweckt werden. Vergleichen Sie die folgenden Antworten:

Tafeln sind schwarz, weil Schwarz eine Farbe ist, auf der weiße Kreidezeichen gut hervortreten.

Tafeln sind schwarz, weil man sonst nicht sehen würde, was auf ihnen geschrieben steht.

Auch wenn es einen tatsächlichen historischen Grund für etwas gibt, sollte der Lehrer nicht den Eindruck aufkommen lassen, daß der historische Grund allein eine hinreichende Erklärung ist. Nehmen wir einmal an, Tafeln seien eigentlich deshalb schwarz, weil die Nützlichkeit weißer Kreide zuerst entdeckt wurde. Historisch ist das ein zutreffender Grund für die Verwendung schwarzer Tafeln, aber in der Praxis reicht er als Erklärung nicht aus. Schließlich wird durch ihn nur erklärt, warum die Menschen anfingen, schwarze Tafeln zu benutzen, jedoch nicht, warum sie es auch weiterhin tun. Man könnte sagen: »Tafeln waren ursprünglich schwarz, weil man nach einem Untergrund gesucht hat, von dem sich weiße Kreidezeichen gut sichtbar abheben. Seitdem sind sie immer schwarz gewesen, weil diese Farbe den Zweck erfüllt.«

Zusammenfassung

Bei der Auseinandersetzung mit Situationen oder Problemen müssen viele Dinge als gegeben hingenommen werden. Um überhaupt leben zu können, muß man ständig von ungeprüften Voraussetzungen ausgehen. Doch jede dieser Voraussetzungen ist ein Klischeemuster, das umstrukturiert werden kann, damit sich die vorhandenen Informationen wirkungsvoller anwenden lassen. Die Umstrukturierung komplexerer

Muster kann sich allerdings auch als unmöglich erweisen, es sei denn, man überschreitet eine vermeintliche Grenze. Jede Voraussetzung, welcher Art sie auch sei, kann in Frage gestellt werden. Man sollte nicht so tun, als hätte man genügend Zeit, bei jeder Gelegenheit jede Voraussetzung in Frage zu stellen, es soll lediglich darauf hingewiesen werden, daß nichts unantastbar ist.

Es sollen auch keine Zweifel gesät werden, die einen unentschlossen machen und in die Lage bringen können, nichts mehr als gegeben hinzunehmen. Im Gegenteil, man erkennt den außerordentlichen Nutzen von Voraussetzungen und Klischees an. Man ist Voraussetzungen und Klischees gegenüber in der Tat ja viel freier, wenn man weiß, daß sie einen nicht einengen.

9 Erneuerung

Die beiden letzten Kapitel haben sich mit zwei fundamentalen Aspekten des lateralen Denkens beschäftigt:
- mit der bewußten Entwicklung von Alternativen bei der Betrachtung von Dingen;
- mit dem Zweifel an Voraussetzungen.

Beide Prozesse gehen nicht sehr weit über gewöhnliches vertikales Denken hinaus. Sie unterscheiden sich davon lediglich durch die »unvernünftige« Art und Weise, in der sie angewendet werden, und durch den Zweck, der hinter ihrer Anwendung steht. Das laterale Denken entwickelt nicht, es ordnet Muster neu an.

Die beiden obenerwähnten Prozesse dienten der Beschreibung oder Analyse einer Situation. Man könnte dies »rückwärtsgerichtetes Denken« nennen: Etwas Vorhandenes wird betrachtet und überarbeitet. Vorwärtsgerichtetes Denken bewegt sich nach vorn: Statt etwas Altes zu analysieren, muß etwas Neues aufgebaut werden. Erneuerung und Kreativität nähren sich aus dem vorwärtsgerichteten Denken. Die Trennung zwischen rückwärts- und vorwärtsgerichtetem Denken verläuft vollkommen willkürlich. Es existiert keine wirkliche Trennung, weil man vielleicht auf neue Art zurückblicken muß, um sich vorwärtsbewegen zu können. Eine kreative Beschreibung kann ebenso fruchtbar sein wie eine kreative Idee. Sowohl beim rückwärtsgerichteten als auch beim vorwärtsgerichteten Denken geht es um Veränderung, Vervollkommnung und Wirkung. In der Praxis beschränkt sich das rückwärtsgerichtete Denken jedoch auf die Erklärung einer Wirkung, das vorwärtsgerichtete Denken aber versucht Wirkung zu erzielen.

Bevor wir uns weitergehende Gedanken über die Erneuerung machen, müssen wir uns mit einem Aspekt des Denkens auseinandersetzen, der sich in weit stärkerem Maße auf vorwärtsgerichtetes als auf rückwärtsgerichtetes Denken bezieht. Es geht um den Prozeß der Wertung und des ausgesetzten Urteils.

10   Aufgeschobenes Urteil

M an denkt nicht, um recht zu haben, sondern um Wirkung zu erzielen. Wirkung erzielen schließt manchmal ein, daß man recht hat, aber zwischen beidem besteht ein wesentlicher Unterschied. Recht haben heißt ständig recht haben, Wirkung erzielen nur am Ende recht haben.

Beim vertikalen Denken muß man auf jeder Stufe recht haben. Auf jeder Stufe spricht man ein Urteil aus. Man darf keinen Schritt machen, der nicht richtig ist. Man darf keine Anordnung von Informationen akzeptieren, die nicht richtig ist. Vertikales Denken ist Auswahl durch Ausschluß. Das Urteil ist die Methode des Ausschlusses, und die Verneinung (»nein«, »nicht«) ist das Werkzeug.

Wer lateral denkt, darf auf dem Weg unrecht haben, auch wenn er am Ende recht haben muß. Er darf selbst ungültige Anordnungen von Informationen anwenden, um eine gültige Umstrukturierung zu erreichen. Vielleicht muß man sich in eine unhaltbare Position begeben, um von dort aus eine haltbare zu finden.

Beim lateralen Denken beschäftigt man sich nicht so sehr mit dem Wesen der Anordnungen von Informationen, sondern damit, wohin diese Anordnungen führen können. Anstatt also jede einzelne Anordnung zu beurteilen und nur die gültigen beizubehalten, suspendiert man das Urteil. Es geht nicht darum, auf Urteile ganz zu verzichten, sondern nur darum, Urteile auf später zu verschieben. Der laterale Denkprozeß soll verändern, nicht beweisen. Wichtig ist dabei nicht die Gültigkeit eines bestimmten Musters, sondern die Eignung dieses Musters zur Entwicklung neuer Muster.

An den anderen lateralen Denkprozessen, von denen bisher die Rede war, ist nichts »Unvernünftiges«. Aber die Notwendigkeit, Urteile aufzuschieben, unterscheidet sie so grundlegend vom vertikalen Denken, daß der laterale Denkprozeß viel schwerer verständlich ist.

Die Erziehung geht von der Notwendigkeit aus, *ständig recht zu haben*. In Erziehung und Ausbildung werden uns korrekte Fakten gelehrt, korrekte Schlüsse, die daraus gefolgert werden können, und korrekte Arten, diese Schlüsse zu ziehen. Man lernt, korrekt zu sein, indem man für das, was inkorrekt ist, sehr empfindlich gemacht wird. Man lernt, auf jeder gedanklichen Stufe zu urteilen und dieses Urteil mit der »Nein«-Marke zu belegen. Man lernt, »Nein« zu sagen; »Das ist nicht so«; »Das kann nicht so sein«; »Das führt nicht dahin«; »Hier haben Sie unrecht«; »Das würde niemals gehen«; »Dafür gibt es keinen Grund« und so weiter. Das ist die eigentliche Essenz des vertikalen Denkens und der Grund für seine große Nützlichkeit. Die Gefahr liegt in der Anmaßung jener Haltung, die voraussetzt, daß vertikales Denken ausreichend sei. Das ist es nicht. Der ausschließliche Nachdruck auf die Notwendigkeit, ständig recht zu haben, schließt Kreativität und Fortschritt vollständig aus.

Die Notwendigkeit, ständig recht zu haben, ist der größte Riegel, der neuen Ideen vorgeschoben werden kann. Es ist besser, so viele Ideen zu haben, daß einige ruhig falsch sein dürfen, als immer recht zu haben und überhaupt keine Ideen.

Die Notwendigkeit, provozierende Anordnungen von Informationen anzuwenden, um eine einsichtsvolle Neuordnung der Muster zu erreichen, ergibt sich aus dem Verhalten des Verstandes als sich selbst erweiterndes Erinnerungssystem.* In der Praxis wird dieser Notwendigkeit durch das Hinauszögern eines Urteils Genüge getan. Das Urteil wird im schöpferischen Denkstadium zurückgestellt und erst im selektiven Denkstadium ausgesprochen. Es liegt im Wesen des Systems, daß eine falsche Idee an einem bestimmten Punkt des Gedankengangs später zu einer richtigen Idee führen kann. Lee de Forest erfand die außerordentlich nützliche Elektronenröhre, weil er der irrigen Idee folgte, daß ein elektrischer Funke das Verhalten eines Gasstrahls verändere. Marconi gelang die erste drahtlose telegrafische Verbindung über den Atlantik, obwohl er der irrigen Idee anhing, daß Wellen der Erdkrümmung folgen.

Die Notwendigkeit, ständig recht zu haben, ist die Ursache für folgende Gefahren:

● Die anmaßende Sicherheit zieht einen Gedankengang nach sich, der als solcher korrekt sein kann, aber von falschen Voraussetzungen ausgeht.

● Ein unrichtiger Gedanke, der zu einem richtigen Gedanken oder zu nützlichen Experimenten geführt haben könnte, wird auf einer zu frühen Stufe aufgegeben, wenn er nicht begründet werden kann.

● Es wird angenommen, recht zu haben sei genug – eine *ausreichende* Anordnung blockiert aber den Weg zu einer besseren Anordnung.

● Der Wert, den man der Richtigkeit aller Stufen beimißt, erzeugt die hemmende Furcht vor Irrtümern.

Aufschub des Urteils

Ein späteres Kapitel beschäftigt sich mit dem lateralen Prozeß, der absichtlich die Unrichtigkeit benutzt, um eine Neuanordnung der Informationen auszulösen. Hier beschäftigen wir uns lediglich mit dem *Aufschub des Urteils*. In der Praxis kann man auf jeder der folgenden Stufen etwas beurteilen:

● Man beurteilt, ob bestimmte Informationen für das Problem, das untersucht wird, relevant sind. Dieses Urteil geht der Entwicklung jeglicher Idee voraus.
● Man beurteilt die Gültigkeit einer Idee für den Denkprozeß selbst. Sie wird verworfen und nicht weiterentwickelt.
● Man beurteilt die Richtigkeit einer Idee, ehe man sie anderen vorträgt.
● Man beurteilt die Idee eines anderen. Man lehnt entweder ab, sie zu akzeptieren, oder man verwirft sie ganz und gar.

Aus dieser Sicht werden Urteil, Bewertung und Kritik als ähnliche Vorgänge betrachtet. Aufschub eines Urteils bedeutet nicht Aufschub einer Ablehnung – er bedeutet Aufschub des Urteils, ob das Ergebnis günstig ist oder nicht.

Der Aufschub eines Urteils kann folgende Auswirkungen haben:
● Eine Idee lebt länger und kann andere Ideen anregen.
● Andere Leute bringen Ideen vor, die sie selbst abgelehnt haben. Diese Ideen können außerordentlich nützlich sein.
● Man kann die Ideen anderer als Anregung akzeptieren, anstatt sie abzulehnen.
● Ideen, die innerhalb des gängigen Bezugsrahmens als falsch abgelehnt werden, können so lange überleben, bis erwiesen ist, daß der Bezugsrahmen geändert werden muß.

In der Abbildung auf Seite 120 ist A der Ausgangspunkt eines Problems. Macht man sich an die Lösung des Problems, ge-

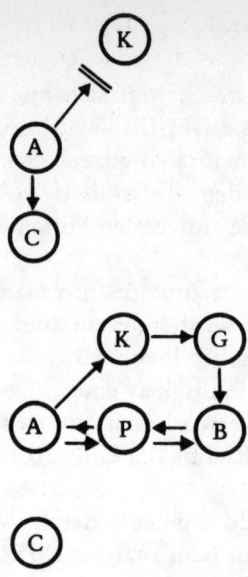

langt man zunächst zu K, aber da K nicht stichhaltig zu sein scheint, verwirft man es. Statt dessen wendet man sich C zu. Von C aus kommt man nicht weiter. Wäre man bei K geblieben, hätte man von dort aus zu G weitergehen können, von G zu B, der Lösung des Problems. Hätte man B erst einmal erreicht, wäre man in der Lage gewesen, den korrekten Weg von A über P nach B zu erkennen.

Anwendung in der Praxis

Das Problem des suspendierten Urteils ist diskutiert worden. Die Anwendung dieses Prinzips in der Praxis muß näher beschrieben werden, denn es hat nicht viel Sinn, das Prinzip zu akzeptieren, es aber niemals anzuwenden. In der Praxis führt das Prinzip zu folgendem Verhalten:

● Man beeilt sich nicht, eine Idee zu beurteilen oder zu werten. Beurteilung oder Wertung einer Idee werden als nicht so wichtig angesehen. Man bevorzugt Entdeckungen.

● Einige Ideen sind eindeutig falsch, ohne daß erst versucht werden muß, sie zu beurteilen. In solchen Fällen verlagert man die Aufmerksamkeit von der Frage, warum die Ideen falsch sind, auf die Frage, ob sie nützlich sein können.

● Auch wenn man weiß, daß eine Idee gelegentlich fallengelassen werden muß, zögert man diesen Moment hinaus, um soviel Nutzen wie möglich aus ihr zu ziehen.

● Anstatt eine Idee in die Richtung zu zwingen, die die Beurteilung angibt, verfolgt man sie weiter.

In einem durchlöcherten Eimer kann man nicht viel Wasser tragen. Man kann ihn also beiseite stellen. Oder man kann untersuchen, welche Strecke man wieviel Wasser tragen kann. Vielleicht ist der Eimer trotz der Löcher nützlich, wenn man mit ihm eine bestimmte Wirkung erzielen will.

11 Entwürfe

Entwürfe verlangen sehr viel Einfallsreichtum, wenn sie mehr sein wollen als bloße Kopien. Sie eignen sich gut zum Üben der bisher besprochenen lateralen Denkprinzipien. Der Entwurfsprozeß selbst wird in einem späteren Kapitel ausführlich besprochen; an dieser Stelle verwenden wir Entwürfe nur als Übungsmaterial.

Übung

Die Entwürfe können entweder schwarzweiß oder farbig gezeichnet sein. Beschreibungen können beigegeben werden, um gewisse Merkmale oder die Arbeitsweise zu erklären. Die Zeichnung bietet zahlreiche Vorteile:

1. Man muß sich bei der Ausführung auf eine bestimmte Art und Weise festlegen und kann nichts vage und verallgemeinernd beschreiben.

2. Der Entwurf ist eine jedermann sichtbare Darstellung.

3. Eine komplizierte Struktur zeichnerisch auszudrücken ist einfacher, als sie sprachlich auszudrücken. Es wäre schade, wenn ein Entwurf unter der mangelnden Fähigkeit, ihn zu beschreiben, leiden würde.

Die Entwürfe können entweder in der Schule oder zu Hause ausgeführt werden. Man sollte den Schülern das Thema nicht freistellen, sondern allen ein und dasselbe Thema geben. Kommentierende Bemerkungen des Lehrers gelten so allen Schülern, es gibt mehr Vergleichsmöglichkeiten zwischen den einzelnen Entwürfen, und alle Schüler können sich an der Analyse beteiligen.

Es empfiehlt sich, die Entwürfe auf genormten Papierbogen ausführen zu lassen. Ist das Thema des Entwurfs erst einmal gestellt, werden keine zusätzlichen Informationen mehr gegeben. Der Lehrer sollte nicht versuchen, das Thema eingehender zu erläutern. Fragen kann man mit »Macht, was eurer Meinung nach das beste ist« beantworten.

● Besprechung der Ergebnisse
Wenn die Gruppe zu groß ist, um sich um jede einzelne Zeichnung zu scharen, sollten die Zeichnungen entweder vergrößert oder mit einem Epidiaskop an die Wand projiziert werden. Man kann sie aber auch einfach an die Wand heften. Eine angemessene Diskussion könnte auch stattfinden, ohne daß die jeweilige Zeichnung überhaupt gezeigt zu werden braucht. Man zeichnet lediglich die wesentlichsten Grundzüge eines Entwurfs an die Wandtafel. Bei der Besprechung der einzelnen Entwürfe sollte der Lehrer die folgenden Punkte beachten:
1. Er darf kein Urteil über einen Entwurf abgeben. Er darf nicht sagen: »Das geht nicht, weil . . .«
2. Er darf nicht einen bestimmten Entwurf auswählen und ihn als beispielhaft hinstellen. Dadurch würden Thema und Behandlung zu sehr unvermeidlich eingeengt.
3. Er sollte die Vielzahl der Möglichkeiten bei der Ausführung einer bestimmten Funktion betonen. Die verschiedenen Vorschläge sollten aufgeschrieben und durch eigene ergänzt werden.
4. Er sollte sich bemühen, die einem bestimmten Entwurf zugrunde liegende Funktion zu erkennen und die Absicht des Urhebers von der zeichnerischen Darstellung trennen.

5. Er sollte zwischen Einzelheiten, die aus einem funktionellen Grund vorhanden sind, und zwischen Ornamenten, die das Bild lediglich vervollständigen, unterscheiden.

6. Er sollte auf gewisse Einzelheiten durch Fragen näher eingehen, in der Absicht, zeichnerisch unvollkommen verwirklichte Ideen aufzuspüren.

7. Er sollte beachten, daß Zeichnungen sich an Vorbilder im Fernsehen, Film oder in Comic strips anlehnen können.

● Vorschläge

Aufgaben für Entwürfe können entweder Verbesserungen bestehender Dinge oder Erfindung neuer sein. Es ist einfacher, wenn es bei den Entwürfen um Gegenständliches geht, da es leichter dargestellt werden kann. Es müssen nicht unbedingt mechanische Dinge sein, auch der Entwurf eines neuen Klassenzimmers oder eines neuartigen Schuhes ist ein passendes Thema. Die Hauptsache ist, daß es sich um konkrete Projekte handelt. Darüber hinaus kann man auch organisatorische Aufgaben stellen, zum Beispiel die Frage, wie sich ein Haus sehr schnell bauen läßt.

Entwurf:
Eine Apfelpflückmaschine
Eine Kartoffelschälmaschine
Ein Fahrzeug für unwegsames Gelände
Eine Tasse, deren Inhalt nicht verschüttet werden kann
Eine Bohrmaschine für Tunnel
Eine Vorrichtung, die das Parken eines Autos erleichtert

Neuentwurf:
Der menschliche Körper
Eine neue Milchflasche
Ein Stuhl
Eine Schule
Eine neue Art Kleidung
Ein besserer Regenschirm

Organisatorische Aufgaben:
Wie kann man ein Haus sehr schnell bauen?
Wie stellt man die Kassen in einem Supermarkt auf?
Wie organisiert man die Müllabfuhr?
Wie organisiert man das Einkaufen, damit nur ein Minimum
an Zeit verlorengeht?
Wie verlegt man ein Rohr unter einer verkehrsreichen Straße?

● Vielfalt
Die Entwurfsaufgaben sollen verdeutlichen, daß es verschiedene Möglichkeiten gibt, etwas zu tun. Es kommt daher nicht so sehr auf den einzelnen Entwurf an, sondern vielmehr auf den Vergleich zwischen den Entwürfen. Um diese Vielfalt zu demonstrieren, könnte man die fertigen Entwürfe miteinander vergleichen. Es ist jedoch wirkungsvoller, bestimmte Funktionen herauszugreifen und aufzuzeigen, wie sich einzelne Schüler damit auseinandergesetzt haben. Beim Entwurf der Apfelpflückmaschine könnte das beispielsweise das Problem sein, wie man die Äpfel erreicht. Einige Schüler haben dafür vielleicht ausfahrbare Arme entworfen, einige haben den ganzen Apparat auf hydraulische Beine gestellt, andere haben versucht, die Äpfel auf die Erde zu bringen, und wieder andere haben die Apfelbäume vielleicht gleich in Gräben angepflanzt. Zu jeder einzelnen Funktion sammelt der Lehrer auf einer Liste alle vorgeschlagenen Lösungen und bittet um weitere Vorschläge. Er kann auch eigene Vorschläge oder solche aus früheren Versuchen mit dem Entwurfsprojekt hinzufügen.

Zu den verschiedenen Funktionen der Apfelpflückmaschine können gehören:
Erreichen der Äpfel
Finden der Äpfel
Pflücken der Äpfel
Transport der Äpfel zur Erde

Sortieren der Äpfel
Einfüllen der Äpfel in Behälter
Fortbewegung zum nächsten Baum

Der Schüler braucht beim Entwurf natürlich nicht für alle Funktionen Lösungen zu finden. Die meisten Funktionen werden ganz unbewußt berücksichtigt. Trotzdem kann man bewußt analysieren, was verwirklicht wurde, und auf die verschiedenen Möglichkeiten der Verwirklichung hinweisen. In vielen Fällen werden keine Vorschläge zur Ausführung einer bestimmten Funktion gemacht (beispielsweise zum Transport der Äpfel zur Erde). In diesen Fällen kritisiert man nicht die Entwürfe, die eine Funktion nicht bedacht haben, sondern bespricht diejenigen, die eine Lösung anbieten.

● Bewertung
Man könnte Entwürfe aus den verschiedensten Gründen kritisieren: In manchen sind gewisse Probleme nicht gelöst, andere zeigen Fehler in der Mechanik, in wieder anderen ist die Wirksamkeit der vorgeschlagenen Lösung oder die Größe der Maschine nicht bedacht usw. Es fällt schwer, der Versuchung zur Kritik zu widerstehen – aber man muß ihr widerstehen.

Wenn in einigen Entwürfen gewisse Dinge nicht beachtet wurden, dann kommentiert man diejenigen, in denen sie bedacht wurden. Wenn ein bestimmter Entwurf eine technisch unmögliche Methode vorschlägt, dann spricht man über die beabsichtigte Funktion und nicht über die vorgeschlagene Methode.

Wenn in einigen Entwürfen bestimmte Funktionen nur sehr oberflächlich berücksichtigt wurden, dann beschreibt man sie ohne Kritik und erläutert darauf wirkungsvollere Entwürfe.

Schüler im Alter zwischen zehn und dreizehn Jahren neigen gewöhnlich zu dem Fehler, ein Entwurfsthema vollständig aus den Augen zu verlieren und in allen Einzelheiten Vorrichtungen zu zeichnen, die sie in Fernsehserien oder Bildgeschichten gesehen haben. Sie entwerfen eine Apfelpflückmaschine, die vor Gewehren, Raketen, Radaranlagen und Düsenjägern strotzt. Ihre Entwürfe enthalten detaillierte Angaben über Besatzungsstärke, Geschwindigkeit, Reichweite, Schlagkraft, Herstellungskosten, vermutliche Produktionsdauer, Anzahl der benötigten Nieten und Bolzen und über das für die Konstruktion verwendete Material usw. Es hat keinen Sinn, die Überflüssigkeit dieser Zutaten zur Apfelpflückmaschine zu kritisieren. Statt dessen weist man nachdrücklich auf die Wirtschaftlichkeit und Wirksamkeit anderer Entwürfe hin.

Man sollte niemals mechanische Vorgänge kritisieren, die es in Wahrheit gibt. Ein Schüler schlug zum Beispiel als Methode zum Pflücken der Äpfel vor, in jeden Apfel ein Metallteil zu stecken und dann unter jedem Baum eingegrabene starke Magnete einzusetzen, um die Äpfel auf die Erde zu holen. Dieser Entwurf ließe sich folgendermaßen kritisieren:
1. Es wäre genauso umständlich, in jedem Apfel Metallteile unterzubringen, wie den Apfel gleich zu pflücken.
2. Der Magnet müßte sehr stark sein, wenn er Äpfel aus einer solchen Entfernung herunterholen soll.
3. Die Äpfel würden beim Aufprall auf die Erde beschädigt.
4. Der unter einem Baum eingegrabene Magnet könnte immer nur von dem einen Baum die Äpfel holen.

Diese Anmerkungen treffen durchaus den Kern, und man könnte noch viele andere vorbringen. Aber statt so zu kritisieren, könnte man auch sagen: »Hier will jemand nicht wie alle anderen zu den Äpfeln gehen, sondern die Äpfel zu sich kommen lassen. Er will die Äpfel nicht erst suchen und dann einzeln pflücken, sondern alle auf einmal herunterholen.«

Das sind zwei sehr wertvolle Punkte. Die eigentliche Methode zur Ausführung der Funktion ist eindeutig wirkungslos, aber es ist besser, hier aufzuhören, als den Eindruck zu erwecken, man wollte Grundgedanken kritisieren, indem man die Art und Weise kritisiert, in der sie in die Tat umgesetzt werden sollen. Wenn der betreffende Schüler mehr über Magnete gelernt hat, wird er selbst feststellen, daß sie beim Pflücken von Äpfeln nicht sehr nützlich sein würden. Im Augenblick kennt er jedoch nur diese Methode, um eine »Anziehung über eine Entfernung hinweg« zu erreichen.

Bei einer Entwurfsaufgabe für ein geländegängiges Fahrzeug schlug ein Schüler eine Art »ebnendes Material« vor, welches das Fahrzeug hinter sich aufsaugen und vor sich ausbreiten sollte. So könnte es immer über einen ebenen Untergrund fahren. Er hatte sogar eine Art Reservetank eingeplant, in welchem zusätzliches »ebnendes Material« mitgeführt werden könnte, damit sich bei der Fahrt auftretende Verluste ausgleichen ließen. Diese Idee könnte man leicht folgendermaßen kritisieren:

1. Welches »ebnende Material« würde große Löcher ausfüllen? Man würde zuviel davon mitführen müssen.
2. Es ließe sich niemals alles wieder aufsaugen, was vorher ausgebreitet wurde, und der Reservetank würde nach wenigen Metern leer sein.
3. Das Fahrzeug könnte sich nur sehr langsam fortbewegen.

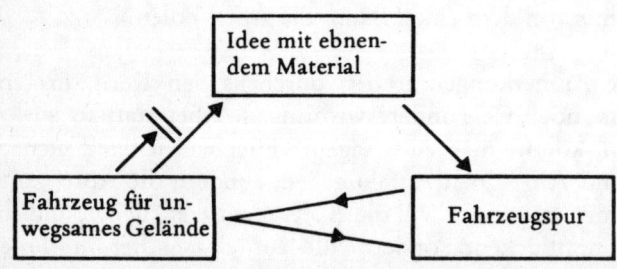

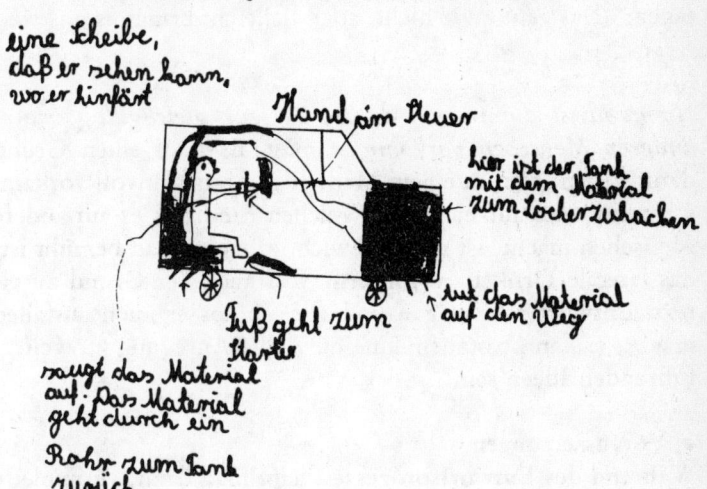

Paul
Tanto

Ein Fahrzeug für unwegsames Gelände

eine Scheibe,
daß er sehen kann,
wo er hinfährt

Hand am Steuer

hier ist der Tank
mit dem Material
zum Löcherzumachen

tut das Material
auf den Weg

Fuß geht zum
Starter

saugt das Material
auf. Das Material
geht durch ein

Rohr zum Tank
zurück.

Natürlich lassen sich solche kritischen Anmerkungen unschwer vorbringen. Man sollte jedoch eher anerkennen, daß der Schüler sich von den üblichen Lösungsversuchen – Spezialräder oder andere Vorrichtungen – entfernt und den Versuch unternommen hat, *den Untergrund selbst* zu ändern. Aus einem solchen Entwurf kommt eventuell der Schritt zum Kettenfahrzeug, das ja in der Tat ebnendes Material auslegt und wieder aufnimmt. Es gibt auch Militärfahrzeuge, die eine Rolle Maschendraht oder Glasfibermatten mit sich führen, die ausgelegt werden und den Weg ebnen.

Auch wenn eine Idee an sich dumm zu sein scheint, kann sie doch zu etwas Nützlichem führen. Die Idee vom »ebnenden Material«, obgleich selbst keine Lösung, kann zur Idee vom

Kettenfahrzeug führen. Wenn man die erste Idee abgelehnt hätte, wäre es vielleicht schwerer gefallen, auf die zweite zu kommen. Man sollte sich also nicht auf den Standpunkt stellen: »Das geht nicht, vergessen wir es«, sondern man sollte sagen: »Das geht zwar nicht, aber vielleicht bringt es uns weiter.«

Niemand ist dumm, um dumm zu sein, gleichgültig wie es anderen Menschen vorkommen mag. Es muß einen Grund dafür geben, warum einem Menschen etwas sinnvoll vorkam, während er es aufzeichnete. Welchen Eindruck es auf andere Menschen macht, ist nicht so wichtig, wenn man bemüht ist, das laterale Denken zu fördern. Was auch der Grund zu einem Entwurf sein mag – und wie sinnlos er auch ausfallen mag –, er kann trotzdem eine nützliche Anregung zu weiterführenden Ideen sein.

● Voraussetzungen
Während des Entwurfsprozesses neigt man dazu, »komplette Einheiten« zu benutzen. Wenn man also zur Ausführung einer bestimmten Funktion eine Einheit von irgendwoher übernimmt, wird diese Einheit »komplett« eingesetzt. Ein mechanischer Arm zum Pflücken der Äpfel hat dann also fünf Finger, weil der menschliche Arm auch fünf Finger hat. Um zu versuchen, solche kompletten Einheiten aufzubrechen und das, was wirklich erforderlich ist, freizulegen, kann man die grundlegenden Voraussetzungen in Frage stellen: »Warum braucht eine Hand fünf Finger, um Äpfel pflücken zu können?«

Man kann auch Voraussetzungen in Frage stellen, die anscheinend für den Entwurf selbst grundlegend scheinen.
Warum müssen wir die Äpfel vom Baum *pflücken?*
Warum müssen Bäume diese Form haben?
Warum muß der Arm nach oben greifen und mit jedem gepflückten Apfel wieder herunterkommen?

Einige der in Frage gestellten Voraussetzungen hätten leicht als gegeben hingenommen werden können. Indem man sie aber in Frage stellt, kann man neuen Ideen den Weg ebnen. Man könnte die Äpfel beispielsweise auch vom Baum schütteln, statt sie zu pflücken. In Kalifornien macht man Versuche, Bäume zu züchten, die die Pflückarbeit erleichtern. Der Arm muß nicht nach oben greifen und dann mit der Frucht wieder herunterkommen, die Früchte könnten auch auf eine Rutsche oder in einen Behälter geworfen werden.

An jeder Stelle eines Entwurfs kann man die Warum-Technik anwenden. Um wieder an sie zu erinnern, könnte der Lehrer sie nach der Diskussion der Entwürfe anwenden. Die Schüler könnten sie auf ihre eigenen oder auf die Entwürfe anderer anwenden. Auch hier ist es nicht der Zweck der Warum-Technik, etwas in Frage zu stellen oder zu rechtfertigen, sondern festzustellen, wohin es führt, wenn man die Beschränkung auf eine bestimmte Methode bei der Durchführung von etwas in Frage stellt.

Zusammenfassung

Entwurfsaufgaben eignen sich gut zur Entwicklung des lateralen Denkens. Sie fördern nachdrücklich *unterschiedliche* Betrachtungsweisen und *unterschiedliche* Lösungsversuche. Darüber hinaus verlangen sie das Abgehen von Klischeevorstellungen und die Revision von Voraussetzungen. Die kritische Wertung ist zeitweilig aufgehoben, um einen schöpferischen Gedankengang zu entwickeln, in dem sich geistige Beweglichkeit und Vielseitigkeit ausdrücken können. Wenn die Entwurfsübungen sinnvoll sein sollen, ist es unumgänglich, daß der Lehrer den Zweck der Übungen begreift. Es geht eben nicht um eine Zeichenstunde, sondern um eine laterale Denkübung.

12 Leitideen und kritische Faktoren

Eine geometrische Form ist nicht unbestimmt. Sie ist als Situation sehr eindeutig – man weiß, was man vor sich hat. Allerdings sind die meisten Situationen sehr viel unbestimmter. Meistens hat man eine vage Vorstellung und nicht mehr. Bei einer eindeutigen geometrischen Form kann man sich leicht Alternativen zu einer Unterteilung und Alternativen zur Zusammensetzung der Einzelteile ausdenken. Wenn man nur eine vage Vorstellung von einer Situation hat, ist das ungleich viel schwieriger.

Ein jeder glaubt sicher zu wissen, wovon er spricht, was er liest oder schreibt. Bittet man ihn aber, die Leitidee zu nennen, so gibt es Schwierigkeiten. Es fällt schwer, eine vage Vorstellung in eine eindeutige Feststellung zu verwandeln: Was man sagt, ist entweder zu lang und kompliziert, oder aber man läßt zuviel aus. Manchmal besteht zwischen den verschiedenen Aspekten des Gegenstands kein Zusammenhang, der sich als durchgängiges Thema formulieren ließe.

Wenn man eine vage Vorstellung nicht in ein eindeutiges Muster umwandeln kann, ist es schwierig, Alternativmuster und andere Betrachtungsweisen einer Situation zu entwickeln. In einer eindeutigen Situation greift man die Leitidee nicht deswegen heraus, um von dieser Idee beherrscht zu werden, sondern um Alternativideen entwickeln zu können.

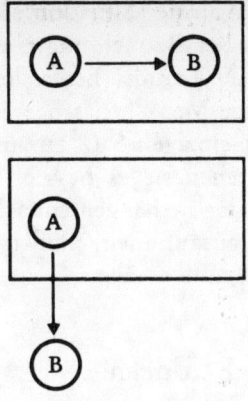

Wenn man die Leitidee nicht herausdestillieren kann, wird man von ihr beherrscht. Welche Betrachtungsweise man auch wählt, die Situation wird wahrscheinlich von der immer gegenwärtigen, aber undefinierten Leitidee beherrscht. Nur wenn man die Leitidee herausgreift, kann man ihr ausweichen. Einer eindeutig bestimmten Idee kann man leichter entrinnen als einem unbestimmten Eindruck. Die Befreiung von starren Mustern und die Entwicklung von Alternativmustern sind die Ziele des lateralen Denkens. Beide Ziele werden leichter erreicht, wenn man es gelernt hat, die Leitidee herauszugreifen.

Wenn man nicht gelernt hat, Leitideen zu erkennen, werden sich wahrscheinlich alle Alternativen, die man entwickelt, im Rahmen einer allgemeinen, unbestimmten Idee bewegen. Die Abbildung oben zeigt, wie man vielleicht das Gefühl haben kann, einen Alternativstandpunkt gefunden zu haben, aber dennoch die Grenzen der Leitidee nicht überschreitet. Nur wenn man den Rahmen erkennt, kann man ihn verlassen, um einen Alternativstandpunkt zu entwickeln.

Die Leitidee ist nicht in der Situation selbst enthalten, sondern ergibt sich aus der Betrachtung einer Situation. Einige Menschen scheinen die Leitidee besser herausfinden zu können als andere. Einige Menschen scheinen die Situation sehr viel besser in einem einzigen Satz zusammenfassen zu können. Vielleicht verstehen sie es besser, die Hauptidee vom Detail zu trennen, oder sie hängen einfacheren Ansichten an. Um die Leitidee herauszufinden, muß man sich bewußt anstrengen – oder man muß es üben.

Unterschiedliche Leitideen

Wenn Schüler aufgefordert werden, in einem Zeitungsartikel die Leitidee zu erkennen, bringen sie gewöhnlich mehrere unterschiedliche Ansichten vor. Aus einem Artikel über Parkanlagen können die folgenden Leitideen ausgewählt werden:
Die Schönheit einer Parklandschaft
Der Wert der Parklandschaft als Kontrast zur städtischen Umgebung
Die Notwendigkeit, mehr Parks anzulegen
Die Schwierigkeit, Parks anzulegen und zu erhalten
Parks zur Entspannung oder zum Vergnügen
Der Autor vertritt eine Protesthaltung, und Parks sind gerade das passende Thema dafür
Die Gefahr von Erfordernissen, die das Wachstum der Städte mit sich bringt

Diese Ideen sind trotz aller Unterschiede verwandt. Es läßt sich leicht feststellen, daß einige dieser Ideen eher die Leitidee treffen als andere, aber dennoch hat die Idee für denjenigen, der sie vertritt, den Wert einer Leitidee. Das Ziel sollte nicht sein, *die* Leitidee zu finden, sondern die Gewohnheit anzunehmen, Leitideen zu erfassen. Man sollte nicht lernen, die Situation zu analysieren, sondern sie klar genug zu überblicken, um unterschiedliche Standpunkte entwickeln zu können.

Man sollte die Leitidee nicht verwenden, sondern sie erkennen, um ihr ausweichen zu können.

Am Beispiel der Entwürfe aus dem vorhergehenden Kapitel läßt sich die ordnende Kraft der Leitidee am einleuchtendsten demonstrieren. Die Leitidee wird niemals direkt ausgedrückt, denn unterschiedliche Gruppen fassen die Idee unterschiedlich auf. Wenn Kinder versuchen, eine Maschine zum Äpfelpflücken zu entwerfen, dann ist die Leitidee für sie das Erreichen der Äpfel. Die Kinder denken auf ihre Person bezogen, und dazu gehört, daß sie immer nur einen Apfel zu einem Zeitpunkt haben wollen und daß es ihnen Schwierigkeiten macht, an den Apfel heranzukommen. Wenn das gleiche Entwurfsproblem einer Gruppe von Wirtschaftsingenieuren vorgelegt wird, leitet sie die Idee der Wirtschaftlichkeit. Dieser weite Begriff schließt ein das Verhältnis zwischen Zeitaufwand und Kosten beim Einsatz der Maschine. Dazu kommt noch das Problem, die Äpfel nicht zu beschädigen. Von diesen Überlegungen her verliert das Problem, die Äpfel zu erreichen, an Bedeutung. Wichtig werden dagegen die Fragen, wie man sie findet, wie viele Äpfel sich auf einmal pflücken und ohne Beschädigung zur Erde bringen lassen. Die Maschine, die das leistet, soll dazu noch billig sein und sich leicht von Baum zu Baum bewegen lassen. Kurz, für die Ingenieure heißt das Leitproblem »Vorteil gegenüber Handarbeit«, während es für die Kinder »die Äpfel erreichen« heißt.

Rangfolge der Leitideen

Sobald man anfängt, Leitideen zu suchen, erkennt man, daß es Leitideen mit verschiedener Ausdehnung gibt. Eine Leitidee kann einen ganzen Gegenstand oder nur einen Teil einschließen. Aus einem Artikel über Verbrechen kann man demnach die folgenden Leitideen herausschälen:

»Verbrechen« und »Das Verhalten der Menschen« sind eindeutig weitgefaßtere Ideen als »Gewalt« oder »Was kann getan werden?« – aber sie alle sind gültige Leitideen. Es existiert eine Rangfolge, die von den spezifischeren zu den allgemeineren Ideen aufsteigt. Beim Erkennen einer Leitidee kann das Ziel nicht sein, die allgemeinste oder umfassendste Idee auszusuchen, denn sie kann so weit gespannt sein, daß man ihren Rahmen nicht verbessern kann. Eine Leitidee muß vor niemandem als allumfassende, absolut gültige Idee gerechtfertigt werden. Wenn man eine Leitidee herausgreift, sollte man den Eindruck haben, daß sie eine Situation durchzieht. In dem Artikel über Verbrechen hätte die Leitidee beispielsweise »Der fragwürdige Wert der Strafe« oder »Der Schutz der Rechte eines Bürgers, selbst wenn er ein Verbrecher ist« lauten können.

Kritischer Faktor

Die Leitidee bestimmt, nach welchem Organisationsschema eine Situation betrachtet wird. Häufig existiert eine undefinierte Leitidee, die man zu definieren versucht, um ihr ausweichen zu können. Ein kritischer Faktor ist ein Element der Situation, das immer berücksichtigt werden muß, ganz egal wie man die Situation ansieht. Wie eine Leitidee kann ein kritischer Faktor eine Situation unbeweglich machen und die Veränderung eines Standpunkts verhindern. Wie eine Leitidee kann ein kritischer Faktor einen starken Einfluß ausüben, ohne je bewußt erkannt zu werden.

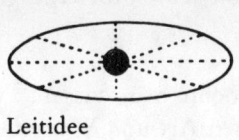

Leitidee

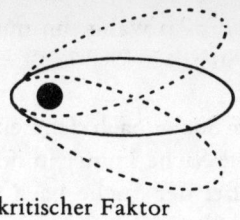

kritischer Faktor

Den Unterschied zwischen einer Leitidee und einem kritischen Faktor kann man von der Darstellung oben ablesen. Die Leitidee organisiert die Situation. Der kritische Faktor bindet sie an einen Fixpunkt und schränkt damit die Beweglichkeit ein.

Man isoliert kritische Faktoren, um sie zu untersuchen. Ein kritischer Faktor ist sehr oft eine Voraussetzung – zumindest ist die »kritische« Natur des Faktors eine Voraussetzung. Wenn der Faktor isoliert ist, stellt man seine Notwendigkeit in Frage. Wenn man erkennt, daß der Faktor nicht kritisch ist, verschwindet seine bindende Wirkung, und die Situation kann in größerer Freiheit unterschiedlich strukturiert werden. Beim Entwurf einer Apfelpflückmaschine hätte ein kritischer Faktor sein können, »daß die Äpfel nicht beschädigt werden dürfen« oder »daß nur reife Äpfel gepflückt werden sollen«. Die Notwendigkeit, kritische Faktoren in die Überlegungen einzubeziehen, verringert die Lösungsmöglichkeiten eines Problems. Es ist daher keine gute Idee, den Apfelbaum zu schütteln.

In einer Situation können einer, mehrere oder überhaupt keine kritischen Faktoren vorliegen. Wie beim Erkennen der Leitidee kommt es darauf an, daß man das als kritischen Faktor identifiziert, was nach der eigenen Beurteilung des Problems ein kritischer Faktor zu sein scheint. Ob er wirklich kritisch ist, oder ob andere ihn dafür halten, spielt keine Rolle, denn man wählt ihn nur aus, um seine Notwendigkeit zu überprüfen.

Bei der Suche nach der Leitidee möchte man wissen, »warum wir eine Sache immer in der gleichen Art und Weise betrachten«. Bei der Suche nach dem kritischen Faktor fragt man: »Was hält uns zurück, was läßt uns an dieser alten Annäherung festhalten?«

Die Suche nach den Leitideen oder nach den kritischen Faktoren ist an sich kein lateraler Denkprozeß. Sie ist lediglich ein notwendiger Schritt, der die Voraussetzung schafft, das laterale Denken wirkungsvoller anzuwenden. Es ist schwierig, ein Muster neu zu ordnen, es sei denn, man kann es sehen. Es ist schwierig, ein Muster zu lockern, es sei denn, man kann die verfestigten Stellen erkennen.

Übung

1. Den Schülern wird ein Zeitungsartikel vorgelesen, und sie müssen
a) die Leitidee (oder Ideen) und
b) die kritischen Faktoren
aufschreiben.

Der Lehrer geht die Ergebnisse durch und stellt die verschiedenen Vorschläge zusammen. Hat jemand eine auffällige Wahl getroffen, kann er ihn fragen, warum er es getan hat. Man soll niemanden die Wahl rechtfertigen lassen oder ihn darauf hinweisen, daß sie nicht so gut wie andere ist. Es soll lediglich ein besonderer Standpunkt herausgearbeitet werden. Der Versuch sollte unterbleiben, irgendeinen Vorschlag abzuwerten oder die Vorschläge nach ihrer Qualität einzustufen.

Wenn deutlich wird, daß einige Schüler nicht begriffen haben, worum es bei den Leitideen und den kritischen Faktoren geht, dann konzentriert man sich auf die Antworten, bei denen die Sache ganz klar wird. Wenn solche Antworten nicht vorliegen, dann muß der Lehrer bekanntgeben, was er aus dem Abschnitt, um den es ging, als Leitidee und als kritischen Faktor herausgesucht hat. Es ist sicherlich nicht gut, jeden Schüler danach zu fragen, was er als Leitidee in einem Abschnitt ansieht, und die Resultate dann auf die Tafel zu schreiben, wie wir es in früheren Kapiteln vorgeschlagen haben. Und zwar aus dem Grunde nicht, weil eine anscheinend sehr gute Wahl alle weiteren Vorschläge unterdrücken wird. Es ist weitaus besser, jeden Schüler für sich selbst ausarbeiten zu lassen, was er für Leitidee oder kritischen Faktor hält, und dann die Vielzahl der Antworten vorzuzeigen.

2. Rundfunk oder Tonband

Der Lehrer braucht nicht unbedingt einen Abschnitt aus einem Zeitungsartikel vorzulesen, er kann auch eine Rundfunksendung oder ein Tonband verwenden, auf das eine Rundfunksendung aufgenommen wurde. Tonbänder haben den Vorteil, daß man sie jederzeit wieder ablaufen lassen kann.

3. Anstatt den Schülern einen Abschnitt vorzulesen, kann man ihnen den Abschnitt auch in die Hand geben, damit sie sich selbst damit auseinandersetzen können. Damit erreicht man, daß jeder mehr Zeit hat, sich mit dem Stück zu befassen. Die Interpretation hängt dann nicht so weitgehend von der Art ab, wie das Stück vorgelesen wurde, und man kann jederzeit wieder nachprüfen, was da geschrieben steht, um festzustellen, ob es einen besonderen Standpunkt rechtfertigt.

4. Diskussion

Zwei Schüler werden aufgefordert, vor der Klasse ein Thema zu diskutieren. Dafür kann man entweder Schüler auswählen, die ohnehin schon gegensätzliche Ansichten zu einem Thema vertreten, oder man kann die Schüler bitten, das Thema von gegensätzlichen Standpunkten aus zu diskutieren – ob sie diese nun teilen oder nicht. Die übrigen Schüler verfolgen die Debatte und schreiben sich die Leitidee und die kritischen Faktoren auf. Um die Gültigkeit der votierten Ideen und Faktoren zu überprüfen, können die übrigen Schüler den Debattierenden Fragen stellen.

5. Entwurfsaufgabe

Beim Ausarbeiten eines Entwurfs oder bei der Diskussion der Ergebnisse eines von anderen ausgeführten Entwurfs können die Schüler die Leitideen und kritischen Faktoren herauszufinden versuchen. Sie können die kritischen Faktoren untersuchen und feststellen, ob sie wirklich kritisch sind und was geschehen würde, wenn sie in dem Entwurf nicht beachtet wären. Dasselbe gilt für die Leitideen: Die Schüler suchen sie zuerst heraus und stellen dann fest, wie sie ihnen ausweichen könnten.

Obwohl es einfach wäre, eine derartige Übungsstunde mit den vorher beschriebenen lateralen Denkvorgängen (und mit denjenigen, von denen noch die Rede sein wird) zu verbinden, ist es wahrscheinlich besser, das nicht zu tun. Wenn man den Prozeß der Entwicklung von Alternativen mit dem des Findens der Leitidee verbindet, besteht die Tendenz, eine Leitidee herauszugreifen, die gut zu der Alternative paßt, die einem einfällt. Die Auswahl der Leitideen und kritischen Faktoren wird sehr bald so zugeschnitten, daß man demonstrieren kann, wie geschickt man ihnen aus dem Weg geht. Im Augenblick genügt es, im Auffinden von Leitideen und kritischen Faktoren einige Fähigkeiten zu erwerben.

13 Zerlegung

Das laterale Denken nimmt sich vor, Dinge auf unterschiedliche Art und Weise zu betrachten, Muster neu zu strukturieren und Alternativen zu entwickeln. Die bloße Absicht, Alternativen zu suchen, reicht manchmal bereits aus. Diese Absicht läßt einen innehalten und um sich blicken, bevor man sich auf dem am deutlichsten erkennbaren Weg der Betrachtung einer Situation zu weit vorwagt. Wenn man um sich sieht, stellt man vielleicht fest, daß noch andere Alternativen darauf warten, untersucht zu werden. Manchmal reicht die bloße Absicht zur Entwicklung von Alternativen jedoch nicht aus. Der gute Wille allein kann keine Alternativen entwickeln. Man muß sich dazu einer praktischeren Methode bedienen. Es ist also in gewisser Hinsicht nützlich, jemanden zur Suche nach Alternativen anzuhalten (besonders, wenn dadurch ein anmaßend einzigartiger Standpunkt abgeschwächt werden kann), aber man muß auch Wege zur Entwicklung von Alternativen weisen.

Feste Muster im Erinnerungssystem des Verstandes haben die Tendenz, immer umfangreicher zu werden. Die Muster können durch einfache Ausdehnung wachsen, oder aber zwei getrennte Muster können sich vereinigen und ein einziges großes Muster bilden. Die Tendenz der Muster, immer umfangreicher zu werden, läßt sich deutlich an der Sprache erkennen. Wörter, die eine bestimmte Eigenschaft beschreiben, werden zusammengefügt, um eine neue Situation auszudrücken, die schon bald ihr eigenes sprachliches Etikett erhält. Ist das erst einmal geschehen, dann ist ein neues Muster entstanden. Dieses neue Muster wird selbständig eingesetzt, ohne daß noch auf die ursprünglichen Teile, aus denen es entstanden ist, zurückverwiesen wird.

Je weitgehender ein Muster vereinheitlicht ist, desto schwerer läßt es sich umstrukturieren. Wenn also aus einer Reihe kleinerer Muster ein einziges, oft gebrauchtes Muster entsteht, werden die Schwierigkeiten größer, eine Situation auf neue Art und Weise zu betrachten. Umstrukturierungen werden also einfacher, wenn man zu den ursprünglichen kleineren Mustern zurückzukehren versucht. Ein Kind, dem ein vollständiges Puppenhaus geschenkt wird, hat kaum eine andere Wahl, als es so, wie es ist, zu benutzen und zu bewundern. Gibt man ihm jedoch einen Kasten mit Bauklötzen, dann kann es sie zu den verschiedensten Häusern zusammensetzen.

Auf dieser Seite ist eine geometrische Figur abgebildet, die man als »L-Form« beschreiben könnte. Diese Figur soll nun in vier Stücke zerlegt werden, deren Maße, Formen und Flächen genau übereinstimmen. Gewöhnlich sehen die ersten

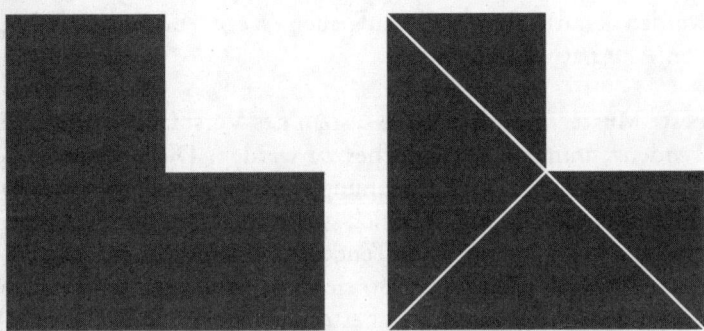

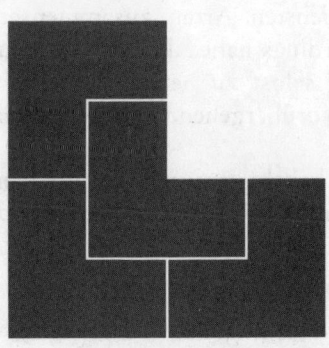

Versuche zur Lösung des Problems so aus wie die Abbildung auf S. 142 unten. Die Aufteilungen, die dabei herauskommen, sind eindeutig unzureichend, da die Einzelstücke nicht flächengleich sind, auch wenn ihre Formen übereinstimmen.

Eine richtige Lösung ist auf Seite 143 (unten) abgebildet. Wie man sieht, besteht sie aus vier kleinen L-förmigen Stücken. Ein einfacher Weg, um zu dieser Lösung zu gelangen, führt über die Aufteilung der ursprünglichen Figur in drei Quadrate. Diese Quadrate werden wiederum viergeteilt, so daß sich insgesamt zwölf Quadrate ergeben. Diese zwölf Einzelteile müssen dann zu vier Gruppen zu je drei Einzelteilen zusammengesetzt werden. Wenn man das tut, wie in der Abbildung dargestellt, dann ist die ursprüngliche Form in die geforderten vier Stücke zerlegt worden.

In einem früheren Kapitel war die Aufgabe gestellt worden, ein Quadrat in vier form- und flächengleiche Stücke zu zerlegen. Einige dieser Unterteilungen gingen über die gewöhnlichen, offensichtlichen Aufteilungen hinaus. Die Unterteilungen in sechzehn kleine Quadrate lieferte die verschiedensten Möglichkeiten, vier Einzelstücke wieder zusammenzusetzen.

Die Sprache verfährt in gewisser Hinsicht ähnlich. Sie bietet separate Einheiten an, die sich hin- und herschieben und auf die unterschiedlichsten Arten zusammensetzen lassen. Die Gefahr liegt allerdings nahe, daß sich diese unterschiedlichen Arten sehr bald selbst zu neuen Einheiten verfestigen und nicht mehr nur vorübergehend andere Einheiten bilden.

Wenn man eine beliebige Situation nimmt und zerlegt, dann kann man sie umstrukturieren, indem man die Teile neu zusammensetzt.

Echte und falsche Trennungen

Es mag den Anschein haben, als würde hier die Analyse einer Situation bis in ihre kleinsten Bestandteile empfohlen. Das ist nicht richtig. Man versucht nicht, die wahren Bestandteile einer Situation zu *finden*, man versucht sie zu *entwickeln*. Die natürlichen oder wahren Trennungslinien sind gewöhnlich nicht sehr gut, da die Bestandteile dazu neigen, sich wieder zu dem ursprünglichen Muster zu vereinigen, denn so ist das Muster selbst ja entstanden. Bei künstlichen Trennungen bieten sich jedoch bessere Gelegenheiten, Einheiten neuartig zusammenzusetzen. Wie so häufig beim lateralen Denken, sucht man auch hier nach einer provokativen Anordnung der Information, die neue Betrachtungsweisen der Dinge einführen kann. Man versucht nicht, die *richtige* Weise zu entdekken: Man braucht lediglich etwas, das einen weiterbringt, und diesen Zweck erfüllt jede Art von Zerlegung.

Beim Entwurf der Apfelpflückmaschine hätte das Problem in die folgenden Bestandteile unterteilt werden können:
erreichen
finden
pflücken
Transport nach unten
unbeschädigte Äpfel

Beim Zusammenfügen dieser Bruchstücke hätte man »erreichen« – »finden« – »pflücken« vereinigen und alle diese Funktionen durch »den Baum schütteln« ersetzen können. Man hätte sich dann nur noch um einen Transport nach unten kümmern müssen, bei dem die Äpfel nicht beschädigt werden. Man hätte andererseits auch »erreichen« – »unbeschädigte Äpfel« – »Transport nach unten« zusammenfassen können und wäre dadurch vielleicht auf eine Art ausfahrbare, erhöhte Segeltuchplattform gekommen.

Jemand anders hätte die Aufgabe womöglich so zerlegt:
Inwieweit trägt der Baum zum Pflücken der Äpfel bei,
inwieweit die Äpfel,
inwieweit die Maschine.
Diese Art der Zerlegung hätte vielleicht zu der Idee geführt,
ganz besondere Bäume zu züchten, die das Apfelpflücken erleichtern.

Vollständige Unterteilung und Überschneidung

Die Zerlegung soll eher feste Einheiten eines festgelegten Musters aufbrechen als eine beschreibende Analyse ermöglichen. Daher spielt es keine Rolle, ob sie die gesamte Situation berücksichtigt oder nicht. Es genügt vollkommen, daß man durch die Zerlegung ein Werkzeug erhält, womit man arbeiten kann. Es genügt vollkommen, daß man eine neue Anordnung der Informationen erreicht, die zu einer Umstrukturierung des ursprünglichen Musters anregt.

Aus dem gleichen Grund macht es auch nichts aus, wenn einige Teile sich überschneiden. Es ist besser, überhaupt eine Zerlegung zustande zu bringen – wie unexakt sie auch sein mag –, als sich stundenlang zu überlegen, wie man zu einer exakten Zerlegung kommen könnte.

Wenn die Aufgabe »Bus als Transportmittel« lautete, ließe sich die folgende Zerlegung denken:
Festlegung der Fahrtroute
Frequenz
Bequemlichkeit
Anzahl der Fahrgäste
Anzahl der Fahrgäste zu unterschiedlichen Zeiten
Größe des Busses
Kosteneffektivität
Andere Verkehrsmittel

Anzahl der Fahrgäste, die auf diese Buslinie angewiesen sind, und Anzahl derjenigen, die sie benutzen würden, wenn sie eingerichtet wäre.

Diese einzelnen Aspekte lassen sich – wie man sieht – nicht eindeutig voneinander abgrenzen, sondern sie überschneiden sich in beträchtlichem Maße. So ist die Bequemlichkeit zum Beispiel eine Frage der Fahrtroute, der Frequenz und vielleicht der Größe des Busses. Die Kosteneffektivität hängt unter anderem von der Anzahl der Fahrgäste und auch wieder von der Größe des Busses ab.

Unterteilung in zwei Einheiten

Wenn es Schwierigkeiten bereitet, eine Aufgabe in ihre verschiedenen Aspekte zu zerlegen, kann es durchaus von Nutzen sein, sich erst einmal der *künstlichen* Technik zu bedienen, sie in zwei Einheiten oder Teile zu zerlegen. Die so entstandenen beiden Stücke müssen dann wiederum in zwei Teile aufgespalten werden, und so macht man weiter, bis man es zu einer befriedigenden Anzahl von Einzelteilen gebracht hat.

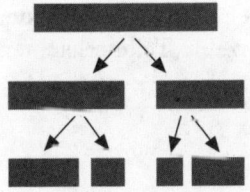

Diese Technik ist überaus willkürlich, und ihre Anwendung kann zur Folge haben, daß man verschiedene wichtige Aspekte völlig übersieht. Ihr Vorteil liegt darin, daß es nicht so schwer ist, zwei einzelne Teile zu finden, wie mehrere. Es geht nicht darum, etwas in zwei gleichwertige Teile aufzuspalten: Wie ungleichwertig die zwei Teile auch sind, sie erfüllen ihren Zweck. Auch brauchen die auf diese Weise entstehenden Abgrenzungen nicht unbedingt natürliche Einheiten erkennen zu lassen. Die einzelnen Teile können durchaus künstlich und doch nützlich sein.

Auf die Aufgabe des Apfelpflückens angewandt, könnte die Unterteilung in zwei Einheiten folgendermaßen aussehen:

		empfindlich	leicht zu beschädigen beschädigt
	Apfel		
		einzeln	finden Dichte
Aufgabe des Apfel- pflückens		abnehmen	greifen ziehen
	pflücken		
		transportieren	nach unten in den Behälter

Die Unterteilung in zwei Einheiten ist nicht so sehr eine Technik, sondern vielmehr eine Methode, die das Aufspalten einer Situation in einzelne Teile erleichtert.

Übung

1. Zerlegung

Man gibt den Schülern ein Thema und fordert sie auf, es in einzelne Teile zu zergliedern. Dabei kann es sich um einen Entwurf, ein Problem oder jedes andere Thema mit festen Abgrenzungen handeln. Hier einige Anregungen:

Entladen von Schiffen in einem Hafen
Speisekarte für ein Restaurant
Fischfang und Verkauf
Organisation einer Fußballiga
Bau einer Brücke
Zeitungen

Die Listen mit den Unterteilungen der einzelnen Komplexe werden eingesammelt. Wenn die Zeit ausreicht, werden die Ergebnisse im Hinblick auf die allgemein üblichen Unterteilungen analysiert. Ist dazu keine Zeit, dann sollten zumindest die einzelnen Listen vorgelesen und besonders einfallsreiche Unterteilungen besprochen werden. Zweck der Übung ist es, auf die Verschiedenartigkeit oder die Gleichartigkeit der Ansätze hinzuweisen.

2. Erneutes Zusammensetzen

Aus den Listen der Schüler mit den einzelnen Unterteilungsergebnissen (oder aus Ergebnissen besonderer Übungen) werden kleine Gruppen von zwei oder drei einzelnen Teilen ausgewählt. Die Schüler werden aufgefordert, sie erneut zusammenzusetzen, um zu einer neuen Betrachtungsweise der Situation zu gelangen.

3. Herausgreifen einzelner Teile

In diesem Fall wird den Schülern das Thema zu gemeinsamer Behandlung gestellt. Einer nach dem anderen wird aufgefordert, einzelne Teile herauszugreifen. Ein Schüler schlägt eine Unterteilung vor, ein anderer schließt sich mit einer weiteren an und so fort, solange neue Vorschläge gemacht werden. Es spielt keine Rolle, ob sich die vorgeschlagenen Unterteilungen in beträchtlichem Maße überschneiden. Wenn ein Vorschlag einfach nur wiederholt wird, dann soll derjenige, der ihn gemacht hat, erklären, worin er den Unterschied sieht. Es ist unwichtig, ob es sich um einen tatsächlichen Unterschied handelt oder nicht, solange derjenige, der ihn gemacht hat, der Meinung ist, der Unterschied sei vorhanden.

4. Das umgekehrte Verfahren

Auch das ist – wie alles andere – ein Spiel. Man verwendet eine Liste mit Unterteilungen aus einer früheren Übung mit einer anderen Gruppe und fordert die Schüler auf, das Thema, um das es dabei ging, zu erraten. Allzu deutliche Hinweise werden durch ein X ersetzt.

Diese Übung läßt sich auch folgendermaßen durchführen: Man legt den Schülern fünf Themen vor und fordert sie auf, jeweils nur eines in Teile zu zerlegen. Anschließend werden einige Listen mit Unterteilungen vorgelesen, und die Schüler müssen herausfinden, auf welches der fünf ursprünglichen Themen sie sich beziehen.

5. Unterteilung in zwei Einheiten

Hier wird den Schülern ein Thema mit der Aufforderung vorgelegt, es in zwei Einheiten zu unterteilen. Dann werden die Ergebnisse verglichen. Ein solcher Vergleich läßt sich schnell vollziehen, wenn man jeweils die beiden ersten der von den verschiedenen Schülern gewählten Einheiten vergleicht. Auf diese Weise zeigt sich die Verschiedenartigkeit der von den Schülern gewählten Ansätze.

6. Fortlaufende Unterteilung in zwei Einheiten

Ein Thema wird gestellt und einer der Schüler aufgefordert, es in zwei Einheiten zu unterteilen. Dann muß ein anderer Schüler eine der beiden Einheiten wiederum in zwei Einheiten aufteilen und so weiter. Bei dieser Übung geht es nicht darum, von sich aus eine Lösung vorzuschlagen, sondern man wird direkt dazu aufgefordert. Der Sinn ist nachzuweisen, daß es immer möglich ist, etwas in zwei Einheiten zu unterteilen, indem man eine Einheit herausgreift und das, was übrigbleibt, als die andere Einheit betrachtet.

Zusammenfassung

Es mag den Anschein haben, als wäre die Methode der Zerlegung einer Situation oder eines Themas in einzelne Teile nichts anderes als eine einfache Analyse. Der Nachdruck liegt jedoch auf etwas anderem. Das Ziel ist nicht die vollständige oder genaue Zergliederung einer Situation in ihre Bestandteile (wie bei der Analyse), sondern die Erarbeitung von Material, das die Umstrukturierung der ursprünglichen Situation unterstützt. Umstrukturierung ist das Ziel, nicht Erklärung. Die einzelnen Teile brauchen nicht vollständig zu sein oder den natürlichen Gegebenheiten zu entsprechen, denn nicht ihre Gültigkeit wird betont, sondern das, was sie bewirken können. Der Zweck der Zerlegung in einzelne Teile ist es, von der abgeschlossenen Einheit eines starren Musters freizukommen und sich die entwicklungsfähigere, in mehrere Einzelteile aufgespaltene Situation zunutze zu machen.

14 Die Umkehrmethode

Die Zerlegung ist eine nützliche Methode, wenn es darum geht, Alternativen zur Betrachtung einer Situation zu entwickeln; sie hat jedoch ihre Grenzen. Die gewählten Einzelteile sind ihrerseits starre Muster, und zwar gewöhnlich Standardmuster. Die Wahl der Einzelteile ist in den meisten Fällen eine vertikale Wahl, die den natürlichen Aufteilungslinien entspricht. Die Folge ist, daß die Teile sich wieder zusammenfinden und eine Standardansicht von einer Situation ergeben. Zwar wird es durch Zerlegung leichter, eine Situation auf unterschiedliche Weise zu betrachten, doch al-

lein schon die Wahl der Teile schränkt die Anzahl der Alternativen ein, die entwickelt werden könnten. Auf Seite 152 ist eine einfache quadratische Form abgebildet. Müßte man sie in einzelne Teile zerlegen, würde man sich vielleicht für eine der in den anderen Abbildungen dargestellten Aufteilungen entscheiden. Doch die Art der Zerlegung bestimmt die Form, die durch die unterschiedliche Zusammensetzung der einzelnen Teile entstehen kann.

Die Umkehrmethode ist weit mehr lateral als die Methode der Zerlegung. Mit ihrer Hilfe lassen sich noch ungewöhnlichere Umstrukturierungen hervorbringen.

Stellt man jemandem eine kreative Aufgabe ohne ein feststehendes Ergebnis, dann ist es sehr schwer für ihn, einen Anfang zu finden. Die Schwierigkeit besteht darin, auch nur irgend etwas zu unternehmen. Derjenige, der mit der Aufgabe konfrontiert wurde, wird sagen: »Wo ist das Ziel, was soll ich tun?« Das zeigte sich mir sehr deutlich, als ich einige Leute aufforderte, irgendeinen Teil des menschlichen Körpers neu zu entwerfen. Ein Ansatzpunkt, der auf der Hand lag, bestand darin, einen beliebigen Teil des menschlichen Körpers als Ausgangspunkt zu wählen und einfach zu modifizieren. Auf diese Weise kam es zu den Vorschlägen, beispielsweise die Zahl der Arme zu erhöhen, die Arme zu verlängern oder flexibler zu gestalten.

Wenn man nicht nur dasitzen und auf eine Eingebung warten will, dann kommt man am besten dadurch in Gang, daß man an dem arbeitet, was man schon hat. Bei einem Schwimmwettkampf treten die Schwimmer, wenn sie das Ende des Schwimmbeckens erreicht haben und wenden müssen, kräftig gegen die Beckenwand, um ihr Tempo zu steigern. Bei der Umkehrmethode tritt man kräftig gegen das, was vorhanden und gesichert ist, um sich in die entgegengesetzte Richtung zu katapultieren.

Wenn eine Richtung angegeben ist, ist die entgegengesetzte Richtung gleichermaßen definiert. Wenn man sich auf New York zubewegt, entfernt man sich von dem Ort, von dem man ausgegangen ist. Jede Aktion schließt den Hinweis auf die Gegenaktion ein. Läßt man Wasser in eine Badewanne laufen, dann ist die Gegenaktion, das Wasser wieder ablaufen zu lassen. Wenn einem etwas zu lange dauert, dann dreht man die Uhr ja auch nicht zurück, um zum umgekehrten Verfahren zu gelangen. Das wäre fast so, als ließe man einen Film rückwärts laufen. Wenn eine einseitige Beziehung zwischen zwei Parteien besteht, läßt sich die Situation umkehren, indem man die Richtung der Beziehung ändert. Wenn von jemandem erwartet wird, daß er der Regierung gehorcht, dann würde die Umkehrung implizieren, daß die Regierung ihm (oder dem Volk) gehorchen sollte.

Bei der Umkehrmethode nimmt man die Dinge so, wie sie sind, und kehrt sie um, von innen nach außen, von oben nach unten, von hinten nach vorn. Dann wartet man ab, was passiert. Es handelt sich also um eine provokative Neuanordnung von Informationen. Man läßt das Wasser den Berg hinauflaufen und nicht hinunter. Statt das Auto zu steuern, läßt man sich von ihm steuern.

Verschiedene Arten der Umkehrung

Im allgemeinen gibt es mehrere unterschiedliche Arten, eine gegebene Situation »umzukehren«, nicht nur eine einzige korrekte. Man sollte auch gar nicht nach einer genauen, exakten Umkehrung suchen. Jede Art der Umkehrung erfüllt ihren Zweck.

Stellen wir uns folgende Situation vor: »Ein Polizist regelt den Verkehr.« In diesem Fall ließen sich folgende Umkehrungen denken:

Der Verkehr regelt (kontrolliert) den Polizisten.
Der Polizist bringt den Verkehr durcheinander.

Welche der beiden Umkehrungen ist die bessere? Beide erfüllen ihren Zweck. Es ist unmöglich, vorher zu sagen, welche Anordnung die nützlichere ist, bevor sie sich als nützlich erwiesen hat. Es geht nicht darum, sich für die vernünftige oder unvernünftige Umkehrung zu entscheiden. Das Entscheidende ist die Suche nach Alternativen, nach Veränderung, nach provozierenden Anordnungen.

Beim lateralen Denken sucht man nicht nach der richtigen Antwort, sondern nach der anderen Anordnung der Informationen, die eine andere Betrachtungsweise der gegebenen Situation provoziert

Der Zweck des Umkehrverfahrens

Sehr häufig führt das Umkehrverfahren zu einer eindeutig lächerlichen und falschen Betrachtungsweise der gegebenen Situation. Was ist also dann der Sinn des Verfahrens?

● Man wendet das Umkehrverfahren an, damit man nicht gezwungen ist, die Situation unbedingt in der üblichen Weise zu betrachten. Es ist unwichtig, ob die neue Betrachtungsweise sinnvoll ist oder nicht, in jedem Fall erleichtert sie es einem, sich auch in andere Richtungen zu bewegen.

● Indem man sich von der ursprünglichen Betrachtungsweise löst, setzt man Informationen frei, die sich auf eine neue Weise zusammenfügen können.

● Das Umkehrverfahren trägt dazu bei, die panische Angst vor dem Irrtum, vor dem nicht absolut gerechtfertigten Schritt zu überwinden.

● Der Hauptzweck des Umkehrverfahrens ist provokativ: Durch die Umkehrung gelangt man zu einer neuen Position. Dann wartet man ab, was passiert.

● Gelegentlich wird der umgekehrte Ansatz schon zu einem nützlichen Ergebnis.

Im Falle des Verkehrspolizisten ging die erste Umkehrung davon aus, daß der Verkehr den Polizisten kontrolliert. Diese Annahme würde zu verschiedenen Überlegungen führen: der Forderung nach mehr Polizisten, da der Verkehr zugenommen hat; der Notwendigkeit, die Polizisten entsprechend den Verkehrsbedingungen einzusetzen. Man würde zu der Erkenntnis kommen, daß der Verkehr tatsächlich den Polizisten beherrscht, da sein Verhalten von der Verkehrsdichte auf verschiedenen Straßen abhängt. Wie schnell reagiert er? In welchem Grade vermag er sich der jeweiligen Situation anzupassen? Inwieweit kann er sich über die Verkehrslage informieren? Wenn es schon so ist, daß der Verkehr den Verkehrspolizisten kontrolliert, warum sollte man dann die Sache nicht so organisieren, daß der Verkehr sich selbst kontrolliert?

Die zweite Umkehrung im Falle des Verkehrspolizisten ging davon aus, daß der Polizist den Verkehr durcheinanderbringt. Diese Annahme würde zu der Überlegung führen, was am wirkungsvollsten ist: ein natürlicher Verkehrsfluß, Verkehrsampeln oder Verkehrspolizisten. Wenn ein Verkehrspolizist wirkungsvoller als Ampeln wäre – worin bestünde dann der zusätzliche Faktor? Ließe sich dieser Faktor bei der Konstruktion von Ampeln einplanen? Wäre es für den Verkehrsablauf vielleicht besser, wenn man ihn schematischen Regeln unterwürfe, statt ihn den unvorhersehbaren Reaktionen von Verkehrspolizisten auszuliefern?

Eine Schafherde bewegt sich langsam über einen Feldweg, der auf beiden Seiten von einer hohen Böschung gesäumt ist. Ein Autofahrer nähert sich der Herde und fordert den Schäfer wütend auf, die Schafe zur Seite zu treiben. Der Schäfer weigert sich, da er befürchtet, daß es ihm auf dem engen Weg nicht gelingt, alle Schafe zur Seite zu treiben. Er kam auf die Idee, die Situation umzukehren. Er bat den Autofahrer, einen Augenblick zu halten, und trieb die Herde ein Stück zurück, bis sich alle Schafe hinter dem Auto befanden.

In Äsops Fabel ›*Die Krähe und der Krug*‹ ist von einer durstigen Krähe die Rede, die aus einem Krug trinken wollte, der nur noch zu einem Drittel mit Wasser gefüllt war. Die Krähe stellte betrübt fest, daß entweder ihr Hals zu kurz war oder das Wasser zu niedrig stand. Schließlich löste sie das Problem, indem sie im Garten Kieselsteine aufhob und sie in den Krug fallen ließ, bis das Wasser so weit gestiegen war, daß sie ihren Durst stillen konnte.

Die Herzogin hatte Übergewicht. Viele Ärzte bemühten sich um sie, unterzogen sie einer Abmagerungskur nach der anderen und verordneten ihr Diäten. Sie alle wurden wieder entlassen, weil die Herzogin fast vor Hunger starb und die Diätkost ihr nicht schmeckte. Schließlich kam einer, der die Herzogin überlistete. Im Gegensatz zu den anderen erklärte er ihr, sie würde nicht genug essen, ihr starker Körper brauche weit mehr Nahrung, als sie zu sich nehme. Er empfahl ihr, eine halbe Stunde vor jeder Mahlzeit ein Glas gesüßter Milch zu trinken (was natürlich ihren Appetit sehr zügelte).

In jedem dieser Beispiele erwies sich eine einfache Umkehrung bereits als nützlich. Häufiger allerdings liegt der Nutzen nicht in der Umkehrung selbst, sondern in dem, wozu sie führt. Man sollte es sich zur Gewohnheit machen, Situationen umzukehren und abzuwarten, was passiert. Wenn nichts passiert, ist es kein Schaden, und in jedem Fall ist die veränderte Betrachtungsweise ein Gewinn.

Übung

1. Umkehrung und verschiedene Arten der Umkehrung
Die Schüler werden mit einer Anzahl von Situationen konfrontiert. Jeder hat die Aufgabe, jede der Situationen auf so viele Arten wie möglich umzukehren. Die Ergebnisse werden eingesammelt, und die verschiedenen Arten der Umkehrung werden festgehalten. Sowohl die offensichtlichsten als auch die einfallsreichsten Arten der Umkehrung werden ausführlich besprochen.

Man kann auch ein Thema stellen und die Schüler auffordern, mögliche Umkehrungen vorzuschlagen. Diese Umkehrungen werden in der Reihenfolge, in der sie vorgebracht werden, auf der Wandtafel festgehalten (und durch Vorschläge des Lehrers ergänzt).

Mögliche Themen:
Ein Lehrer unterrichtet
Straßenkehrer
Der Milchmann bringt die Milch
In die Ferien fahren
Arbeiter streiken
Der Verkäufer berät einen Kunden

Kommentar
In manchen Fällen mag einem die Umkehrung höchst lächerlich vorkommen. Das macht nichts. Es ist ebenso nützlich, etwas Lächerliches zu sagen, wie sich in der Umkehrmethode zu üben. In den obigen (wie in beliebigen anderen) Beispielen geht es nicht nur darum, eine bestimmte Aussage umzukehren. »In die Ferien fahren« läßt sich beispielsweise in »Die Ferien kommen zu mir« umkehren. Ebensogut könnte man Ferien als »Tapetenwechsel« bezeichnen und dies wiederum in Ferien als »Immer die gleiche Kulisse« umkehren.

2. Wozu führt die Umkehrung?

Man vergleicht die Situation und ihre Umkehrung und prüft, was sich aus der Umkehrung ergibt. An dieser Übung sollte sich die ganze Klasse beteiligen. Man stellt den Schülern die Situation und ihre Umkehrung dar und fordert sie auf, sich dazu zu äußern, welche Gedankengänge die Umkehrung auslösen könnte. So kann die Vorstellung, Ferien können immer die gleiche Kulisse bedeuten, beispielsweise zu der Vorstellung führen: »Freiheit von der Notwendigkeit, sich entscheiden, sich anstrengen, sich anpassen zu müssen.«

Am Anfang ist es nicht immer leicht, weitere Ideen aus der durch die Umkehrung entstandenen Situation zu entwickeln. Darum ist es besser, es gemeinsam mit der ganzen Klasse zu versuchen, statt jeden Schüler sich allein darum bemühen zu lassen. Sobald der Grundgedanke von den Schülern begriffen ist und man den Eindruck hat, daß sie zu Vorschlägen bereit sind, kann man ihnen die Aufgabe stellen, für sich allein eine Situation umzukehren und Gedankengänge zu entwickeln, die sich aus dieser Umkehrung ergeben. Bei der anschließenden Diskussion kommt es weniger auf das Endergebnis an als darauf, diese Gedankengänge aufzuzeigen. Aus diesem Grunde sollten die Schüler dazu angehalten werden, ihre Gedankengänge niederzuschreiben.

15   Brainstorming

Bisher haben wir uns mit den allgemeinen Prinzipien des lateralen Denkens und mit speziellen Techniken zur Übung und Anwendung dieser Prinzipien befaßt. Brainstorming ist ein formaler *Rahmen* für die Anwendung des lateralen Denkens. Es ist keine spezielle Technik, sondern ein spezieller Rahmen, der zur Anwendung der Prinzipien und Techniken des lateralen Denkens ermuntert, während er gleichzeitig von der Starrheit des vertikalen Denkens wegführt.

In den vorhergehenden Abschnitten sind Techniken beschrieben worden, die man für sich allein anwenden kann, wenn auch die sich an den theoretischen Teil anschließenden Übungen ein Zusammenwirken von Lehrern und Schülern erfordern. Brainstorming dagegen ist eine Tätigkeit, die nur im Rahmen einer Gruppe durchgeführt werden kann. Ein Lehrer ist dabei nicht nötig.

Die Hauptcharakteristika eines Brainstorming sind:
● Gegenseitige Anregung
● Suspendierung der Beurteilung
● Der formale Rahmen

Gegenseitige Anregung

Die Technik der Zerlegung und die Umkehrtechnik sind Methoden, die Ideen in Gang setzen sollen. Man muß zu einer neuen Anordnung von Informationen gelangen und kann von da aus weitermachen. Die neue Anordnung von Informationen ist eine Provokation, die gewisse Auswirkungen zur Folge hat. Beim Brainstorming wird die Provokation durch die Ideen anderer bewerkstelligt. Gerade weil solche Ideen von außen kommen, können sie dazu dienen, zu eigenen Ideen anzuregen. Selbst wenn man die Idee eines anderen mißversteht, kann sie noch ein nützliches Stimulans sein. Oft geschieht es, daß einem eine Idee sehr einleuchtend und zugleich trivial vorkommt; trotzdem kann sie sich bei einem anderen mit anderen Ideen verbinden und etwas durchaus Neuartiges bewirken. Beim Brainstorming »sendet« man Anregungen aus und »empfängt« Anregungen von anderen. Weil die verschiedenen Teilnehmer einer solchen Sitzung gewöhnlich dazu neigen, ihre eigenen Gedankengänge weiterzuverfolgen, ist die Gefahr geringer, daß man bei einer bestimmten Betrachtungsweise einer Situation steckenbleibt.

Während des Brainstorming werden die geäußerten Ideen von einem Protokollführer festgehalten, eventuell zusätzlich auf Band aufgenommen. Das Tonband kann später noch einmal abgespielt werden, und auf diese Weise werden vielleicht wieder neue Anregungen vermittelt. Obgleich die Ideen an sich nicht mehr neu sind, hat sich der Kontext verändert, so daß alte Ideen eine neue stimulierende Wirkung haben können.

Auch wenn sich die bei einem Brainstorming geäußerten Ideen auf das zur Diskussion stehende Problem beziehen, können sie doch die Wirkung zufälliger Anregungen haben, da sie sich unter Umständen sehr weit von dem Vorstellungsmuster des einzelnen Zuhörers entfernen. Der Wert zufälliger Anregungen wird in einem späteren Kapitel diskutiert.

Suspendierung der Beurteilung

Vom Wert des aufgeschobenen Urteils ist bereits in einem früheren Kapitel die Rede gewesen. Das Brainstorming bietet manchen Menschen Gelegenheit, Vorschläge zu machen, die sie sonst aus Angst, sich lächerlich zu machen, nie vorbringen würden. Beim Brainstorming »geht alles«. Keine Idee ist so lächerlich, daß sie nicht geäußert werden dürfte. Es ist wichtig, daß während der Sitzung keinerlei Versuch gemacht wird, die vorgebrachten Ideen zu bewerten.

Eine Bewertung würden schon Bemerkungen bedeuten wie:
»Das ginge nicht, weil . . .«
»Aber was würden Sie dagegen machen . . .«
»Es ist doch allgemein bekannt, daß . . .«
»Das ist bereits versucht worden und hat sich nicht bewährt.«
»Wie wollen Sie das erreichen . . .«
»Sie übersehen die entscheidende Tatsache, daß . . .«
»Das ist eine dumme, unpraktische Idee.«
»Das wäre viel zu teuer.«
»Das würde kein Mensch akzeptieren.«

Das sind ganz natürliche Reaktionen; wenn man jedoch zuläßt, daß sie beim Brainstorming geäußert werden, ist eine solche Sitzung nutzlos. Unter keinen Umständen sollte man die Ideen anderer oder auch die eigenen Ideen bewerten. Es gehört zur Aufgabe des Gesprächsleiters, jeden Versuch einer Bewertung zu unterbinden. Er muß dies zu Beginn der Sitzung ganz klar herausstellen. Später braucht er dann nur noch zu sagen: »Das ist Bewertung.«

Ebenso sollte man sich davor hüten, ein Urteil über die Neuartigkeit oder Originalität einer Idee abzugeben. Das Ziel jedes Brainstorming ist es, *effektive* Ideen hervorzubringen. Gewöhnlich bedeutet das neue Ideen – andernfalls würde man die Sitzung ja gar nicht erst einberufen. Aber der eigentliche Sinn der Sitzung liegt nicht darin, *neue Ideen* zu finden. So kann zum Beispiel im Verlauf der Sitzung eine längst vergessene Idee wiederauftauchen und sich als sehr wirkungsvoll herausstellen.

Eine Bewertung der Neuartigkeit einer Idee könnten folgende Bemerkungen sein:

»Das ist nicht neu.«

»Ich erinnere mich, vor einiger Zeit davon gelesen zu haben.«

»Das hat in Amerika schon jemand versucht.«

»So hat man das vor Jahren gemacht.«

»Ich habe auch schon daran gedacht, den Gedanken aber wieder fallenlassen.«

»Was ist denn daran so originell?«

Um solchen Neigungen zu begegnen, muß der Gesprächsleiter sagen: »Es spielt keine Rolle, wie neu der Gedanke ist, es geht ja nur um die Idee; über ihre Neuartigkeit können wir uns später Gedanken machen.«

Der formale Rahmen

Laterales Denken ist eine Verhaltensweise des Verstandes, eine Art zu denken. Es ist keine spezielle Technik, und weit weniger noch ein formaler Rahmen. Dennoch liegt der Wert jedes Brainstorming in seinem äußeren Ablauf. Je formaler der Rahmen, desto besser. Je formaler der Rahmen, desto größer sind die Chancen für ungewöhnliche Ideen. Die meisten von uns sind so tief in vertikalen Denkgewohnheiten verhaftet, daß sie laterales Denken scheuen. Sie irren sich nicht gern und machen sich nicht gern lächerlich, auch wenn sie durchaus anerkennen, daß sich beides als fruchtbar erweisen kann. Je *spezieller* das Brainstorming ist, desto größer wird die Chance, daß die Teilnehmer ihre Scheu überwinden. Es ist viel leichter als sonst, im Rahmen eines Brainstorming als allgemeine Denkweise zu akzeptieren, daß »alles geht«.

Innerhalb dieses Rahmens kann man alle anderen Techniken zur Umstrukturierung von Mustern anwenden, die bisher beschrieben worden sind, sowie diejenigen, die noch beschrieben werden. Man kann versuchen, Dinge in einzelne Teile aufzuspalten und diese auf neue Weise zusammenzusetzen. Man kann die Umkehrmethode ausprobieren. Man braucht sich nicht dafür zu entschuldigen, oder es gar den anderen gegenüber zu erklären. Die Formalität der Sitzung erlaubt es jedem, mit den eigenen Gedanken zu tun, was ihm gefällt, ohne sich um die Kritik anderer zu kümmern.

Wie geht ein Brainstorming vor sich?

● Anzahl der Teilnehmer

Es gibt keine ideale Anzahl. Zwölf Teilnehmer wären gerade richtig, aber es können ebensogut fünfzehn oder auch nur sechs Teilnehmer sein. Bei weniger als sechs Teilnehmern wird die Sitzung leicht zu einer normalen Diskussion, und bei mehr als fünfzehn Teilnehmern hat der einzelne nicht ausreichend Gelegenheit, sich zu beteiligen. Hat sich eine größere Gruppe zusammengefunden, kann sie aufgeteilt werden; die Aufzeichnungen können am Ende der Sitzung miteinander verglichen werden.

● Gesprächsleiter

Die Aufgabe des Gesprächsleiters ist es, die Sitzung zu leiten, ohne sie in irgendeiner Weise zu kontrollieren oder zu steuern. Er hat die folgenden Pflichten:

1. Er hält die Teilnehmer davon ab, die Ideen anderer Teilnehmer zu bewerten oder zu kritisieren.

2. Er achtet darauf, daß nicht alle Teilnehmer gleichzeitig reden. (Er muß auch dafür sorgen, daß jemand zu Worte kommt, der etwas sagen möchte, aber ständig von einem lautstärkeren und aggressiveren Teilnehmer daran gehindert

wird.) Der Gesprächsleiter hat *nicht* die Aufgabe, einzelne Teilnehmer zum Reden aufzufordern. Jeder spricht, wann er Lust dazu hat. Der Gesprächsleiter bittet auch nicht jeden Teilnehmer der Reihe nach um einen Beitrag. Sollte jedoch einmal eine längere Pause eintreten, kann er einen Teilnehmer um seine Meinung zu dem Thema fragen.

3. Er achtet darauf, daß der Protokollführer jede Idee notiert. Wenn es ihm notwendig erscheint, kann er eine Idee wiederholen oder zusammenfassen (seine Zusammenfassung muß jedoch von dem Urheber der Idee akzeptiert werden). Er kann aufgefordert werden, zu entscheiden, ob eine Idee bereits ausgesprochen wurde und folglich nicht mehr notiert zu werden braucht. Im Zweifelsfall – oder falls der Urheber der Ansicht ist, daß es sich um eine neue Idee handelt – muß sie aufgeschrieben werden.

4. Er macht eigene Vorschläge, wenn die Sitzung ins Stocken gerät. Er kann den Protokollführer auch bitten, die bereits aufgeschriebenen Ideen noch einmal vorzulesen.

5. Er kann unterschiedliche Arten, das Problem in Angriff zu nehmen, und die Anwendung anderer lateraler Denktechniken vorschlagen und so versuchen, unterschiedliche Ansichten zu dem Problem zu provozieren (er kann beispielsweise sagen: »Diesen Punkt wollen wir jetzt einmal von oben nach unten kehren.«). Natürlich kann jeder Teilnehmer einen ähnlichen Vorschlag machen.

6. Er definiert das Kernproblem und bringt die Teilnehmer immer wieder darauf zurück. Das ist eine schwierige Aufgabe, denn natürlich können irrelevante Gedankenflüge sehr produktiv sein, und selbstverständlich will man einen Teilnehmer nicht auf eine eindeutige Ansicht über ein Problem festlegen. Die Grundregel sollte sein, daß außer fortgesetzter Abschweifung, die dazu führt, daß man sich schließlich mit einem völlig anderen Thema befaßt, jeder Gedanke, auch wenn er nicht unbedingt zur Sache gehört, erlaubt ist.

7. Er beendet die Sitzung entweder zu einer vorher festgesetzten Zeit oder wenn sie sich ins Uferlose verliert. Er sollte

es nicht riskieren, daß sich die Teilnehmer langweilen, indem er eine gut verlaufende Sitzung allzulange ausdehnt.

8. Er beruft die Sitzung ein, bei der die Ergebnisse beurteilt werden, und sorgt dafür, daß alle Ideen aufgeschrieben werden.

● Protokollführer

Die Aufgabe des Protokollführers besteht darin, die vielen herumschwirrenden Ideen, die im Verlauf einer Sitzung vorgebracht werden, fortlaufend zu notieren. Es ist deshalb eine schwierige Aufgabe, da die nebulösen Ideen auf eine knappe Formel verkürzt werden müssen. Er muß darauf achten, daß seine Notizen nicht nur unmittelbar nach der Sitzung verständlich sind, sondern auch später noch, wenn die Teilnehmer den Kontext nicht mehr deutlich vor Augen haben. Er muß schnell schreiben können, da die Ideen manchmal rasch aufeinanderfolgen. Notfalls kann er den Gesprächsleiter bitten, die Sitzung einen Moment zu unterbrechen. Der Protokollführer kann auch fragen, ob eine bestimmte Zusammenfassung einer Idee akzeptabel ist (z. B.: »Soll ich das als ›Flexibles Ampelsystem‹ zu Protokoll nehmen?«).

Der Protokollführer muß auch entscheiden, ob eine Idee neu genug ist, um in die Liste aufgenommen zu werden, oder ob sie schon in einer ähnlichen Idee enthalten ist. Im Zweifelsfall sollte er sich deswegen an den Gesprächsleiter wenden. Es ist besser, eine Idee ein zweites Mal zu notieren, als eine abweichende Idee wegzulassen, denn die zweite Niederschrift kann man streichen, während die nicht notierte Idee verloren ist.

Die Aufzeichnungen müssen so niedergeschrieben werden, daß sie jederzeit vorgelesen werden können, denn der Gesprächsleiter kann in jedem Stadium der Sitzung um Verlesung der Notizen bitten. Es hat wenig Sinn, die vorgetragenen Ideen mitzustenografieren und erst nach der Sitzung zu transkribieren.

Es ist nützlich, eine Sitzung auf Tonband aufzunehmen, denn durch das erneute Abspielen des Bandes, das heißt die Wiederholung früher geäußerter Ideen in einem neuen Kontext, können unter Umständen neue Ideen freigesetzt werden. Doch selbst bei Verwendung eines Tonbandgerätes sollte man auf ein Protokoll keinesfalls verzichten. Irgendwann müßte ja auch von einer Tonbandaufzeichnung ein zusammenfassendes Protokoll gemacht werden, und außerdem ist es unerläßlich, daß die geäußerten Ideen schon während der Sitzung vorgelesen werden können.

● Dauer
Dreißig Minuten reichen für eine Sitzung vollkommen aus. In vielen Fällen sind auch zwanzig Minuten genug, fünfundvierzig Minuten sollten jedenfalls die äußerste Grenze sein. Es ist besser, abzubrechen, wenn die Teilnehmer noch voller Ideen stecken, als weiterzumachen, bis auch die letzte Idee aus jedem Teilnehmer herausgepreßt worden ist. Der Versuchung, eine gut verlaufende Sitzung über die Maßen auszudehnen, sollte widerstanden werden.

● Vor der Sitzung
Wenn die Teilnehmer mit dem Verfahren nicht vertraut sind (und unter Umständen auch, wenn sie es sind), kann sich eine Anlaufzeit von zehn Minuten als nützlich erweisen. Dabei sollte man sich mit irgendeinem einfachen Problem beschäftigen (Entwurf eines Wasserhahns, Busfahrkarten, Telefonklingeln). Sinn einer solchen Anlaufzeit ist es, den Teilnehmern klarzumachen, auf welche Art von Ideen es ankommt und daß jede Bewertung unerwünscht ist.

● Nach der Sitzung
Auch nach der eigentlichen Sitzung werden den Teilnehmern noch Ideen zu dem erörterten Thema kommen. Diese Ideen kann man sammeln, indem man jeden Teilnehmer bittet, sie schriftlich festzuhalten. Die Liste der im Verlauf der Sitzung

hervorgebrachten Ideen sollte vervielfältigt und jedem Teilnehmer in einem Exemplar zugänglich gemacht werden mit der Auflage, sie um seine eigenen nachträglichen Ideen zu ergänzen.

Bewertung

Wie bereits gesagt, sollte während des Brainstorming selbst keinerlei Versuch unternommen werden, die vorgetragenen Ideen zu bewerten. Schon die Andeutung einer Bewertung würde die Spontaneität beeinträchtigen und zu einer kritischen Analyse führen, die nicht im Sinne des Brainstorming ist. Die Bewertung wird zu einem späteren Zeitpunkt vorgenommen, entweder von denselben Teilnehmern oder auch von einer anderen Gruppe. In irgendeiner Form müssen die Ergebnisse bewertet werden, das ist wichtig, auch wenn es sich bei dem erörterten Problem nicht um ein reales handelt. Erst die Bewertung verleiht dem Brainstorming seinen eigentlichen Wert; andernfalls bliebe sie eine oberflächliche Spielerei. Bei der Bewertung werden die Ideen gesiebt, wird gleichsam die Spreu vom Weizen getrennt. Bei der Bewertung kommt es vor allem darauf an:

1. Ideen herauszugreifen, die von unmittelbarem Nutzen sind.
2. Aus falschen oder lächerlichen Ideen den brauchbaren Kern herauszuschälen, der sich unter Umständen sinnvoll verallgemeinern läßt. (So wurde in einem Brainstorming über das Problem des Schienenverkehrs die Idee geäußert, daß man die Dächer der Waggons mit Gleisen versehen sollte, damit sich begegnende Züge übereinander hinwegfahren könnten. Die brauchbare Idee ist in diesem Fall die bessere Ausnutzung des gleichen Schienenstrangs beziehungsweise die bessere Ausnutzung der Waggondächer.) Die Idee, Äpfel mittels eines Magneten zu pflücken, könnte man als Suche nach einer Möglichkeit betrachten, eine Menge Äpfel gleichzeitig zu ern-

ten, statt jeden einzeln zu pflücken, beziehungsweise als eine Möglichkeit, die Äpfel so vorzubehandeln, daß sie sich leicht pflücken lassen.

3. Brauchbare Ideen zu sammeln, neue Aspekte des Problems, neue Möglichkeiten, es zu betrachten, sowie zu bedenkende zusätzliche Faktoren festzuhalten. In allen diesen Fällen handelt es sich nicht um eigentliche Lösungen des Problems, sondern nur um Lösungsansätze.

4. Die Ideen herauszugreifen, deren Brauchbarkeit sich relativ leicht testen läßt, selbst wenn sie auf den ersten Blick unbrauchbar erscheinen.

5. Die Ideen herauszugreifen, die vermuten lassen, daß man in bestimmten Bereichen noch weitere Informationen zusammenbringen kann.

6. Die Ideen herauszugreifen, die sich in der Praxis bereits bewährt haben.

Nach Abschluß der Bewertung sollten demnach drei Listen vorliegen:

● Ideen von unmittelbarer Brauchbarkeit
● Bereiche, die noch weiter durchdacht werden sollten
● Neue Möglichkeiten zur Lösung des Problems

Die Bewertung ist nicht einfach nur ein mechanisches Aussortieren, vielmehr bedarf es einer gewissen kreativen Bemühung, um das Brauchbare einer Idee aufzuspüren, ehe man sie beiseite legt, oder eine Idee zu erkennen, die so aussieht, als sollte man sie als unbrauchbar aussondern, die sich in Wirklichkeit aber zu einem bedeutsamen Ergebnis entwickeln läßt.

Formulieren des Problems

Zwar kann jedes Problem Thema eines Brainstorming sein, doch für den Erfolg, mit dem es in Angriff genommen wird, ist es sehr entscheidend, wie man es formuliert.

Wenn es zu weit gefaßt wird, mag das zwar eine Vielzahl von Ideen bewirken, aber sie sind dann noch zu zusammenhanglos, als daß sie die anregende Kettenreaktion – die Grundlage des Brainstorming – bewirken könnten. Eine Formulierung »Bessere Verkehrskontrolle« wäre zu weit gefaßt, zu allgemein.

Eine Formulierung, die das Problem zu eng faßt, wirkt sich auf den Ideenfluß einschränkend aus, so daß am Ende Ideen nicht über das Problem selbst, sondern über irgendeine bestimmte Art und Weise, wie man es in Angriff nehmen könnte, entwickelt werden. Eine Formulierung wie »Verbesserung von Verkehrsampeln« würde Ideen über Verkehrskontrolle mit anderen Mitteln als Verkehrsampeln ausschließen. Sie würde vielleicht nicht einmal zu Ideen über bessere Verkehrskontrolle durch Verkehrsampeln führen, da sich die Aufmerksamkeit unter Umständen lediglich auf Konstruktionsverbesserungen, Verbesserungen in der Wartung und auf die Zuverlässigkeit der Ampeln konzentrieren würde, ganz unabhängig von der funktionellen Bedeutung der Ampeln.

Es gehört zu den Aufgaben des Gesprächsleiters, das Problem zu Beginn der Sitzung darzulegen und im Verlauf der Sitzung wiederholt darauf zu verweisen. Falls sich herausstellt, daß das Problem schlecht formuliert wurde, dann kann er – oder jeder andere Teilnehmer – eine bessere Formulierung vorschlagen. Eine treffendere Formulierung des erwähnten Problems wäre zum Beispiel: »Methoden zur Verbesserung des Verkehrsflusses unter Berücksichtigung des vorhandenen Straßennetzes.«

Beispiele

Protokoll A
Im folgenden wird das Protokoll eines Brainstorming wiedergegeben, das sich mit dem Neuentwurf eines Teelöffels beschäftigte.

... Ein Gummilöffel.

... Ich glaube, daß die sekundäre Funktion des Teelöffels, nämlich das Befördern des Zuckers aus der Zuckerdose in die Tasse, weitgehend an Bedeutung verloren hat und daß ein Teelöffel in der Form eines Schneebesens weitaus wirkungsvoller wäre.

... (Notieren Sie: Schneebesen.)

... Vielleicht ein elektrisch angetriebener Schneebesen.

... Und aus ästhetischen Gründen könnte man noch eine Spieluhr einbauen.

... Oder irgend etwas wie eine Pipette: Man taucht das Ding in den Zucker, hält den Finger auf das obere Ende und befördert so den Zucker in die Tasse. Dem Zucker könnte ein Auflösungsmittel beigegeben werden – allerdings müßte man dann auf das Vergnügen des Rührens verzichten.

... Um noch einmal auf den Schneebesen zurückzukommen, ich finde, man sollte irgend etwas Rotierendes erfinden, eine Art elektrisch betriebenen Sektquirl. Die Achse müßte hohl sein ...

... (Darf ich mal unterbrechen? Sie erklären uns jetzt, wie Sie das Gerät konstruieren würden, und das ist nicht Aufgabe dieser Sitzung.)

... Nein, ich beschreibe doch nur, wie ich es mir vorstelle.

... (Könnten Sie das etwas einfacher beschreiben?)

... Ein rotierender Löffel?

... Nein, ein schraubenförmiges Gebilde, verstehen Sie? Eine Art Schiffsschraube.

... Die man auf und ab bewegt?

... Nein, elektrisch getrieben. Sie drücken nur auf den Knopf.

... Das kommt mir reichlich kompliziert vor. Man braucht doch nur ganz gewöhnliche Zuckerzangen zu nehmen: Jeder bekommt seine eigene und nimmt sich damit ein paar Stückchen Würfelzucker. Mit den beiden Enden der Zange könnte man den Zucker vielleicht ebenso leicht umrühren wie mit einem Teelöffel.

... Ist man dadurch nicht gezwungen, immer Würfelzucker zu nehmen?

... Ja, aber wenn man kleine Würfel hätte, könnte man sich trotzdem die gewünschte Menge Zucker nehmen.

... (Was sollen wir hier notieren?)

... Zuckerzange.

... Wie wär's mit etwas wie diesen Aschenbechern, in denen sich eine Scheibe dreht, wenn man oben draufdrückt. Man könnte sich eine Vorrichtung vorstellen, die man auf die Tasse setzt, und wenn man draufdrückt, öffnet sie sich und gibt etwas Zucker frei. Und gleichzeitig dreht sie sich und quirlt den Zucker unter die Flüssigkeit.

... Wenn das Rühren den Leuten so viel Spaß macht, sollte man vielleicht für diejenigen, die keinen Zucker mögen, einen nicht süßenden Zucker erfinden, damit sie auf den Spaß nicht zu verzichten brauchen.

... Wie wär's denn gleich mit einem Löffel aus Zucker, der sich auflöst?

... Oder mit einem Gerät, das Zucker enthält und in der Tasse hin und her bewegt wird? Mit einer Klappe daran, die man geschlossen hält, wenn man keinen Zucker will?

... Ich möchte die Sache mit dem elektrischen Antrieb noch einmal aufgreifen, aber ich denke nicht an eine Batterie oder dergleichen, sondern an die im Körper vorhandene statische Energie.

... Die Idee von der Schraube – man könnte das Gerät nach dem Autogiro-Prinzip konstruieren. Man bewegt es auf und ab, und die Flüssigkeit läßt es rotieren.

... Wie ein rotierendes Flügelrad.

... Ein vibrierender Tisch, der alles, was auf ihm steht, hin und her bewegt – einerlei, ob Sie Zucker in der Tasse haben oder nicht.

... Wie wär's denn mit einem mit Zucker imprägnierten Stäbchen?

Protokoll B

Bei dieser Sitzung wurde der Versuch unternommen, einen besseren Scheibenwischer – unter Berücksichtigung der Wisch- und Waschfunktion – zu entwickeln, ein Gerät also, das die Sichtbeeinträchtigung durch Anhäufung von Schmutz bzw. Wasser auf der Windschutzscheibe verhindert.

... Ich denke an einen herkömmlichen Scheibenwischer, bei dem das Wasser oder irgendein anderes schmutzlösendes Mittel direkt durch den Scheibenwischer selbst läuft, statt daß es von einer anderen Stelle aus auf die Scheibe gesprüht wird.

... Eine rotierende Zentrifugalscheibe.

... Wie auf einem Schiff?

... Ja.

... Wie wär's denn, wenn man die Windschutzscheibe durch einen sehr schnellen Luftstrom ersetzte, der weder Staubpartikel noch Wasser durchläßt?

... Ein Scheibenwischer, der über die ganze Scheibe gleitet, von einer Seite zur anderen oder von oben nach unten, wobei der Fahrer die Geschwindigkeit selbst bestimmen kann.

... Man sollte eine Lösung erfinden, die den Schmutz durchsichtig macht, so daß man ihn nicht zu entfernen braucht.

... Eine Windschutzscheibe, die wie ein Keilriemen über zwei Rollen läuft und sich beim Kreisen oben oder unten selbst reinigt.

... Eine elektrisch beheizte Scheibe, die das Wasser verdampfen läßt.

... Ein radargesteuerter Wagen.

... Eine Windschutzscheibe, die sich mit hoher Geschwindigkeit auf und ab bewegt und dabei Flüssigkeit ausstößt bzw. wieder abwischt.

... Ultraschallreinigung.

... Man sollte eine Vorschrift erlassen, daß alle Fahrzeuge mit schmutzauffangenden Gummilaschen ausgestattet werden.

... Man könnte zwei Arten von Magneten entwickeln: einen, der Wasser, und einen, der Schmutz anzieht, und sie an der unteren Kante der Windschutzscheibe anbringen.

... Man könnte das Wasser über das Dach des Wagens hinweg ableiten – dann wären die Scheibenwischer nicht mehr so wichtig.

... Eine flüssige Windschutzscheibe.

... Wie wär's mit einer Fläche, die ständig in Bewegung ist?

... Vibration.

... Ein kreisrundes Auto mit einer ständig rundum laufenden Windschutzscheibe, die durch eine Waschanlage geführt ist.

... Scheibenwischer mit Düsen.

... (Ich glaube, das haben wir schon gehabt, wir haben vorher »Düse im Scheibenwischer selbst« notiert.)

... Man sollte es einmal mit rotierenden Schwämmen und Bürsten versuchen und anderen als den herkömmlichen Reinigungsgeräten.

... Ein ständiger Wasserstrom, der an den Scheiben herunterläuft und die Scheibenwischer ganz und gar überflüssig macht.

... (Bisher haben wir versucht, die Scheibenwischer überflüssig zu machen. Nehmen wir doch einmal an, wir wollten die Scheibenwischer beibehalten und verbessern. Ließe sich das irgendwie hydraulisch bewerkstelligen?)

... Ein Wasserstrahl mit sehr hohem Druck, der den Schmutz entfernt und wegwäscht.

... Man sollte es einmal mit einer partiellen Windschutzscheibe versuchen, bei der man nicht eigentlich durch Glas blickt, sondern durch einen Zwischenraum.

... Drei, sechs, acht oder eine beliebige Anzahl von Scheibenwischern, die oben, unten und an den Seiten der Windschutzscheibe arbeiten.

... Zwei weitgehend herkömmliche Windschutzscheiben, die

sich abwechselnd auf und ab bewegen und dabei zwischen Scheibenwischern hindurchgleiten.

... Eine sich drehende Windschutzscheibe, die sich unten durch eine Waschanlage in der Karosserie bewegt, so daß man immer durch frisch gesäubertes Glas blickt.

... Man sollte verschiedene Tanks in der Waschanlage haben, so daß man je nach Gegebenheit unterschiedliche Flüssigkeiten zur Verfügung hat – zum Beispiel ein spezielles Waschmittel zur Beseitigung von Öl.

... Ein Periskop, mit dem man durch den Schmutz hindursehen kann.

... Eine Vorrichtung nach dem Jalousie-Prinzip.

... Doppelscheiben mit Wasser dazwischen. Die äußere Scheibe müßte mit Löchern versehen sein, durch die ständig Wasser rieselt.

... Irgendeine Schutzscheibe, die den meisten Schmutz abfängt, bevor er auf das eigentliche Glas trifft.

... Den Fahrersitz anders anordnen, ihn herumdrehen und mit dem Rücken zur Fahrtrichtung fahren.

... Alle Straßen in Tunnel verlegen.

... Eine Fernsehvorrichtung, so daß der Fahrer eigentlich gar nicht hinauszublicken braucht.

... Ein gewöhnlicher Scheibenwischer, dessen Geschwindigkeitsstufen sich automatisch der Fahrtgeschwindigkeit anpassen, oder der Helligkeit, die durch die Scheibe dringt – oder etwas in der Art.

... Eine mehrschichtige Windschutzscheibe, von der man nur die äußere Schicht abzuziehen braucht, wenn sie schmutzig ist.

... Eine Windschutzscheibe mit einer löslichen Oberfläche, so daß das Wasser sie ständig auflöst und dadurch ständig sauberhält.

... Eine Windschutzscheibe aus Eis, die ununterbrochen schmilzt und sich dadurch selbst sauberhält.

... Man brauchte nur eine Schicht von dem löslichen Zeug aufzutragen, ehe man losfährt.

Kommentar

Die in Klammern gesetzten Bemerkungen stammen von dem Gesprächsleiter. Die Bemerkungen der anderen Teilnehmer wurden einfach aneinandergereiht. Die Vorschläge sind teils ausgesprochen lächerlich, teils vernünftig und durchaus durchdacht. Die Beispiele zeigen auch, wie sich oft eine Idee aus der anderen ergibt. Das Protokoll verzeichnet kaum einen Versuch der Bewertung. Fast jede Bemerkung steuert eine neue Idee bei.

Übung

Man stellt mehrere Gruppen von angemessener Größe für ein Brainstorming zusammen. Jede Gruppe wählt ihren Gesprächsleiter. Sollten dabei irgendwelche Schwierigkeiten auftreten, schlägt der Lehrer einen Gesprächsleiter vor. Außerdem wählt jede Gruppe einen Protokollführer. Der Protokollführer sollte nach Möglichkeit einen Ersatzmann haben, der ihn nach der ersten Hälfte der Sitzung ablösen kann.

Bei der Erklärung der allgemeinen Prinzipien des Brainstorming sollte auf folgende Punkte besonderer Nachdruck gelegt werden:

1. Keine Kritik, keine Bewertung.
2. Sagen Sie alles, was Sie wollen, auch wenn es falsch oder lächerlich ist.
3. Versuchen Sie nicht, Ideen auszuwalzen oder Reden zu halten. Ein paar Worte genügen.
4. Lassen Sie dem Protokollführer Zeit zum Mitschreiben.
5. Hören Sie auf den Gesprächsleiter.

Dann wird jeder Gruppe ein Problem für eine zehnminütige Anlaufzeit gestellt. Unmittelbar darauf beginnt das eigentliche Brainstorming, das dreißig Minuten dauern sollte.

Der Lehrer setzt sich abwechselnd zu den einzelnen Gruppen, sollte sich jedoch zurückhalten. Während der Sitzung sollte er nur wenige Bemerkungen machen, sich aber wichtige Punkte für die anschließende Diskussion merken. Eingreifen sollte er nur dann, wenn einzelne Teilnehmer Ideen bewerten oder kritisieren.

Im Anschluß an die Sitzung setzen sich die Gruppen wieder zusammen. Die Protokollführer lesen der Reihe nach die geäußerten Ideen vor. Dann hat der Lehrer das Wort:

1. Kommentare zu der eigentlichen Sitzung fördern vielleicht die Neigung, die Ideen zu bewerten, oder wirken einschüchternd.
2. Kommentare zu den geäußerten Ideen sind dagegen nützlich, so zum Beispiel Hinweise auf die Ähnlichkeit oder aber die Originalität einzelner Äußerungen.
3. Kommentare über den Charakter einzelner Ideen. Einige Vorschläge sind vermutlich ganz vernünftig, andere einfach nur lächerlich. Wenn die Vorschläge jeden Humor vermissen lassen, sollte der Unterrichtende darauf hinweisen, daß bei einem Brainstorming zumindest einige Vorschläge gemacht werden sollten, die Gelächter auslösen.
4. Schließlich trägt der Lehrer eigene Ideen und Vorschläge zu den erörterten Problemen bei.

Bei der Diskussion der Vorschläge kann der Lehrer die eine oder andere ausgefallene Idee herausgreifen und zeigen, inwiefern solche Ideen oft nützlich sind. Er legt das funktionelle Prinzip der Idee frei und entwickelt es weiter.

Bei den Schülern sollte der Eindruck gefördert werden, daß es beim Brainstorming darauf ankommt, Ideen hervorzubringen und unbefangen zu äußern. In der Praxis kommt es hin und wieder vor, daß einzelne Teilnehmer eine »Show abziehen« und bewußt witzig zu sein versuchen, vor allem, wenn sie wissen, daß ihre Vorschläge anschließend vor der ganzen Klasse vorgelesen werden. Diese Tendenz muß man soweit wie möglich ausschalten, ohne dabei den Teilnehmern das Recht streitig zu machen, ausgefallene Ideen zu äußern. Um das zu erreichen, kann man beispielsweise einen Teilnehmer bitten, seine Idee näher zu erläutern.

Folgende Probleme könnte man in einem Brainstorming zur Diskussion stellen:
Entwurf neuer Geldscheine und Münzen
Der Mangel an guten Spielplätzen
Die Notwendigkeit von Prüfungen
Hebung von Bodenschätzen unter dem Meeresgrund
Einrichtung einer genügenden Anzahl von Fernsehprogrammen, damit jeder sehen kann, was er will
Urbarmachung der Wüste
Beheizung eines Hauses

In jedem dieser Fälle wird danach gefragt, wie man etwas tun kann, wie man es besser machen kann und wie man es auf eine neue Art und Weise machen kann. Die hier genannten Probleme sind nur Vorschläge; der Lehrer wird imstande sein, sich weitere Probleme auszudenken.

● Bewertung
Die Bewertung sollte nicht am Tage des Brainstorming vorgenommen werden. Am besten findet sie vor der ganzen Klasse statt. Jede Idee wird in bezug auf ihre direkte oder indirekte Nützlichkeit betrachtet.

Man kann verschiedene Kategorien aufstellen, in die man die einzelnen Ideen einordnet. Zum Beispiel:
Von direktem Nutzen
Ein interessanter Versuch
Erneut zu prüfen
Abzulehnen

Eine andere Möglichkeit der Bewertung besteht darin, jeweils einige der geäußerten Ideen an die Tafel zu schreiben und die Schüler aufzufordern, über ihren Wert abzustimmen. Zum Schluß können die verschiedenen Bewertungen anhand der »Stimmen« verglichen werden.

In diesem Zusammenhang ist die Bewertung ein notwendiger, wenn auch nicht entscheidender Bestandteil des Brainstorming. Das Bewerten artet leicht in kritische Analyse und vertikales Denken aus. Der Nachdruck sollte also mehr auf das Brainstorming selbst als auf die anschließende Bewertung gelegt werden.

Bei jedem Versuch einer Bewertung ist es wichtig, nicht den Eindruck entstehen zu lassen, daß ausgefallene Ideen nur im Brainstorming von Nutzen sind, sonst aber kaum praktischen Wert haben. Ein solcher Eindruck würde dazu führen, daß nur noch praktische und »vernünftige« Vorschläge geäußert werden, die zwar durchaus wertvoll sein können, aber niemals zu neuen Ideen hinführen. Gerade beim Bewerten kommt es ganz entscheidend darauf an, zu demonstrieren, daß auch die ausgefallensten Vorschläge brauchbare Ideen auslösen können.

Zusammenfassung

Das Brainstorming eignet sich hervorragend als ein formaler Rahmen, der zur Anwendung lateralen Denkens ermuntert. Sein Wert liegt unter anderem darin, daß sich die Teilnehmer gegenseitig zu Ideen anregen. Davon abgesehen geschieht in einem Brainstorming nichts, was nicht auch anders erreicht werden könnte. Manche setzen kreatives Denken mit Brainstorming gleich, mit anderen Worten, sie setzen einen grundlegenden Prozeß mit einem verhältnismäßig zweitrangigen Rahmen gleich, der zu diesem Prozeß ermuntert. Das Wichtigste beim Brainstorming ist die Formalität des Rahmens. Wenn man sich mit der lateralen Denkidee vertraut machen will, ist es ganz nützlich, einen bestimmten Rahmen zur Verfügung zu haben, innerhalb dessen man sie üben kann. Später ist man auf einen solchen Rahmen nicht mehr so sehr angewiesen.

16 Analogien

U m ein Muster umzustrukturieren, um eine Situation auf
eine andere Weise zu betrachten, um auf neue Gedanken
zu kommen, muß man zuerst einmal ein paar Gedanken haben. Die beiden Probleme des lateralen Denkens sind:
● In Gang kommen, Schwung erhalten, einen Gedankengang
beginnen;
● dem üblichen, auf der Hand liegenden, klischeehaften Gedankengang entrinnen.

Bei den bisher beschriebenen verschiedenen Techniken ging
es immer darum, eine Bewegung zu erzeugen. Darum geht es
auch bei der Analogie-Technik.

An sich ist eine Analogie eine einfache Geschichte oder Situation. Sie wird nur dann zu einer Analogie, wenn sie mit etwas
anderem verglichen wird. Die einfache Geschichte oder Situation muß bekannt sein. Ihr Entwicklungsablauf muß bekannt sein. Es muß etwas geschehen oder ein Prozeß im Gan-
ge sein oder ein Verhältnis von bestimmter Art beobachtet
werden können. Es muß eine Entwicklung geben, entweder
bei der Situation oder zumindest bei der Art und Weise, wie
sie betrachtet wird. Eier kochen ist ein einfacher Vorgang,
aber es gibt eine Entwicklung dabei. Das Ei wird in einen besonderen Behälter getan und erhitzt. Damit die Hitze besser
mit dem Ei in Berührung kommt, wird eine Flüssigkeit ver-

wendet. Diese Flüssigkeit soll auch verhindern, daß die Temperatur über einen bestimmten Wert steigt. Im Laufe des Verfahrens ändert das Ei seinen natürlichen Zustand. Diese Änderung ist fortschreitend und proportional zu der Zeit, die das Ei in dieser speziellen Situation bleibt. Die Ansichten der Menschen darüber, wie weit der Prozeß gehen soll, sind stark unterschiedlich.

Der entscheidende Punkt bei der Analogie ist, daß sie ein eigenes »Leben« hat. Dieses »Leben« kann unmittelbar durch die beteiligten, wirklich vorhandenen Gegenstände ausgedrückt werden oder durch die vor sich gehenden Prozesse. Man kann davon sprechen, ein Ei in einen mit Wasser gefüllten Topf zu legen und es vier Minuten zu kochen, bis das Weiße hart, aber das Gelbe noch flüssig ist. Oder man spricht von dem sich mit der Zeit ändernden Zustand eines Gegenstands, wenn dieser Gegenstand gewissen äußeren Bedingungen ausgesetzt wird. Analogien sind Ausdrucksmittel für Verhältnisse und Prozesse. Diese Verhältnisse und Prozesse sind in wirklich vorhandenen Gegenständen verkörpert, zum Beispiel gekochten Eiern, doch können die Verhältnisse und Prozesse verallgemeinert und auf andere Situationen übertragen werden.

Die Analogie braucht nicht kompliziert oder ausführlich zu sein. Eine einfache Tätigkeit kann genügen. Schmetterlinge sammeln ist ein spezielles Hobby, dennoch können die dabei beteiligten Prozesse verallgemeinert und auf viele andere Situationen angewandt werden (z. B. Seltenheit; Angebot und Nachfrage; Information und Suchverfahren; Schönheit und Seltenheit; Eingriffe in die Natur für eigene Zwecke; Klassifikation).

Analogien werden verwendet, um eine Richtung anzugeben. Die gestellte Aufgabe wird zu der Analogie in Beziehung gesetzt, und dann wird die Analogie nach ihrer eigenen Gesetzlichkeit weiterentwickelt. In jedem Stadium wird die Entwicklung auf die ursprüngliche Aufgabe zurückübertragen. So wird die Aufgabe zusammen mit der Analogie weitergeführt. In der Mathematik verwandelt man Dinge in Symbole und arbeitet dann mit diesen Symbolen in verschiedenen mathematischen Operationen. Die wirkliche Bedeutung der Symbole vergißt man. Zum Schluß werden die Symbole wieder zurückverwandelt, und dann stellt man fest, was aus der ursprünglichen Situation geworden ist. Die mathematische Operation ist eine Bahn, die die Entwicklung des ursprünglichen Problems leitet.

Analogien können auf dieselbe Weise angewendet werden. Man kann das Problem in eine Analogie umwandeln und dann die Analogie weiterentwickeln. Zum Schluß verwandelt man zurück und sieht, was mit der ursprünglichen Aufgabe geschehen sein könnte. Wahrscheinlich ist es nützlicher, Aufgabe und Analogie parallel zueinander zu entwickeln. Was bei der Analogie geschieht, wird (als Prozeß oder Verhältnis) auf das vorliegende Problem übertragen.

Zum Beispiel könnte man die Analogie eines Schneeballs verwenden, der einen Berg hinunterrollt, wenn man die Verbreitung von Gerüchten untersuchen will. Je weiter der Schneeball den Berg hinabrollt, um so größer wird er. (Je weiter sich ein Gerücht verbreitet, um so überzeugender wird es.) Wenn der Schneeball größer wird, nimmt er immer mehr neuen Schnee auf. (Je mehr Leute von dem Gerücht wissen, an um so mehr Menschen wird es weitergegeben.) Aber damit der Schneeball an Umfang zunimmt, muß Schnee da sein. An diesem Punkt ist man nicht sicher, ob die Größe des Schneeballs mit der Zahl der Menschen verglichen wird, die von dem Gerücht wissen, oder mit der Überzeugungskraft des Gerüchts. Entspricht der Schnee auf dem Boden lediglich den Menschen, die durch das Gerücht beeinflußt werden können, oder den Leuten, die gerne Gerüchten glauben? Man wird durch die Analogie bereits gezwungen, das Problem genau unter die Lupe zu nehmen. Ein großer Schneeball – vielleicht eine Lawine – kann sehr verheerend sein, aber wenn man vorher gewarnt wird, kann man ihm aus dem Weg gehen. (Ein Gerücht kann auch sehr verheerend sein, aber kann man ihm aus dem Weg gehen, wenn man vorher gewarnt wird? Sollte man versuchen, ihm zu entgehen, es aufzuhalten oder abzulenken?)

Eine Analogie auf diese Weise zu verwenden, ist etwas ganz anderes, als mit einer Analogie zu argumentieren. Bei einer Beweisführung mit Analogien unterstellt man, weil etwas in der Analogie auf bestimmte Weise geschieht, müsse es auch in der Problemsituation auf dieselbe Weise geschehen. Die Verwendung von Analogien beim lateralen Denken ist völlig anders. Gewöhnlich versucht man nicht, etwas zu beweisen. Analogien werden als eine Methode verwendet, um neue Ideen zu erzeugen.

Wahl einer Analogie

Es wäre denkbar, daß die Methode nur bei einer besonders geeigneten Analogie nützen könnte. Das stimmt nicht. Die Analogie braucht nicht völlig zu passen. Manchmal ist es besser, wenn sie nicht paßt, denn dann macht es Mühe, sie mit dem Problem zu verbinden, und aus dieser Bemühung können sich neue Betrachtungsweisen des Problems ergeben. Die Analogie ist ein anregender Kunstgriff, den man anwendet, um neue Betrachtungsweisen einer Situation zu erschließen.

Im allgemeinen sollten sich Analogien auf sehr konkrete und sehr vertraute Situationen beziehen. Es soll etwas in Gang gesetzt werden. Und was in Gang gesetzt wird, muß eindeutig sein. Die Analogie braucht nicht mit einer Fülle von Prozessen, Funktionen oder Verhältnissen angereichert zu sein, denn diese können aus jeder Art Analogie gewonnen werden durch die Art und Weise, wie sie betrachtet wird.

Die Analogie braucht keine Situation aus dem wirklichen Leben zu sein. Sie kann eine Geschichte sein, vorausgesetzt, der Verlauf der Geschichte ist eindeutig.

Als Analogie zum Problem des vertikalen Denkens könnte man die Geschichte anführen, wonach Affen angeblich gefangen werden können, wenn man in ein Gefäß mit einer engen Öffnung Nüsse füllt und das Gefäß im Boden vergräbt. Ein Affe kommt vorbei, steckt die Pfote in das Gefäß und schnappt sich eine Handvoll Nüsse. Doch die Öffnung des Gefäßes ist so eng, daß nur eine leere Pfote durchpaßt, aber keine geballte Pfote voller Nüsse. Der Affe will die Nüsse nicht loslassen, und so sitzt er in der Falle.

Beim vertikalen Denken schlägt man den offensichtlichsten Weg ein, eine Situation zu betrachten, weil er sich in der Vergangenheit als brauchbar erwiesen hat. Sobald man ihn eingeschlagen hat, ist man gefangen, weil man ihn nur sehr ungern wieder aufgibt. Was könnte der Affe tun? Sollte er es ablehnen, das Gefäß zu untersuchen? Das wäre eine Weigerung, neue Situationen zu erforschen. Sollte er leugnen, daß die Nüsse ihn reizen? Es wäre albern, die Nützlichkeit von etwas zu leugnen, bloß weil man Angst hat, es könne einem irgendwann einmal schaden. Wäre es besser gewesen, wenn der Affe das Gefäß gar nicht bemerkt hätte? Durch Zufall geschützt zu werden ist eine sehr armselige Form des Schutzes. Das beste für den Affen wäre vermutlich gewesen, die Nüsse zu sehen, vielleicht sogar nach den Nüssen zu greifen, sich dann darüber klarzuwerden, daß ihn die Nüsse in eine Falle locken, die Pfote ohne Nüsse herauszuziehen und sich eine andere Möglichkeit auszudenken, an die Nüsse heranzukommen – vielleicht, indem er das Gefäß ausgräbt und ausleert. Die Hauptgefahr beim vertikalen Denken ist also nicht, daß man durch das Offensichtliche in eine Falle gerät, sondern das Unvermögen, zu erkennen, daß man durch das Offensichtliche in eine Falle geraten kann. Es handelt sich nicht darum, das vertikale Denken zu vermeiden, sondern es anzuwenden und sich gleichzeitig dessen bewußt zu sein, daß es notwendig sein könnte, einer bestimmten Art und Weise, wie eine Situation betrachtet wird, zu entkommen.

Übung

1. Veranschaulichung
Um klarzumachen, worum es bei den Übungen geht, ist es nützlich, zuerst eine bestimmte Aufgabe aufzugreifen, eine Analogie auszuwählen, die Analogie zu entwickeln und sie in allen Stadien mit der Aufgabe in Verbindung zu bringen. Das könnte an der Tafel geschehen. Anregungen von Schülern werden akzeptiert, aber sie werden nicht verlangt.

2. Analogie und Problem verbinden
Die Aufgabe wird der Klasse gestellt. Der Unterrichtende entwickelt eine Analogie an der Tafel, und die Schüler werden aufgefordert, Vorschläge zu machen, wie jedes bestimmte Entwicklungsstadium der Analogie mit der gestellten Aufgabe in Verbindung gebracht werden könnte.

3. Einzelleistung
Hier wird die Analogie wieder vom Lehrer entwickelt, aber diesmal verbinden die einzelnen Schüler sie mit der Aufgabe und schreiben ihre Gedanken auf ein Stück Papier. Dann werden die Ergebnisse eingesammelt, und es könnten etwa zu folgenden Punkten Erläuterungen gegeben werden:
a) Die Vielfalt der Verbindungen zwischen Analogie und Problem
b) Folgerichtigkeit oder Mangel an Folgerichtigkeit bei der Entwicklung der Aufgabe (d. h. wurde ein Merkmal der Ana-

logie immer mit demselben Merkmal der Aufgabe in Verbindung gebracht, oder wurde es gewechselt. Folgerichtigkeit bietet keinen besonderen Vorteil)

c) Ergiebigkeit der Entwicklung bei jedem Detail, das von der Analogie auf die Aufgabe übertragen wurde, oder Dürftigkeit der Entwicklung, wenn nur die wichtigeren Punkte übertragen wurden

4. Funktionen, Prozesse, Verhältnisse

Hier wird vom Lehrer eine Analogie konkret entwickelt. Die Schüler (die für sich arbeiten) müssen die Analogie wiederholen, aber statt der konkreten Begriffe sollen sie allgemeine Begriffe für Prozeß, Funktion und Verhältnis verwenden. Diese Übung soll die Fähigkeit zur *Abstraktion* fördern.

Mögliche Analogien für diese Art Abstraktion könnten sein:

Ein Bad nehmen

Kartoffeln braten

Einen Brief abschicken

Versuchen, ein Bindfadenknäuel zu entwirren

Schwimmen lernen

5. Analogien auswählen

Den Schülern wird eine Liste von Problemen oder Situationen gegeben. Sie werden aufgefordert, vor der Klasse Analogien zu nennen, die zu jedem der aufgeführten Probleme passen sollen. Jeder Schüler, der einen Vorschlag macht, wird gebeten, ihn kurz darzulegen und zu zeigen, wie er ihn auf das Problem anwenden würde.

Mögliche Probleme für diese Übung wären:

Eine Maschine entwerfen, die Wechselgeld herausgibt

Möglichkeiten, das Einkaufen zu erleichtern

Praktischere Kleidung

Für angemessene Wasserversorgung in Städten zu sorgen

Was macht man mit ausgedienten Autos?

6. Gestellte Aufgabe

Der Klasse wird eine Aufgabe gestellt, und jeder Schüler wählt seine eigene Analogie, arbeitet sie durch und ordnet sie der Aufgabe zu. Zum Schluß werden die Ergebnisse eingesammelt und durchgesprochen. Im Laufe einer solchen Besprechung können die verschiedenen Arten der gewählten Analogien verglichen werden. Es können auch die verschiedenen Aspekte der Aufgabe verglichen werden, die durch die verschiedenen Analogien hervorgehoben wurden. Es mag Fälle geben, in denen derselbe Gedanke auf völlig verschiedenen Wegen erreicht wurde.

7. Verschiedene Analogien für ein Problem

Allen Schülern wird dieselbe Aufgabe gestellt, aber verschiedenen Schülern werden verschiedene Analogien angegeben. Das kann als Gruppenübung durchgeführt werden. Die Schüler werden in Gruppen eingeteilt, die alle an derselben Aufgabe arbeiten. Jeder Gruppe wird jedoch eine andere Analogie genannt. Nach der Stunde faßt ein Sprecher der Gruppe zusammen, wie die Gruppe die Analogie mit der Aufgabe in Verbindung brachte.

Vorgeschlagene Aufgabe:
Im Nebel den Weg finden
Vorgeschlagene Analogien:
Ein Kurzsichtiger versucht sich zurechtzufinden
Ein Reisender versucht im Ausland den Bahnhof zu finden
Etwas suchen, das im Haus verloren ist (z. B. ein Garnknäuel)
Ein Kreuzworträtsel lösen

8. Eine Analogie für verschiedene Probleme

Wie bei der vorhergehenden Übung kann man die Schüler einzeln oder in Gruppen arbeiten lassen. Verschiedene Aufgaben werden gestellt, doch müssen sie mit einer einzigen Analogie verbunden werden. Zum Schluß vergleicht man, wie gut die Analogie den verschiedenen Aufgaben angepaßt wurde.

Vorgeschlagene Analogie:
Versuchen, an einem kalten Wintermorgen einen Wagen zu starten
Vorgeschlagene Aufgabe:
Wie eine schwierige mathematische Aufgabe anzupacken ist
Eine Katze von einem hohen Gesims herunterholen
Angeln
Eintrittskarten besorgen für ein stark besuchtes Fußballspiel

Zusammenfassung

Analogien sind ein bequemes Startverfahren, wenn man nach neuen Mitteln und Wegen sucht, eine Situation zu betrachten, anstatt einfach auf eine Inspiration zu warten. Wie bei anderen lateralen Denktechniken ist es wichtig, daß man sich nicht erst dann in Bewegung setzt, wenn man sehen kann, wohin die Reise geht. Man setzt sich in Bewegung um der Bewegung willen und paßt auf, was geschieht. Eine Analogie ist eine praktische Methode, um in Schwung zu kommen, denn Analogien haben ein eindeutiges »Eigenleben«. Die Analogien sollen nichts beweisen. Sie werden nur als Anregung verwendet. Am nützlichsten sind Analogien als Ausdrucksmittel für Funktionen, Prozesse und Verhältnisse, die dann auf gestellte Probleme übertragen werden, um eine Umstrukturierung zu unterstützen.

17 Ansatzpunkt und Aufmerksamkeitsbereich

Das wichtigste Merkmal des Verstandes (als informationsverarbeitendes System) ist seine Fähigkeit zu wählen. Diese Fähigkeit zu wählen folgt unmittelbar aus dem mechanischen Verhalten des Verstandes, den wir als sich selbst erweiterndes Gedächtnissystem beschrieben haben. Ein solches System hat einen begrenzten Aufmerksamkeitsbereich. Ein begrenzter Aufmerksamkeitsbereich kann sich nur auf einen Teil eines Informationsgebietes richten. Dieser Teil des Informationsgebietes, auf den sich der Aufmerksamkeitsbereich konzentriert, wird dadurch »gewählt« oder »ausgesondert«. In Wirklichkeit läuft der Prozeß passiv ab, aber man kann dennoch von »Wahl« oder »Aussonderung« sprechen. Das Verhalten dieses begrenzten Aufmerksamkeitsbereichs und die Systemmechanik, die ihm zugrunde liegt, werden an anderer Stelle ausführlich erklärt.

»Aufmerksamkeitsbereich« bezeichnet also den Teil einer Situation oder eines Problems, der beachtet wird. »Ansatzpunkt« bezeichnet dagegen den Teil einer Aufgabe oder Situation, der *zuerst* beachtet wird. Ein Ansatzpunkt ist offensichtlich also der erste Aufmerksamkeitsbereich, dem andere folgen können oder auch nicht folgen, je nach der Schwierigkeit der Situation.

Unter dem Gesichtspunkt der einsichtsvollen Umstrukturierung ist die Wahl des Ansatzpunktes von höchster Bedeutung. Man könnte fast sagen, daß die Wahl des Ansatzpunktes die einsichtsvolle Umstrukturierung herbeiführt, wenn dem System keine weitere Information hinzugefügt wird. Warum das so ist, ergibt sich unmittelbar aus der Mechanik eines informationsverarbeitenden Systems dieser Art.*

Auf der Erinnerungsoberfläche, das heißt dem Verstand, werden durch die Reihenfolge, in der die Informationen eintreffen, Muster gebildet. Sobald diese Muster gebildet sind, zeigen sie insofern ein »natürliches« Verhalten, als sie dazu tendieren, sich in einer bestimmten Weise zu entwickeln und sich mit anderen Mustern zu verbinden. Der Zweck des lateralen Denkens ist es, diese Muster umzustrukturieren und die Information so zu ordnen, daß neue Muster entstehen.

Die Serie von Abbildungen auf S. 192 veranschaulicht das natürliche musterbildende Verhalten der Erinnerungsoberfläche des Verstandes:
1. Zeigt das verfügbare Informationsgebiet.
2. Die Information wird zu einem natürlichen Muster strukturiert.
3. Das natürliche Muster hat einen natürlichen Entwicklungsablauf.
4. Bei der Entwicklung des Musters gibt es einen natürlichen Ansatzpunkt, von dem man ausgeht.
5. In dem ursprünglichen Informationsgebiet war von der Aufmerksamkeit nur ein begrenzter Bereich ausgewählt worden. Ein anderes Aufmerksamkeitsgebiet hätte zu einem anderen Muster und einer anderen Entwicklung geführt.

Die Wahl des Ansatzpunktes ist deshalb so wichtig, weil die zeitliche Reihenfolge der Ideen das endgültige Ergebnis völlig bestimmen kann, auch wenn die Ideen dieselben sind. Wenn Sie eine Badewanne nur mit heißem Wasser vollaufen lassen

1. Gebiet

2. Muster

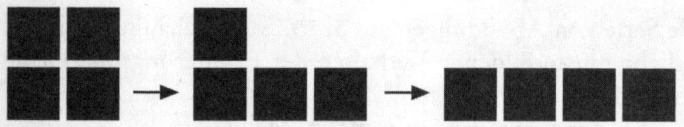

3. Entwicklung

4. Ansatzpunkt

5. Alternativmuster

und erst zum Schluß kaltes Wasser dazugeben, dann wird das Badezimmer voller Dampf sein, und die Wände werden feucht. Wenn Sie aber gleich von Anfang an etwas kaltes Wasser einlaufen lassen, gibt es keinen Dampf, und die Wände bleiben trocken. Dennoch sind in beiden Fällen die Mengen von heißem und kaltem Wasser gleich.

Der Unterschied kann gewaltig sein, selbst wenn die tatsächlich erwogenen Ideen dieselben sind. Aber in der Praxis bedeutet ein anderer Ansatzpunkt gewöhnlich einen anderen Gedankengang. Das Bild eines Mannes mit einem Stock in der Hand, auf das ein Bild eines laufenden Hundes folgt, könnte darauf schließen lassen, daß der Mann einen Stock wirft, den der Hund apportieren soll. Ein Bild eines rennenden Hundes, auf das ein Bild des Mannes mit einem Stock in der Hand folgt, könnte darauf schließen lassen, daß der Mann den Hund aus seinem Garten jagt.

Ansatzpunkt

Teilen Sie ein Dreieck so in drei Teile, daß die Teile, wenn sie wieder zusammengelegt werden, ein Rechteck oder ein Quadrat bilden.

Die Aufgabe ist recht schwierig, denn die Form des Dreiecks ist nicht genau bestimmt. Sie müssen eine Dreiecksform wählen und dann herausfinden, wie sie sich in drei Teile teilen läßt, die Sie zu einem Quadrat oder einem Rechteck zusammensetzen können.

Die Lösung der Aufgabe wird auf S. 194 gezeigt. Es ist offenbar viel einfacher, mit dem Quadrat anzufangen statt mit dem Dreieck, das als Ausgangspunkt vorgeschlagen war. Über die Form eines Quadrats kann kein Zweifel bestehen, während die Form eines Dreiecks (und in geringerem Maße auch die

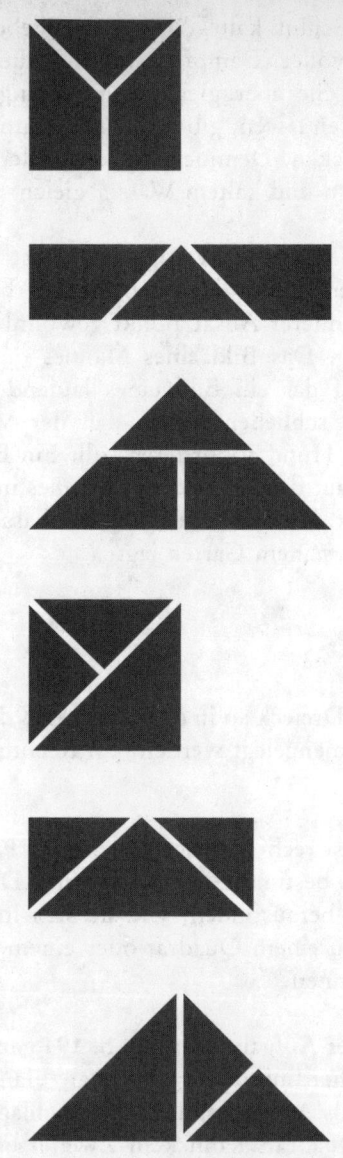

eines Rechtecks) variabel ist. Da die drei Teile wieder zusammenpassen müssen, um ein Quadrat zu bilden, kann man die Aufgabe lösen, indem man ein Quadrat in drei Teile teilt, die dann so zusammengelegt werden können, daß sie ein Rechteck und ein Dreieck bilden. Zwei Möglichkeiten, dies zu tun, werden auf S. 194 gezeigt.

Aus vielen Kinderbüchern ist ein Suchbild bekannt, auf dem drei Angler gezeigt werden, deren Leinen sich verheddert haben. Unten auf dem Bild ist ein Fisch zu sehen, der an einer der drei Leinen hängt. Die Kinder sollen nun herausfinden, welcher Angler den Fisch gefangen hat. Sie sollen der Angelschnur von der Spitze der Angelrute bis zum Angelhaken folgen, um festzustellen, an welcher Leine der Fisch hängt. Man kann dazu einen, zwei oder drei Versuche brauchen, weil der Fisch ja an jeder der drei Leinen hängen kann. Es liegt auf der Hand, daß es viel einfacher ist, am anderen Ende anzufangen und der Leine von unten nach oben, vom Fisch zum Angler, nachzugehen. Auf diese Weise braucht man nie mehr als einen Versuch.

Bei einem anderen einfachen Problem wird verlangt, den Umriß eines Stücks Karton zu zeichnen, das sich mit einem einzigen geraden Schnitt in vier kleinere Stücke von genau gleicher Form und Fläche teilen läßt. Das Kartonstück darf nicht gefaltet werden.

Die übliche Lösung dieses Problems wird auf S. 196 gezeigt. Auch der Prozentsatz der Leute, die die jeweilige Lösung gefunden haben, ist angegeben. Die von den Gruppen B und C gefundene Lösung ist offensichtlich unrichtig, denn ein »Schnitt« hat keine Breite. Die Form zerfällt daher nur in zwei Stücke und nicht in die geforderten vier.

Die Lösungen D, E und F sind richtig. Es ist interessant, daß Lösung F so selten ist, obwohl sie – rückblickend betrach-

35 Prozent: A = unmöglich

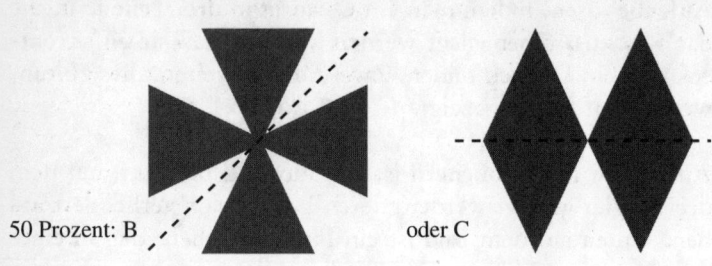

50 Prozent: B   oder C

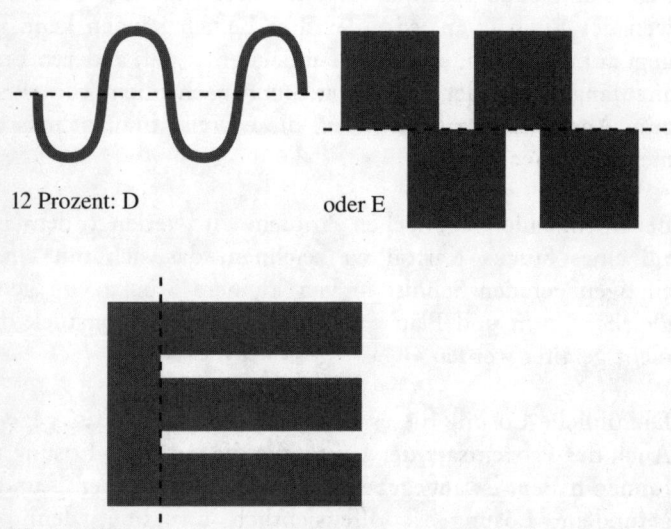

12 Prozent: D   oder E

3 Prozent: F

tet – die leichteste von allen zu sein scheint. (Die Erklärung dafür ist, daß man sich nur schwer etwas Asymmetrisches vorstellen kann, und zudem werden bei der Lösung F nicht alle Stücke auf die gleiche Weise verwendet.) Wichtig bei diesem Problem ist jedoch, daß es sich viel leichter lösen läßt, wenn man am falschen Ende anfängt. Anstatt zu versuchen, sich eine Form auszudenken, die in vier gleiche Teile geteilt werden kann, beginnt man mit vier gleichen Teilen und gruppiert sie um einen imaginären Schnitt. Zuerst könnte man sie so anordnen, wie auf Seite 200 (Mitte) gezeigt. Der nächste Schritt bereitet keine Schwierigkeiten: Man verschiebt die Stücke und erhält die Lösung.

Am falschen Ende anfangen und dann rückwärts gehen ist eine wohlbekannte Technik für die Lösung von Problemen. Diese Technik ist deshalb so wirkungsvoll, weil der Gedankengang einen ganz anderen Weg einschlagen kann, als wenn man beim Anfang begonnen hätte. Es ist nicht unbedingt nötig, tatsächlich bei der Lösung anzufangen. Allerdings ist diese Methode empfehlenswert, da die Lösung oft genau angegeben ist. Grundsätzlich kann man an jedem Punkt anfangen. Wenn sich kein Punkt als besonders günstig anbietet, muß einer bestimmt werden.

Aufmerksamkeitsbereich

Der Ansatzpunkt ist der erste Aufmerksamkeitsbereich. Gewöhnlich setzt die Aufmerksamkeit an diesem Punkt ein, erfaßt aber nach und nach die ganze Aufgabe. Manchmal werden allerdings wichtige Teile der Aufgabe völlig außer acht gelassen. Erst wenn diese Teile berücksichtigt werden, kann die Aufgabe gelöst werden.

In einem Kriminalfall von Sherlock Holmes kam ein großer Hund vor. Dr. Watson hielt diesen Hund für unwichtig, weil er in der Nacht des Verbrechens nichts getan hatte. Sherlock Holmes wies darauf hin, daß die große Bedeutung des Hundes gerade darin lag, daß er nichts getan hatte. Sherlock Holmes lenkte die Aufmerksamkeit von der Bedeutung dessen, was der Hund getan haben könnte, auf die Bedeutung der Tatsache, daß er nichts getan hatte. Er schloß daraus, daß der Verbrecher dem Hund bekannt gewesen sein mußte.

In Shakespeares ›*Kaufmann von Venedig*‹ verlangt Shylock ein Pfund Fleisch, das er dem Kaufmann Antonio aufgrund eines Schuldscheins aus dem Körper schneiden darf. Shylock wird von Porzia in der Gerichtsverhandlung überlistet, denn sie lenkt die Aufmerksamkeit von dem Fleisch, das Shylock zusteht, auf das Blut, das dabei vergossen wird. Da im Schuldschein von Blut nicht die Rede ist, könnte Shylock der strafbaren Handlung des Blutvergießens angeklagt werden. Durch eine Verlagerung der Aufmerksamkeit, die etwas in das Problem einbezog, was sonst übersehen worden wäre, wurde das Problem gelöst.

Auf S. 201 sind zwei Quadrate mit Kreisen abgebildet. Zählen Sie so rasch wie möglich die ausgefüllten Kreise.

Wenn man die Aufgabe anpackt, wird man den offensichtlichsten Weg wählen: In beiden Fällen beginnt man die ausgefüllten Kreise zu zählen. Aber wenn man zu der zweiten Gruppe von Kreisen kommt, ist es viel einfacher, die Aufmerksamkeit auf die leeren Kreise zu lenken. Man stellt die Gesamtzahl der Kreise fest, indem man die Zahl der Kreise an einer Seite des Quadrats mit sich selbst multipliziert und dann die kleine Zahl leerer Kreise von der Gesamtzahl abzieht. Das Ergebnis ist die Zahl der ausgefüllten Kreise.

An einem Tennisturnier nehmen hundertelf Spieler teil. Sie sollen bei diesem Einzel-Ausscheidungsturnier als Veranstalter die Spiele ansetzen. Wie viele Spiele müssen bei dieser Spielerzahl mindestens ausgetragen werden?

Wenn dieses Problem gestellt wird, fertigen die meisten Leute graphische Darstellungen mit den Paarungen und der Zahl der Aufsteiger an. Andere versuchen eine Lösung über Zweierpotenzen (d. h. 4, 8, 16, 32 usw.). Tatsächlich ist die Lösung 110 Spiele. Man kann das sofort ohne komplizierte mathematische Operationen ausrechnen. Man braucht nur die Aufmerksamkeit von den Siegern jedes Spiels auf die Verlierer zu verlagern (an denen gewöhnlich niemand sehr interessiert ist). Da es nur einen Sieger geben kann, muß es hundertzehn Verlierer geben. Jeder Verlierer kann nur einmal verlieren, also müssen hundertzehn Spiele gespielt werden.

In einer Beziehung könnte diese letzte Aufgabe als ein Beispiel dafür angesehen werden, wie nützlich es ist, den Ansatzpunkt zu verlagern (abgesehen davon, daß Verlierer gewöhnlich überhaupt nicht beachtet werden). Sehr oft entscheidet bei einer Situation nicht einfach die Reihenfolge, in der man sich um die einzelnen Teile kümmert, sondern die Auswahl der Teile, die überhaupt beachtet werden. Wenn etwas nicht berücksichtigt wird, dann findet es sehr wahrscheinlich auch später keine Aufmerksamkeit. Was wir beachten, bietet gewöhnlich keinen Hinweis auf das, was wir übersehen.

Die Wahl des Aufmerksamkeitsbereichs kann daher die Betrachtungsweise einer Situation entscheidend bestimmen. Die Situation läßt sich unter Umständen schon durch eine leichte Aufmerksamkeitsverlagerung umstrukturieren. Wenn andererseits die Aufmerksamkeit nicht verlagert wird, kann es sehr schwierig werden, die Situation unter einem anderen Aspekt zu betrachten.

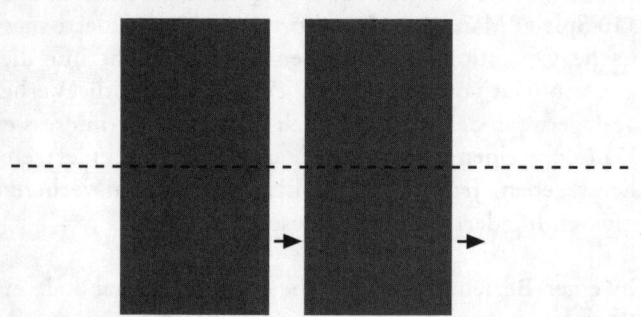

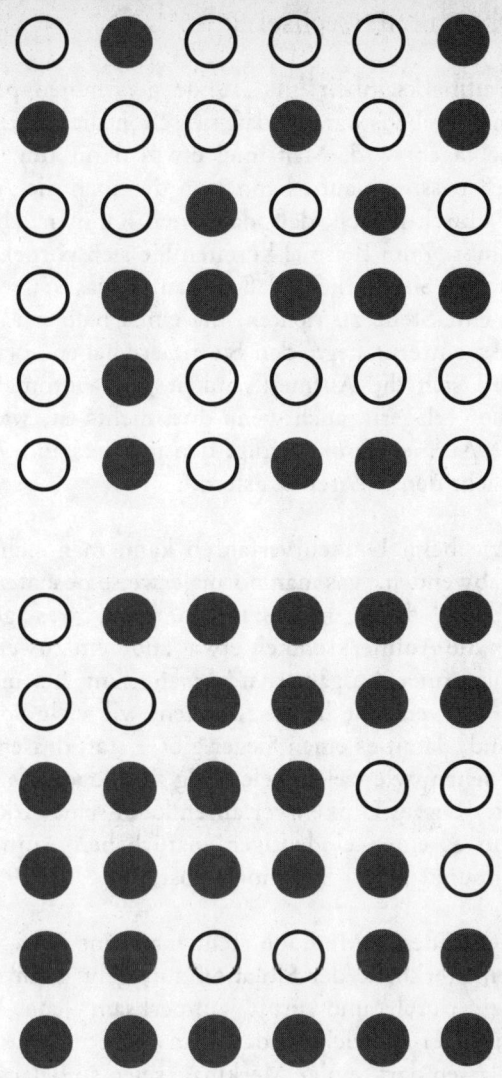

Aufmerksamkeitswechsel

Da die Aufmerksamkeit im Grunde genommen passiv ist, hofft man vergebens darauf, daß sie schon die richtige Richtung einschlagen wird. Man muß etwas dafür tun. Obwohl der Prozeß passiv abläuft, kann man dennoch die Aufmerksamkeit dadurch lenken, daß man einen Rahmen schafft, der sie beeinflußt. Zum Beispiel könnten Sie sich vornehmen, jedesmal, wenn Sie merken, daß Sie auf etwas starren, Ihren Blick auf eine Stelle zu richten, die einen halben Meter von dem Punkt entfernt liegt, den Sie fixiert haben. Nach einer Weile wird sich die Aufmerksamkeit ganz automatisch auf diese Stelle verlagern, auch wenn dort nichts ist, was sie anzieht. Die Aufmerksamkeit folgt den im Verstand verankerten und nicht den äußeren Mustern.

Ebenso wie beim Umkehrverfahren kann man sich bewußt von dem abwenden, was man normalerweise beachten würde. Man versucht damit herauszubekommen, was geschieht, wenn man die Aufmerksamkeit etwas anderem zuwendet. Bei der Tennisturnier-Aufgabe hätte man zum Beispiel sagen können: »Ich versuche herauszufinden, wie viele Spiele notwendig sind, damit es einen Sieger gibt – statt dessen will ich doch mal sehen, wie viele Spiele nötig sind, damit es 110 Verlierer gibt.« Dieses Umkehrverfahren kann sehr wirkungsvoll sein, wenn es einen eindeutigen, natürlichen Aufmerksamkeitsbrennpunkt in der Situation selbst gibt.

Nach einer anderen Methode stellt man eine Liste der verschiedenen Merkmale der Situation auf, geht dann die Liste methodisch durch und prüft aufmerksam jedes einzelne Merkmal; dabei ist wichtig, daß man nicht das Gefühl aufkommen lassen darf, einige Merkmale seien so belanglos, daß sie keine Aufmerksamkeit verdienten. Allerdings muß man mit der Schwierigkeit rechnen, daß man bei jeder Situation beliebig viele Merkmale aussuchen kann, denn die Merkmale ergeben sich nicht aus der Situation, sondern aus der Betrachtungsweise.

Zum Problem der Schulaufgaben könnte man folgende Merkmale für den Aufmerksamkeitswechsel anführen:
Die Notwendigkeit von Schulaufgaben (freiwillig oder obligatorisch)
Die Zeit, in der sie erledigt werden sollen
Wesentlich für das Pensum oder als Wiederholung
Zeit für den Heimweg
Arbeitsplatz zu Hause
Was könnte statt dessen sonst getan werden?
Konkurrierende Fernsehprogramme
Regelmäßig oder gelegentlich
Könnten Vater oder Mutter helfen?
Schnellarbeiter und Langsamarbeiter
Ist man interessiert an dem, was getan wurde, oder an der Zeit, die dafür aufgewendet wurde?
Frustration und Verdruß durch Schulaufgaben
Schulaufgaben als Herabminderung des Gehalts oder der Einwirkung von Arbeit in der Schule

Wenn das Problem »Unkrautbeseitigung« heißt, liegt der natürliche Aufmerksamkeitsbrennpunkt beim Wachsen des Unkrauts. Daraus ergeben sich Methoden für die Unkrautbeseitigung. Aber dem, was geschieht, nachdem das Unkraut beseitigt ist, oder dem, was geschehen würde, wenn das Unkraut bliebe, wird keine Aufmerksamkeit geschenkt. Sie ist nur auf das Unkraut und seine Beseitigung gerichtet. Kürzlich wurden bei einem Versuch einige Streifen eines Ackers mit dem üblichen Unkrautvertilgungsmittel besprüht, auf anderen ließ man das Unkraut wachsen. Es stellte sich heraus, daß der Ernteertrag auf den unbesprühten Streifen höher war.

Bei der Maul- und Klauenseuche ist es üblich, die Kadaver infizierter Tiere zu verbrennen – wenn der Boden nicht tief genug ist, um sie zu vergraben. Aber beim Verbrennen steigt heiße Luft auf und verteilt Teilchen aus dem Feuer über ein sehr großes Gebiet. Möglicherweise sind diese Teilchen von Viren infiziert, die nicht der vollen Hitze des Feuers ausgesetzt waren, und so könnte sich die Krankheit weiter ausbreiten. Hier ist die Aufmerksamkeit auf die Beseitigung der infizierten Tiere fixiert und nicht auf die Wirkung der dabei angewandten Methode.

Übung

1. Ansatzpunkte erkennen

Ein Artikel, in dem ein bestimmtes Problem besprochen wird, wird den Schülern vorgelesen oder ausgehändigt. Sie werden aufgefordert, eine Liste möglicher Ansatzpunkte aufzustellen, um das Problem anzupacken. Sie sollen auch den vom Verfasser des Artikels gewählten Ansatzpunkt bestimmen. Zum Beispiel könnte der Verfasser eines Artikels über den Hunger auf der Erde die Lebensmittelverschwendung in manchen Ländern als Ansatzpunkt gewählt haben oder auch die Übervölkerung oder unzeitgemäße Landwirtschaftsmethoden. Der Lehrer sammelt die vorgeschlagenen Ansatzpunkte und schlägt noch eigene vor.

2. Ansatzpunkte für verschiedene Probleme

Eine Liste von Aufgaben wird an die Tafel geschrieben, und die Schüler werden aufgefordert, für jede der Aufgaben Ansatzpunkte zu nennen. Wer einen Vorschlag macht, wird gebeten, ihn kurz auszuarbeiten. Zu den möglichen Aufgaben könnten gehören:

Die Herstellung synthetischer Lebensmittel
Die Annehmbarkeit synthetischer Lebensmittel
Eine bessere Formgebung für Würste
Das Problem streunender Hunde
Eine einfache Methode, Fenster zu putzen

3. Verschiedene Ansatzpunkte für ein Problem

Die Schüler können einzeln oder in Gruppen arbeiten. Allen Gruppen wird dieselbe Aufgabe gestellt, aber jede Gruppe bekommt einen anderen Ansatzpunkt. Zum Schluß stellen die Gruppensprecher dar, wie die Gruppen die Ansatzpunkte ausgebaut haben. Hier sollte man prüfen, ob die Ansatzpunkte wirklich verwendet wurden. Es ist verlockend, ein Problem vom offensichtlichsten Lösungsweg her zu betrachten und dann den Ansatzpunkt einfach mit diesem Lösungsweg zu verbinden.

Vorgeschlagene Aufgabe:
Wie schützt man sich vor Regen auf der Straße?

Vorgeschlagene Ansatzpunkte:
Es ist lästig, einen Schirm tragen zu müssen
Schirme behindern, wenn mehrere Leute sie benutzen
Warum überhaupt im Regen ausgehen?
Was schadet es, wenn man naß wird?

4. Ausgelassene Information (Geschichte)

Wer eine Geschichte erzählt, läßt gewöhnlich alle Informationen weg, die für den Handlungsablauf unwesentlich sind. Aber wenn man eher die Situation selbst überprüfen will und weniger die Art und Weise, wie sie von jemand anderem beschrieben worden ist, dann muß man versuchen, diese Information wieder einzubringen. Man nimmt am besten einen Zeitungsbericht oder eine bekannte Erzählung. Die Schüler sollen durch gezielte Fragen Lücken in der Schilderung einer Situation aufdecken.

5. Ausgelassene Information (Bild)

Hier erfüllt eine Fotografie oder ein Bild den Zweck der Geschichte. Ein Schüler betrachtet das Bild genau und beschreibt es der Klasse. Dann fertigt jeder Schüler eine einfache Zeichnung des Bildes an, so wie er es sich nach der Schilderung vorstellt. Aus der Art dieser Zeichnungen kann man sehen, welche Informationen bei der Beschreibung des Bildes ausgelassen wurden. Eine andere Möglichkeit ist, einen Schüler das Bild beschreiben und die anderen Schüler Fragen stellen zu lassen. Sobald eine Frage nach dem Bild nicht beantwortet werden kann, hat der Schüler, der das Bild beschreibt, diesen Teil des Bildes nicht aufmerksam betrachtet.

6. Mehr Information

Der ganzen Klasse wird ein Bild gezeigt. Jeder Schüler schreibt die Information auf, die er aus dem Bild zieht. Zum Schluß werden die Ergebnisse eingesammelt und miteinander verglichen. Wenn man vergleicht, wer am *meisten* und wer am *wenigsten* Information aus dem Bild herausholt, dann zeigt sich, wie begrenzt ein Aufmerksamkeitsbereich sein kann.

7. Vergleichsliste

Eine Aufgabe wird gestellt, und die Schüler werden aufgefordert, eine Liste sämtlicher Merkmale aufzustellen, die ihrer Meinung nach Aufmerksamkeit verdienen. Zum Schluß vergleicht man die Listen der einzelnen Schüler oder Gruppen. Aufgaben können sein:

Weckeruhren, die einen nicht aufwecken
Entwurf einer Badewanne
Eine Wäscheleine ziehen
Entscheiden, wo ein Flughafen gebaut werden soll
Den Lärm von Motorrädern und Lastwagen vermindern

8. Kriminalromane

Bei den meisten Kriminalromanen entdeckt man den Schuldigen nur mit Mühe. Meist berücksichtigt man bestimmte Faktoren nicht oder wählt falsche Ansatzpunkte. Der Verfasser eines guten Kriminalromans bemüht sich, uns zu beiden Fehlern zu verleiten. Der Lehrer schreibt eine kurze Geschichte mit etlichen Anhaltspunkten, die den Schuldigen erkennen lassen. Die Geschichte wird der Klasse vorgelesen, und jeder Schüler muß dann für sich herausfinden, wer der

Schuldige sein könnte und warum. Anschließend werden die Schüler aufgefordert, nach diesem Muster eigene Geschichten zu schreiben. Diese Geschichten werden dann vorgelesen. Nach jeder Geschichte wird festgestellt, wie viele Schüler den richtigen Schluß gezogen haben. Vom Verfasser kann eine Erklärung gefordert werden, wie er die Anhaltspunkte eingebaut hat, die auf den Schuldigen hinweisen.

Zusammenfassung

Der Ansatzpunkt für die Untersuchung einer Situation oder eines Problems bestimmt die Struktur der Lösung. Da der Verstand wie ein sich selbst erweiterndes Erinnerungssystem arbeitet, wählt er den offensichtlichsten Ansatzpunkt. Dieser Ansatzpunkt ist seinerseits festgelegt durch etablierte Muster. Es läßt sich nicht sagen, welcher Ansatzpunkt der beste sein wird, so daß man sich gewöhnlich mit dem offensichtlichsten zufriedengibt. Die Wahl des Ansatzpunktes wird nicht für so ausschlaggebend gehalten, da man immer zu denselben Schlußfolgerungen zu gelangen glaubt. Das ist nicht richtig, denn der ganze Gedankengang kann von der Wahl des Ansatzpunktes bestimmt werden. Es ist also nützlich, sich einige Geschicklichkeit darin anzueignen, verschiedene Ansatzpunkte aufzugreifen und sie zu verfolgen.

Der Aufmerksamkeitsbereich ist begrenzt und bezieht viel weniger Information ein, als vorhanden ist. Wird etwas nicht berücksichtigt, dann gibt es kein Mittel, später wieder darauf zurückzukommen. Was da ist, verrät gewöhnlich nicht das, was fehlt. Üblicherweise wendet sich die Aufmerksamkeit dem offensichtlichsten Bereich zu. Eine leichte Verlagerung der Aufmerksamkeit kann an sich schon eine Situation umstrukturieren. Man sollte bewußt versuchen, der Reihe nach allen Teilen eines Problems Aufmerksamkeit zu schenken.

18   Anregung und Zufall

Dieses Buch beschreibt drei Wege zum lateralen Denken:
- Erkennen der Grundsätze des lateralen Denkens, die Notwendigkeit des lateralen Denkens und die Starrheit der vertikalen Denkmuster;
- Anwenden einer Technik, die das ursprüngliche Muster weiterentwickelt und zu einer Umstrukturierung führen kann;
- bewußtes Verändern der Situation, so daß sie eine Umstrukturierung anregen kann.

Die meisten bisher besprochenen Techniken setzen bei der Idee selbst an. Die Idee entwickelt sich nach einem Routineverfahren mit dem Ziel, Informationen wieder in einem neuen Muster zusammenzufügen. Aber anstatt zu versuchen, nur an den Ideen selbst zu arbeiten, kann man bewußt etwas für eine äußere Anregung tun, die dann auf die Ideen einwirkt. Dies ist das Prinzip der zufälligen Anregung.

Einige laterale Methoden unterscheiden sich nicht sehr von vertikalen Methoden, wenn sich auch Ziel und Anwendungsweise deutlich vom vertikalen Denken abheben. Die Verwendung zufälliger Anregungen ist jedoch mit vertikalem Denken grundsätzlich unvereinbar. Beim vertikalen Denken befaßt man sich nur mit dem, was relevant ist. In Wirklichkeit verbringt man jedoch die meiste Zeit damit, auszuwählen, was relevant ist und was nicht. Bei der zufälligen Anregung verwendet man *jede* Information. Keine Information, wie zusammenhanglos sie auch erscheinen mag, wird als nutzlos zurückgewiesen. Je belangloser die Information ist, um so nützlicher kann sie werden.

Entwicklung zufälliger Anregungen
Die beiden wichtigsten Wege, die zu dieser Art Anregung führen, sind:
- Aufnahmebereitschaft
- Methodisches Erzeugen

Aufnahmebereitschaft

Die Unterteilung in Aufnahmebereitschaft und methodisches Erzeugen wird nur der Bequemlichkeit halber eingeführt. Wenn man sich aktiv in eine Lage versetzt, in der man für zufällige Anregungen empfänglich ist, verbindet man Aufnahmebereitschaft mit methodischem Erzeugen. Die folgenden Punkte können vielleicht veranschaulichen, wie zufällige Anregungen aufgegriffen werden können.

1. Zufällige Anregungen akzeptieren und sogar begrüßen. Statt auszuschließen, was nicht relevant erscheint, betrachtet man es als eine Anregung und schenkt ihm Aufmerksamkeit. Man braucht nicht selbst aktiv zu werden, sondern sich nur aufmerksam bereitzuhalten.

2. Aufnahmebereitschaft für die Gedanken anderer. Bei einem Brainstorming wirken die Ideen anderer als zufällige Anregungen, da sie nicht dem eigenen Gedankengang zu entsprechen brauchen, auch wenn sie thematisch mit ihm zusammenhängen. Anderen zuzuhören, auch wenn man ihre Ideen ablehnt, kann zu nützlichen Anregungen führen.

3. Aufnahmebereitschaft für Ideen aus völlig anderen Gebieten. Manchmal kann man diesen Vorgang als »wechselseitige Befruchtung« bezeichnen: Man diskutiert eine Frage mit jemandem, der aus einem ganz anderen Fachgebiet kommt. Zum Beispiel könnte ein Mediziner mit einem Wirtschaftsfachmann oder einem Modeschöpfer über das Verhalten von Systemen diskutieren. Man kann auch zuhören, wenn andere Leute sich über ihr Fachgebiet unterhalten.

4. Physische Aufnahmebereitschaft für zufällige Anregungen. Das kann bedeuten, daß man in einem Bereich umherwandert, der eine Vielzahl verschiedener Gegenstände enthält, zum Beispiel in einem Warenhaus oder in einem Spielzeugladen. Es kann auch bedeuten, in eine Ausstellung zu gehen, die nichts mit dem Thema zu tun hat, an dem Sie interessiert sind.

Die Aufnahmebereitschaft führt nur dann zu Ergebnissen, wenn man sich vor Augen hält, daß man *niemals etwas sucht*. Man könnte in eine Ausstellung gehen, um nach etwas Verwendbarem Ausschau zu halten. Man könnte über ein Problem mit jemandem aus einem anderen Fachgebiet diskutieren, um seine Ansichten darüber zu hören. Aber das ist *nicht* der Zweck. Wenn man nach etwas Verwendbarem Ausschau hält, dann hat man eine vorgefaßte Meinung von Verwendbarkeit. Und eine solche vorgefaßte Meinung kann nur aus der üblichen Betrachtungsweise einer Situation entstehen. Vielmehr soll man umherwandern und gar nichts im Sinn haben, sondern warten, bis etwas kommt, das die Aufmerksamkeit fesselt. Selbst wenn nichts die Aufmerksamkeit anzieht, macht es keine Mühe, etwas Nützliches zu finden.

Methodisches Erzeugen von zufälligen Anregungen

Weil Aufmerksamkeit ein passiver Prozeß ist (selbst wenn man durch eine Ausstellung geht, ohne nach etwas Verwendbarem Ausschau zu halten), konzentriert sich die Aufmerksamkeit eher auf Gegenstände, die sich einigermaßen in die herkömmliche Betrachtungsweise einer Situation einpassen. Wie sehr man auch dagegen anzugehen versucht, man trifft doch immer eine Auswahl. Die Anregung wird immer weniger dem Zufall überlassen, obwohl sie noch sehr wirkungsvoll sein kann. Will man tatsächlich zufällige Anregungen verwenden, muß man sie bewußt herbeiführen. Das erscheint insofern paradox, als eine zufällige Anregung doch dem Zufall überlassen werden sollte. In Wirklichkeit benutzt man eine Technik, um zufällige Ereignisse auszulösen, so wie es beim Würfeln geschieht. Drei Methoden werden dazu vorgeschlagen.

1. Die Verwendung eines Wörterbuchs, das ein Zufallswort liefert.
2. Formalisierte Wahl eines Buches oder einer Zeitschrift in einer Bibliothek.
3. Ein Routineverfahren, um einen Gegenstand aus der Umgebung auszuwählen (z. B. den nächsten roten Gegenstand).

Die Verwendung eines Wörterbuchs wird weiter unten ausführlich beschrieben. Formalisierte Wahl eines Buches oder einer Zeitschrift bedeutet einfach, daß man es sich zum Prinzip macht, eine Zeitschrift nur von einer bestimmten Stelle des Regals zu nehmen. Was für eine Zeitschrift man nimmt, ist gleichgültig. Man schlägt sie auf und liest irgendeinen Artikel, wie abwegig er auch zu sein scheint. Genauso kann man es mit einem Buch machen. Das sind nur Beispiele dafür, welche bewußten Gewohnheiten oder Routineverfahren man auf der Suche nach zufälligen Anregungen annehmen kann.

Die Wirkung zufälliger Anregungen

Warum sollte eine zufällige Anregung überhaupt eine Wirkung haben? Warum sollte eine völlig zusammenhanglose Information zur Umstrukturierung eines festgelegten Musters beitragen?

Die zufällige Anregung wirkt nur, weil der Verstand als sich selbst erweiterndes Erinnerungssystem arbeitet. In einem solchen System gibt es eine begrenzte und *kohärente* Aufmerksamkeitsspanne.* Auch wenn zwei beliebige, zusammenhanglose Informationen eingegeben werden, bleiben sie nicht getrennt. Normalerweise würde bei zwei zusammenhanglosen Informationen eine ignoriert und die andere berücksichtigt werden. Wenn aber beide beachtet werden (durch bewußte Festlegung des Rahmens), dann wird sich schließlich eine Verbindung zwischen beiden herstellen. Zuerst mag es zu einem raschen Aufmerksamkeitswechsel zwischen den beiden Informationen kommen, doch bald wird der kurzfristige Erinnerungseffekt* eine Art Bindeglied schaffen.

In einem System wie unserem Verstand kann nichts wirklich belanglos bleiben.

Die Muster auf der Erinnerungsoberfläche sind beständig. Das heißt nicht, daß sie sich nicht ändern, sondern daß das Muster der Veränderung beständig ist. Der Gedankenfluß ist beständig. Dieser Gleichgewichtszustand ändert sich durch das plötzliche Hinzukommen neuer Information.

Manchmal ähnelt der neue Gleichgewichtszustand dem alten bis auf die kleine Abweichung, daß neue Information dazugehört. In anderen Fällen kommt eine völlige Umstrukturierung zustande. Diesen Vorgang kann man am Modell eines Spiels demonstrieren: Plastikscheiben werden in einen Rahmen gelegt, dessen eine Seite von einer Feder nach innen gedrückt

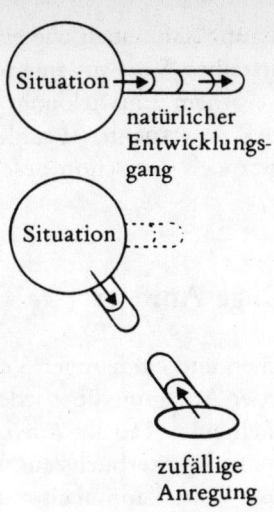

Situation → natürlicher Entwicklungsgang

Situation

zufällige Anregung

wird. Der Druck preßt die Plastikscheiben zu einer stabilen Struktur zusammen. Jeder Spieler nimmt eine Plastikscheibe weg. Gewöhnlich verschiebt sich das Muster ein wenig und erreicht einen neuen Gleichgewichtszustand. Manchmal gibt es aber eine große Veränderung, und das ganze Muster wird umstrukturiert. Bei einer zufälligen Anregung fügt man zwar etwas hinzu, anstatt etwas wegzunehmen, aber die Gleichgewichtsverlagerung erfolgt auf die gleiche Weise.

Die zufällige Anregung kann noch auf zwei anderen Wegen wirksam werden. Sie kann einen neuen Ansatzpunkt zu einem Problem liefern. Die Abbildung oben zeigt eine Situation und den natürlichen Entwicklungsgang. Dann kommt eine zufällige Anregung dazu, und es entsteht eine Verbindung zwischen der Situation und der Anregung. Daraus ergibt sich ein neuer Ansatzpunkt, und der Entwicklungsgang der ursprünglichen Situation kann sich ändern.

Eine zufällige Anregung kann auch wie eine Analogie behandelt werden. Ein einzelnes Wort aus einem Wörterbuch liefert eine Situation mit eigenem Entwicklungsgang. Wenn er mit der Entwicklung des untersuchten Problems in Verbindung gebracht wird, ergibt sich der schon beschriebene Analogie-Effekt.

Wörter als zufällige Anreger

Bei diesem praktischen und eindeutigen Verfahren ist der echte Zufallscharakter der Anregung über jeden Zweifel erhaben. Pedanten können sich einer Tabelle von Zufallszahlen bedienen, um eine Seite eines Wörterbuchs auszuwählen. Die Stelle des Wortes auf dieser Seite kann auch mit einer Tabelle von Zufallszahlen ermittelt werden. Wer sich lieber weniger Mühe macht, kann sich einfach zwei Zahlen ausdenken und das Wort auf diese Weise finden. Oder man würfelt. Man darf allerdings nicht einfach das Wörterbuch aufschlagen und die Seiten durchgehen, bis man ein wahrscheinlich geeignetes Wort findet. Das wäre eine bewußte Wahl, die als zufällige Anregung nutzlos ist.

Die Zahlen 606–624 stammen aus einer Tabelle von Zufallszahlen. Im Großen Duden, Band 1, findet man mit Hilfe dieser Zahlen das Wort »Schlinge«. Gestellt wurde das Problem »Wohnungsnot«. In einem auf drei Minuten festgesetzten Zeitraum wurden die folgenden Gedanken entwickelt:
Schlinge – sich zuziehende Schlinge – Hinrichtung – Durchführung – welches sind die Schwierigkeiten bei der Durchführung eines Wohnungsbauprogramms – wo ist der Engpaß: Kapital, Arbeitskräfte oder Grund und Boden?
Schlinge zieht sich zu – die Lage wird schlimmer werden bei der jetzigen Rate der Bevölkerungszunahme.
Schlinge – Seil – Hängebauweise – zeltähnliche Häuser, aber aus beständigem Material – leicht zu transportieren und auf-

zustellen – oder in großem Maßstab zusammen mit mehreren Häusern an einem Rahmenwerk aufgehängt – viel leichtere Materialien möglich, wenn Wände sich nicht selbst und das Dach tragen müssen.

Schlinge – Schlaufe – verstellbare Schlaufe – wie wäre es mit veränderlichen runden Häusern, die bei Bedarf erweitert werden können – bloß die Wände aufrollen – zu große Häuser haben überhaupt keinen Zweck wegen des Heizproblems, zusätzliche Berücksichtigung von Wänden und Decken, Möbeln usw. – aber Möglichkeit zu langsamer, schrittweiser Erweiterung, wenn nötig.

Schlinge – Fallstrick – fangen – einen Anteil am Arbeitsmarkt schnappen – fangen – in der Falle sitzen durch Hauseigentum wegen der Schwierigkeit des Verkaufs und Komplikationen – mangelnde Mobilität – Häuser als austauschbare Einheiten – nach Typen eingeteilt – direkter Tausch eines Typs gegen einen anderen – oder einen Typ zur Verfügung stellen und einen ähnlichen Typ anderswo bekommen.

Einige dieser Ideen mögen nützlich sein, andere nicht. Auf alle hätte man auch bei einfachem, vertikalem Denken kommen können, aber das bedeutet nicht, daß man auf diese Weise tatsächlich auf sie gestoßen wäre. Wenn eine Idee überhaupt vertretbar ist, dann muß es im Rückblick möglich sein zu erkennen, wie man sie mit logischem Denken entwickelt hätte. Manchmal kann die Verbindung mit dem Zufallswort erst hergestellt werden, nachdem einem die Idee schon eingefallen ist. Das Zufallswort hat dann die Idee nicht angeregt. Dennoch kann die Verwendung eines Zufallsworts in kurzer Zeit eine große Zahl verschiedener Ideen vorbereiten.

Aus diesem Beispiel läßt sich erkennen, wie das Zufallswort verwendet wird. Oft dient das Zufallswort dazu, weitere Wörter hervorzubringen, die sich ihrerseits mit dem Problem verbinden. Beispiele dafür sind: Schlinge – Durchführung – Engpaß; Schlinge – Seil – Aufhängung; Schlinge – Fallstrick

– gefangen. Eine Ideenkette geht von dem Zufallswort aus, um eine Verbindung mit dem Problem herzustellen. Zeitweise sind die funktionalen Eigenschaften einer Schlinge auf das Problem übertragen worden: sich zuziehende Schlinge, verstellbar, rund. Das Zufallswort kann auf diese und noch auf manche andere Art und Weise verwendet werden. *Es gibt keine einzig richtige Art, es zu verwenden.* In manchen Fällen kann ein Wortspiel gemacht oder das Gegenteil des Wortes genommen werden, oder das Wort wird etwas anders geschrieben. Das Wort wird verwendet, um Ideen auszulösen – nicht um etwas zu beweisen. Nicht einmal um zu beweisen, daß Wörter als zufällige Anregung nützlich sind.

● Zugestandene Zeit

Bei dem oben angeführten Beispiel betrug die zugestandene Zeit drei Minuten. Das reicht aus, um Ideen anzuregen. Wenn man zu lange über einem Wort brütet, kann es langweilig werden. Wenn man Übung und Zutrauen bekommt, sollten drei oder höchstens fünf Minuten genügen. Wenn diese Zeit verstrichen ist, darf man nicht gleich nach einem anderen Zufallswort Ausschau halten, denn das würde eine Suchroutine fördern, bei der man Wort für Wort durchgeht, bis man ein geeignetes findet. Geeignet bedeutet dann nur, daß es zu der etablierten Betrachtungsweise einer Situation paßt. Wenn man es also mit einem anderen Wort versuchen will, dann sollte man eine andere Gelegenheit abwarten. Wenn man weiß, daß man sich gleich an ein anderes Wort machen wird (und hoffentlich an ein besseres), mindert man die Wirksamkeit des ersten Wortes. Sogar noch nach Ablauf der festgesetzten Zeit stellen sich neue Ideen ein. Aber es kommt gar nicht in Frage, daß man den ganzen Tag über verzweifelt versucht, das Maximum aus einem Zufallswort herauszuholen. Man kann es sich angewöhnen, jeden Tag drei Minuten lang ein Zufallswort auf ein Problem anzuwenden.

● Zutrauen

Der wichtigste Faktor bei der erfolgreichen Verwendung zufälliger Anregungen ist Zutrauen. Ohne Zeitdruck oder Anstrengungen zu empfinden, vertraut man ruhig darauf, daß etwas auftauchen wird. Es ist schwierig, dieses Zutrauen zu finden, weil sich die Ideen zuerst nur langsam einstellen. Aber wenn man lernt, zufällige Anregungen im Bewußtsein zu verarbeiten, daß nichts belanglos sein kann, dann wird das Zutrauen immer einfacher erreichbar.

Übung

1. Ein Zufallswort verbinden

Ein Problem wird gestellt und an die Tafel geschrieben. Die Schüler werden aufgefordert, eine Zahl vorzuschlagen im Rahmen der Seitenzahlen eines Wörterbuchs (z. B. Zahl zwischen 1 und 460) und eine weitere für das Wort auf dieser Seite (z. B. 1 bis 20). Das entsprechende Wort wird im Wörterbuch aufgesucht. Es wird mit seiner Bedeutung aufgeschrieben, falls es nicht ein sehr bekanntes Wort ist. Die Schüler sollen dann Vorschläge machen, wie das Wort mit der Aufgabe in Verbindung gebracht werden kann. Zuerst muß der Lehrer vielleicht die meisten Vorschläge selbst machen, bis sich die Schüler an das Verfahren gewöhnt haben. Jeder Vorschlag wird kurz dargestellt, aber es werden keine Notizen dazu gemacht. Die Zeit wird auf fünf oder zehn Minuten begrenzt.

Mögliche Probleme:
Wie man mit dem Problem der Ladendiebstähle fertig wird
Die Sicherheit von Autos erhöhen
Ein neuer Entwurf für Fenster, die sich leichter öffnen und schließen lassen, ohne daß die Gefahr besteht, daß die Leute hinausfallen oder daß Durchzug entsteht
Neuer Entwurf für einen Lampenschirm

Wenn der Lehrer von seiner Fähigkeit, *jedes* Zufallswort zu verwenden, nicht so recht überzeugt ist, wäre es vielleicht besser, die nachstehende Liste statt eines Wörterbuchs zu verwenden. In diesem Fall würde die Klasse aufgefordert, eine Zahl zwischen 1 und 20 zu nennen.

1. Unkraut	11. Stamm
2. Rost	12. Puppe
3. arm	13. Nase
4. vergrößern	14. Gelenk
5. Schaum	15. Drift
6. Gold	16. Pflicht
7. Rahmen	17. Porträt
8. Loch	18. Käse
9. diagonal	19. Schokolade
10. Vakuum	20. Kohle

2. Verschiedene Wörter für ein Problem

Hier wird eine Aufgabe gestellt, doch werden verschiedene Zufallswörter verwendet. Jeder Schüler arbeitet für sich und notiert, wie sich die Ideen vom Wort ausgehend entwickeln. Zum Schluß werden die Ergebnisse eingesammelt. Wenn Zeit dafür da ist, werden die Ergebnisse analysiert, ob sich vom verwendeten Zufallswort aus eine folgerichtige Annäherung an das Problem ergibt. Auf dieselbe Idee kann man vielleicht auch auf anderen Wegen kommen, je nach dem verwendeten Zufallswort. Wenn die Zeit knapp ist, wählt man aufs Geratewohl ein paar Ergebnisse aus und liest sie vor. Man kann auch den Schluß einer Ideenkette nehmen und dann die Klasse fragen, ob sie sich vorstellen kann, wie in diesem besonderen Fall das Zufallswort hieß und welcher Gedankengang zu ihm führte. Wenn zum Beispiel das Problem »Feiertage« lautete und das Zufallswort »Truthahn« war, könnte die Gedankenkette so verlaufen: Truthahn – außergewöhnliches Gericht – Weihnachten – besonderer Feiertag – mehr Feiertage mit einem bestimmten Zweck. Man könnte »mehr Feiertage mit einem bestimmten Zweck« nehmen und fragen, was das Zufallswort gewesen sein könnte.

Zwei oder drei an die Klasse ausgegebene Zufallswörter reichen aus. Mehr wären nur verwirrend. Die Wörter können einem Wörterbuch oder der oben angeführten Liste entnommen werden.

Mögliche Probleme könnten sein:
Einen Strand von der Ölpest befreien
Einen Garten von Unkraut säubern
Ein Gerät entwerfen, um Menschen aus einem brennenden Gebäude zu retten
Kunststoffolien so herzustellen, daß sie für Bekleidungszwecke geeignet sind (wie kann man sie behandeln, damit sie richtig fallen)

3. Ein Wort für verschiedene Probleme
Die Schüler können jeweils für sich arbeiten, oder die ganze Klasse kann gemeinsam an der Übung teilnehmen. Ein Zufallswort wird ausgesucht, und dann erhält jeder Schüler eines von zwei oder drei ausgewählten Problemen. Die Schüler verbinden das Zufallswort mit dem ihnen zugeteilten Problem. Zum Schluß werden die Ergebnisse verglichen, um die verschiedenen Verwendungsmöglichkeiten eines Wortes zu demonstrieren.

Für eine Gemeinschaftsarbeit der Klasse werden drei Probleme gestellt. Das Zufallswort wird dann nacheinander mit den drei Aufgaben verbunden. Für jede Aufgabe stehen fünf Minuten zur Verfügung. Die Schüler machen Vorschläge – auch der Lehrer, sobald eine Pause eintritt.
Es ist besser, wenn die drei Probleme nicht gleichzeitig aufgeschrieben werden, denn sonst könnten sich einige Schüler schon mit dem nächsten Problem beschäftigen, ehe sie mit dem einen fertig sind.

Mögliche Zufallswörter:
Entwässerung
Maschine
Kochen
Blatt
Mögliche Probleme:
Wie kann man Information so speichern, daß sie leicht zugänglich ist?
Wie kann man etwas in kürzerer Zeit lernen?
Ein Trick, der das Klettern auf Bäumen erleichtert
Entwurf eines besseren Kinos

4. Eigene Probleme
Jeder Schüler schreibt irgendein Problem auf, das er gern anpacken möchte, und zwar in zweifacher Ausfertigung. Auf jedes Blatt wird der Name oder eine Nummer geschrieben. Ein Blatt erhält der Lehrer. Damit wird verhindert, daß ein Schüler das Problem verändert, wenn ihm das Zufallswort gegeben wird. Das Zufallswort wird dann gesucht – nach einem von den Schülern vorgeschlagenen Zahlenpaar aus dem Wörterbuch, oder es wird einfach vom Lehrer gewählt.

Ehe die Schüler ihre Ergebnisse abliefern, werden einige vom Lehrer aufgefordert, der Klasse zu beschreiben, wie sie das Wort mit ihrem Problem verbunden haben. Eine Unterrichtsstunde dieser Art kann eine Vorstellung davon vermitteln, wie ein einziges Zufallswort in vielen verschiedenen Situationen nützlich sein kann. Wenn einige Schüler das Gefühl haben, sie kämen überhaupt nicht voran, dann geht der Lehrer die Aufgabe mit ihnen durch und erklärt ihnen, wie sie das Zufallswort bei ihren Problemen anwenden können.

Mögliche Zufallswörter:
Rührei
Schraubenzieher

Bombe
Türklinke

5. Gegenstände mit Zufallscharakter

Der Zufallscharakter der Gegenstände gilt nicht für den Lehrer, der sie auswählt, sondern für die Schüler, denen sie vorgelegt werden. Ein Gegenstand besitzt gegenüber einem Wort einen entscheidenden Vorteil: Ein Gegenstand läßt sehr viel mehr Betrachtungsweisen zu als ein Wort, das diesen Gegenstand bezeichnet. Man sollte eigentlich imstande sein, sich einen Gegenstand ebenso genau *vorzustellen*, aber in der Praxis tut man es nicht. Die Funktion des Gegenstands unterdrückt leicht alle anderen Merkmale. Den Schülern wird ein Problem gestellt und dann der Gegenstand vorgelegt. Bei der Übung kann die ganze Klasse mitmachen: Die Schüler schlagen dann vor, wie der Gegenstand mit der Aufgabe in Verbindung gebracht werden kann. Wenn jeder Schüler für sich arbeitet, werden die Ergebnisse entweder anschließend durchgesprochen, oder einzelne Schüler beschreiben ihre Ergebnisse.

Mögliche Gegenstände:
Ein Schuh
Eine Tube Zahnpasta
Eine Zeitung
Ein Apfel
Ein Schwamm
Ein Glas Wasser
Mögliche Aufgaben:
Schwimmen lernen
Ein Entwurf für einen Wecker
Eine Erfindung, wie man Körperbehinderte ins Bett bringt und wieder herausholt
Ein verstopftes Rohr frei machen

Zusammenfassung

Wenn man von einem festgelegten Muster ausgeht, neigt man dazu, dem natürlichen Entwicklungsverlauf des Musters zu folgen. Wahrscheinlich wird das Muster dann nicht umstrukturiert. Gewöhnlich wartet man geduldig darauf, daß eine günstige Gelegenheit eine Information liefert, die eine intuitive Umstrukturierung auslöst. Bei der zufälligen Anregung mischt man bewußt eine zusammenhanglose Information darunter, um das ursprüngliche Muster zu stören. Aus dieser Störung kann sich eine Umstrukturierung des Musters oder zumindest ein neuer Entwicklungsverlauf ergeben. Die Wirksamkeit einer Anregung darf nicht durch Auswahl beeinträchtigt werden.

Bei einer Auswahl lassen sich Maßstäbe wie »wichtig« – »unwichtig« nicht vermeiden. Die störende Wirkung der zufälligen Anregung wird abgeschwächt. Zufällige Anregungen sollen provozieren. Die Arbeit des Verstandes ist so angelegt, daß jeder beliebige Anreiz immer mit einem anderen in Verbindung gebracht wird.

19 Begriffe/Teilungen/Polarisierung

Teilung

Wir verfügen nur über eine begrenzte, kohärente Aufmerksamkeitsspanne. Sie entsteht direkt aus den Mechanismen der sich selbst erweiternden Erinnerungsoberfläche, das heißt des Verstandes. Begrenzung der Aufmerksamkeitsspanne bedeutet, daß man nur auf ein Stückchen der gesamten Umwelt reagiert. Im Laufe der Zeit mag ein Stückchen nach dem anderen beachtet werden, bis die ganze Umwelt erfaßt ist.

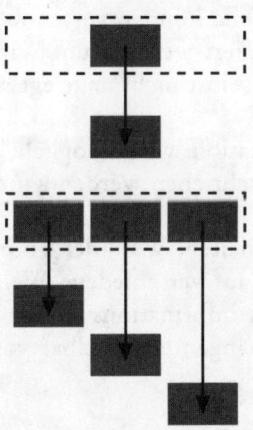

Tatsächlich wird die ganze kontinuierliche und überwältigende Umwelt in einzelne Aufmerksamkeitsbereiche unterteilt. Dieser Vorgang kann ergeben, daß einzelne Aufmerksamkeitsbereiche herausgegriffen werden oder daß die Umwelt in eine Reihe von Aufmerksamkeitsbereichen unterteilt wird – wie es die Abbildung auf Seite 223 zeigt. Es gibt keinen grundlegenden Unterschied zwischen den beiden Vorgängen, abgesehen davon, daß der eine das ganze Gebiet erfaßt und der andere nicht.

Obwohl sich dieser Vorgang unmittelbar aus der Mechanik des Systems ergibt, bringt er doch einige sehr nützliche Vorteile mit sich.

1. Auf irgendeinen Teil der Umwelt kann gesondert reagiert werden. Wenn also die gesamte Umwelt etwas Nützliches und etwas Gefährliches enthält, kann man auf jeden Teil unterschiedlich reagieren.

2. In einer neuen und unvertrauten Umwelt kann man Merkmale heraussuchen, die einem vertraut sind. Schließlich wird die Situation mit Hilfe solcher vertrauter Teile erklärt.

3. Die einzelnen Teile können verschoben und auf verschiedene Weise kombiniert werden, um Wirkungen zu erzielen, die in der Umwelt selbst nicht angelegt sind.

4. Die Kommunikation wird möglich, weil eine Situation Stück für Stück beschrieben werden kann.

Aufspaltung in Einheiten, Wahl der Einheiten und Kombination der Einheiten auf verschiedene Weise bilden zusammen ein sehr wirksames informationsverarbeitendes System. Alle diese Funktionen hängen unmittelbar vom Mechanismus des Verstandes ab.

Zusammensetzung

Die Abbildung auf Seite 223 zeigt, wie Einheiten durch Aufteilung einer Gesamtsituation entstehen können. Allerdings können Einheiten auch durch Zusammensetzung anderer Einheiten geschaffen werden. Diese neuen Einheiten werden als vollständige Einheiten behandelt.

Wörter, Namen, Etiketten

Wenn eine Einheit durch Aufteilung einer Gesamtsituation oder durch Zusammensetzung anderer Einheiten entstanden ist, »fixiert« man sie am zweckmäßigsten durch einen eigenen Namen. Dieser Name bezeichnet ausschließlich die neue Einheit. Der Name führt sie ein als selbständiges Muster, sie ist nicht bloß ein Teil eines anderen Musters. Ein Name stattet eine neue Einheit mit mehr Beweglichkeit aus, denn sie unterscheidet sich jetzt deutlicher von ihren Nachbarn und wird eigenständig. Ein Name bewährt sich besonders bei der Kombination verschiedener Einheiten, die dann eine neue ergeben. Die neue Einheit existiert nur insoweit, als sie einen Namen erhalten hat. Ohne diesen Namen würde sie sich wieder in ihre einzelnen Bestandteile auflösen.

Die Verwendung von Namen für Einheiten ist unbedingt für die Kommunikation notwendig. Nur mit Namen kann eine komplizierte Situation stückweise übermittelt werden.

Wenn die Namen brauchbare Kommunikationsmittel abgeben sollen, müssen sie fixiert und dauerhaft sein. Sobald einer Einheit ein Name gegeben ist, friert die Form dieser Einheit ein, weil sich der Name selbst nicht ändert. Die Fixierung von Namen ist für die Kommunikation lebenswichtig und für das Verständnis einer Situation nützlich. Um eine Situation zu verstehen, braucht man eigentlich keine Namen, aber meistens findet man sie zweckmäßig.

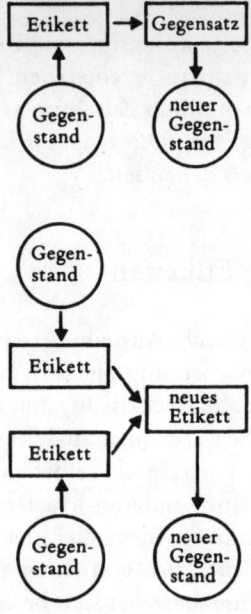

● Mythen

Mythen sind Muster, die zuerst im Verstand entstehen. Wenn sich diese Muster einmal gebildet haben, kann in der Umwelt etwas gefunden werden, was sie rechtfertigt, oder aber sie diktieren die Art und Weise, wie die Umwelt betrachtet wird, und erreichen damit eine Scheinrechtfertigung. Sobald man über Namen verfügt, kann man mit den Namen selbst etwas tun und mehr Namen bilden. So kann man von einem Wort durch bloßes Hinzufügen der Vorsilbe »un-« ein neues Wort mit der entgegengesetzten Bedeutung ableiten. Dann kann man herumprobieren, ob dieses neue Wort auf irgend etwas paßt. Aber man kann es auch benutzen, wenn es nichts bedeutet. Ähnlich kann man zwei Wörter zu einem dritten Wort zusammensetzen. Diese beiden Verfahren sind schematisch dargestellt. Die neuen Einheiten werden eher auf der

Ebene des Wortes gebildet, als aus der Umwelt abgeleitet. Dennoch werden diese Mythen-Wörter in genau derselben Weise verwendet wie gewöhnliche Wörter, die sich auf wirkliche Dinge in der Umwelt beziehen. Das Mythen-Wort ist kein Ergebnis der Umwelt, sondern kommt zuerst und »erzeugt« tatsächlich etwas in der Umwelt (indem es die Betrachtungsweise einer Sache vorschreibt). Beide Arten von Wörtern besitzen dieselbe Beständigkeit und Realität. Beide werden genau gleich behandelt.

● Grenzen des Benennungssystems

Der große praktische Vorteil eines Systems mit benannten Einheiten ist seine Beständigkeit; der große praktische Nachteil ist ebenfalls seine Beständigkeit.

Namen, Etiketten, Wörter sind fixiert und beständig. Aus diesem Grund müssen die Einheiten, die mit diesen Namen belegt werden, auch fixiert und beständig sein. Folglich neigen die Muster, zu denen sich die Einheiten anordnen, ebenfalls zur Fixierung und Beständigkeit.

Der größte Nachteil ist, daß eine benannte Einheit, die einmal sehr zweckmäßig gewesen sein mag, vielleicht nicht mehr zweckmäßig ist, sondern sehr hinderlich. Die benannten Gruppierungen von Einheiten (die als Begriffe oder Vorstellungen bezeichnet werden) behindern oft noch mehr, weil sie eine starre Betrachtungsweise einer Situation auferlegen. Wenn in einem Land Hungersnot herrscht, in dem Reis das Hauptnahrungsmittel ist, und aus anderen Ländern Mais hingeschickt wird, verhungert das Volk lieber – so starr hält es fest an der Vorstellung »Mais ist Viehfutter«.

Auch ohne einen Namen würde ein Begriff durch wiederholten Gebrauch und zunehmende Vertrautheit fixiert werden. Wenn er mit einem Etikett versehen wird, beschleunigt sich der Vorgang noch.

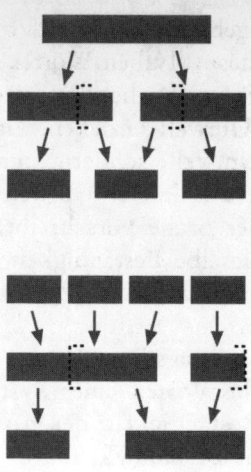

Aus der Benennung von Einheiten entstehen folgende Einschränkungen:

1. Eine Teilung an einer zweckmäßig erscheinenden Stelle bringt zwei Einheiten hervor, die dann eingeführt und benannt werden. Anschließend kann es sich als noch zweckmäßiger erweisen, die ursprüngliche Situation in drei Einheiten zu unterteilen. Das wird in der oberen der beiden Abbildungen auf dieser Seite gezeigt. Die Festlegung der neuen Einheiten ist sehr schwierig, da Stückchen von den früheren Einheiten abgetrennt und so zusammengefügt werden müssen, daß sie eher eine neue Einheit bilden, als zu den alten Einheiten zurückkehren.

2. Die untere Abbildung zeigt, wie aus einer Gruppe von Einheiten eine neue Einheit gebildet wird. Wenn es sich als zweckmäßiger erweisen sollte, diese Gruppierung so zu ändern, daß sie einige neue Einheiten einschließt, aber einige alte ausschließt, dann ist das sehr schwierig.

3. Wenn eine Einheit ausgesondert und benannt ist, läßt sich schwer erkennen, daß sie Teil eines Ganzen ist.

4. Wenn eine Gruppe von Einheiten einen Gesamtnamen erhält, können die einzelnen Teile nur noch mit Schwierigkeiten unterschieden werden.

5. Eine Teilung kann nur schwer wieder überbrückt werden. Wird ein Vorgang an einem Punkt unterbrochen und das, was vorher kam, »Ursache« genannt und das, was nachher kommt, »Wirkung«, dann fällt es schwer, die Trennungslinie zu überbrücken und das Ganze »Änderung« zu nennen.

Diese Liste ist keineswegs vollständig. Eines wird jedoch deutlich: Wenn Einheiten herausgenommen, auf vielfältige Weise gruppiert und dann mit Etiketten bezeichnet wurden, nimmt die Schwierigkeit zu, verschiedene Einheiten oder verschiedene Arten der Zusammensetzung zu verwenden.

Polarisierung

Es ist einfacher, zwei völlig verschiedene Muster einzuführen, als ein fixiertes Muster zu verändern. Wenn sich ein neues Muster nur wenig von einem alten unterscheidet, wird es von dem festen Muster angezogen. Etablierte Muster haben die Tendenz, ähnliche Muster als eine Wiederholung des Standardmusters zu werten und zu »schlucken«. Das Ergebnis ist eine Verzerrung der tatsächlich angebotenen Informationen. Das Muster, das von den Informationen angelegt worden wäre, wird zu einem etablierten Muster geschoben. Bei zwei etablierten Mustern geht die Verschiebung zu dem einen oder dem anderen. Sind die beiden fixierten Muster in irgendeiner Hinsicht entgegengesetzte »Pole«, dann bringt diese Verschiebung das neue Muster zu dem einen oder dem anderen Pol.

Man kann sich diesen Vorgang an einem Beispiel verdeutlichen. In zwei Holzkisten, die nebeneinanderstehen, legt man Tischtennisbälle. Die Bälle rollen entweder in die eine oder die andere Kiste. Ein Ball wird nicht auf der Kante zwischen den beiden Kisten liegenbleiben. Wenn die Seiten der Kisten geneigt sind, wird sich der Ball vielleicht ziemlich weit fortbewegen. Diesen Vorgang veranschaulicht die folgende Zeichnung.

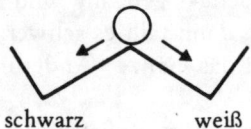

schwarz   weiß

Wenn eine der Kisten die Aufschrift »schwarze Bälle« trägt und die andere die Aufschrift »weiße Bälle«, wird jeder Ball in die entsprechende Kiste getan, je nachdem, ob er schwarz oder weiß ist. Bei grauen Bällen muß entschieden werden, ob sie in die schwarze oder in die weiße Kiste gehören. Sobald die Entscheidung getroffen ist, kommen die Bälle in die weiße Kiste, als ob sie weiß wären, oder in die schwarze Kiste, als ob sie schwarz wären. Eine offensichtliche Eigenschaft des Balls ist verschoben worden, damit er sich dem etablierten Muster anpaßt.

Man könnte sich eine ganze Reihe von Kisten vorstellen, jede mit einer eigenen Aufschrift. Jeder vorhandene Gegenstand käme in die Kiste mit der jeweils passendsten Aufschrift. Es würde keine Rolle spielen, wenn die passendste Aufschrift in Wirklichkeit nicht sehr passend wäre. Es gibt eine Verschiebung zur Anpassung an jedes vorhandene Etikett. Sobald die Verschiebung ausgeführt ist, kann nicht mehr behauptet werden, daß sich der Gegenstand in der Kiste von den anderen Gegenständen in der Kiste unterscheidet.

Um eine passende Kiste für irgendeinen Gegenstand zu finden, der sich nicht leicht in eine vorhandene Kiste einordnen läßt, kann man zweierlei tun. Man kann sich entweder auf die Punkte konzentrieren, nach denen er in eine Kiste passen müßte. Oder man kann sich auf die Punkte konzentrieren, nach denen er *nicht* in eine bestimmte Kiste paßt. So hätte man bei den grauen Tischtennisbällen sagen können: »Grau ist fast Weiß, also passen sie in die weiße Kiste«; oder man hätte sagen können: »Bei Schwarz fehlt jede Farbe, daher kann der graue Ball nicht in die schwarze Kiste kommen.«

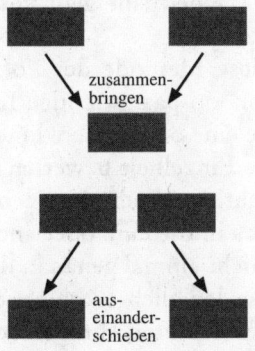

Wenn zwei Dinge einander ähneln, könnte man die Ähnlichkeiten bemerken und sagen, die beiden Dinge seien gleich, oder man könnte die Unterschiede bemerken und sagen, die beiden Dinge seien verschieden. Die beiden Dinge würden zusammengeschoben, um ähnlich zu sein, oder auseinandergeschoben, um verschieden zu sein. In beiden Fällen fände eine Verschiebung statt, wie sie die Abbildung oben zeigt.

Ähnlich wird ein neuer Gegenstand eingeordnet. Wenn es ein eingeführtes Etikett gibt, wird er entweder unter das Etikett gesteckt oder aber hinausgedrängt. Eine Gemeinschaft, die streng zwischen »wir« und »sie« unterscheidet, wird jeden

Fremden, der zufällig daherkommt, daraufhin einschätzen, ob er »einer von uns« oder »einer von ihnen« ist.

Wahrscheinlich ließe die Mischung von Eigenschaften bei dem Fremden eine Einordnung in beide Gruppen zu. Aber wie auch die Entscheidung ausfällt, es wird sofort angenommen, daß seine Eigenschaften sich geändert haben, so daß sie genau den charakteristischen Eigenschaften entsprechen, die das Etikett voraussetzt. Der Fremde wird zu dem einen oder dem anderen Pol gedrängt. Er kann nicht zwischen den Etiketten bleiben, ebenso wie eine Kompaßnadel ausschlagen muß, wenn ihr ein Magnet nahe gebracht wird.

In der Praxis ist diese Methode der Polarisierung sehr wirkungsvoll. Man kann ein paar wichtige Kategorien festsetzen und dann alles in die eine oder andere hineinzwängen. Anstatt alles bis in die letzte Einzelheit bewerten zu müssen und sich dann die eigene Reaktion zu überlegen, braucht man nur abzuschätzen, ob etwas in die eine oder andere Kategorie paßt. Die Sache braucht nicht einmal genau in die Kategorie zu passen, man schiebt sie lediglich hierhin oder dorthin. Sobald etwas in einer Kategorie untergebracht ist, ergibt sich die Reaktion fast von selbst, denn die Kategorien sind fixiert, und die Reaktion auf sie ebenfalls.
Wenn man eine neue Situation untersucht, könnte man zwei Kategorien anwenden: »eßbar« und »nicht eßbar«. Das reicht. Alles, was untersucht wird, kann hierhin oder dorthin geschoben werden. Feinere Unterscheidungen sind nicht nötig. Unterscheidungen wie »schmeckt schlecht, ist aber gesund«, »schmeckt gut, macht aber durstig«, »schmeckt gut, ist aber giftig« oder »kenne ich nicht, aber der Versuch lohnt sich« sind ausgeschlossen.

● Neue Kategorien
An welcher Stelle entsteht eine neue Kategorie? Wann ist man der Meinung, daß der Gegenstand in keine der Kisten paßt

und deshalb eine neue Kiste geschaffen werden muß? Wann ist man der Meinung, daß graue Tischtennisbälle in eine besondere Kiste gehören, die mit »grau« bezeichnet wird? Wann wird festgestellt, daß der Fremde weder »wir« noch »sie« ist, sondern etwas anderes? Die Gefahr der Polarisierung ist, daß die Dinge so viel herumgeschoben werden können, daß niemals ein Punkt kommt, an dem eine neue Kategorie *geschaffen werden muß*. Zudem existiert kein Hinweis darauf, wie viele Kategorien es eigentlich geben sollte. Man *kann* mit sehr wenigen Kategorien auskommen.

Die Gefahren der Polarisierung können jetzt zusammengefaßt werden:

● Sobald die Kategorien eingeführt sind, setzen sie sich auf Dauer fest.

● Neue Information wird so verändert, daß sie in eine vorhandene Kategorie paßt. Steckt sie erst einmal in der Kategorie, dann weist nichts darauf hin, daß sie sich von dem unterscheidet, was sonst noch darunter fällt.

● An keinem Punkt ist es jemals unbedingt notwendig, neue Kategorien zu schaffen. Man kann mit sehr wenigen Kategorien auskommen.

● Je geringer die Zahl der Kategorien, um so größer das Maß der Verschiebung.

Laterales Denken

Zweifellos ist das System der benannten Einheiten höchst leistungsfähig. Niemand bestreitet, daß die polarisierenden Eigenschaften dieses Systems es ermöglichen, mit sehr wenig Information zu reagieren. Das ganze informationsverarbeitende System des Verstandes ist ungemein nützlich. Die obenerwähnten Nachteile sind unbedeutend im Vergleich zur

Nützlichkeit des Systems. Aber Nachteile sind trotzdem vorhanden. Überdies sind sie untrennbar mit der Art des Systems verknüpft. So schöpft man die ganze Wirksamkeit des Systems aus, erkennt aber gleichzeitig seine Mängel und versucht sie zu beheben.

Der Haupteinwand gegen das System der benannten Einheiten ist die Starrheit der Etiketten. Wenn sie erst eingeführt sind, verewigen sie sich. Die Etiketten verändern die neue Information, aber die neue Information nicht die Etiketten.

Das laterale Denken will aus den Klischeemustern ausbrechen. Starre Etiketten sind jedoch ein vollendetes Beispiel für Klischeemuster. Um diesen Etiketten zu entgehen, kann man dreierlei tun:

● Die Etiketten in Frage stellen
● Versuchen, ohne sie auszukommen
● Neue Etiketten einführen
● Die Etiketten in Frage stellen

Warum gebrauche ich dieses Etikett?
Was bedeutet es eigentlich?
Ist es unbedingt notwendig?
Verwende ich es einfach und unüberlegt wie ein bequemes Klischee?
Warum muß ich ein Etikett akzeptieren, das andere Menschen verwenden?

Ein Etikett in Frage stellen bedeutet, die Verwendung eines Etiketts, eines Worts oder eines Namens unmittelbar in Frage zu stellen. Es bedeutet nicht, daß man die Verwendung ablehnt oder eine bessere Lösung gefunden hat. Es bedeutet einfach, daß man nicht bereit ist, das Klischee-Etikett zu akzeptieren, ohne es in Frage zu stellen.

Es geht nicht darum, eine Rechtfertigung für das Etikett zu suchen, damit man es weiterhin verwenden kann. Man stellt das Etikett ständig in Frage, auch wenn man es verwendet.

● Versuchen, ohne Etiketten auszukommen
Wann immer Einheiten zu Gruppen verbunden werden und einen neuen Namen oder ein neues Etikett erhalten, prägt sich dieses Etikett so mühelos ein, daß man leicht vergißt, was ihm zugrunde liegt. Wenn man das Etikett abschafft, kann man wiederentdecken, was dahintersteckt. Vielleicht erweist sich das Wiederentdeckte als sehr nützlich. Oder man stellt fest, daß es wirklich sehr wenig wichtig ist, obwohl das Etikett selbst wichtig zu sein schien. Vielleicht findet man auch, daß das Etikett tatsächlich nützlich ist, aber aktualisiert werden muß.

Durch die Abschaffung des Etiketts schafft man auch den Klischee-Vorteil des Etiketts ab. Wenn man schreibt oder spricht, versucht man, ohne den Klischee-Vorteil des Etiketts, also ohne das Etikett auszukommen. Wenn man einen Punkt erreicht, an dem man das Etikett normalerweise verwenden würde, sollte man es möglichst vermeiden. Wenn man es vermeiden will, muß man sich um eine neue Betrachtungsweise der Dinge bemühen: Genau das ist natürlich das Ziel des lateralen Denkens. Es ist nicht sehr nützlich, anstelle eines Etiketts irgendwelche Sätze zu verwenden, aber es hat immerhin einigen Wert, denn der Satz und andere Dinge können sich in einer Weise gegenseitig beeinflussen, wie es ein fixiertes Etikett nicht kann.

Ein einfaches Beispiel für den Versuch, ohne ein Etikett auszukommen, wäre es, ein sehr persönliches Schriftstück, in dem dauernd »ich« vorkommt, umzuschreiben. Wenn man es neu schreibt, um das »ich« zu vermeiden, wird man merken, daß viele Dinge ohnehin geschehen wären und die persönliche Beteiligung viel geringer war, als es den Anschein hatte.

Nicht nur bei der Untersuchung einer Situation sollte man sich bemühen, ohne ein bestimmtes Etikett auszukommen, sondern auch bei der Betrachtung einer Situation. Wenn man das Etikett »Pöbel« verwendet, ist es einfach, einen bestimmten Gedankengang zu entwickeln. Aber wenn man ohne dieses Etikett auskommen muß, könnte man vielleicht die Situation auf eine andere Weise betrachten. Man versucht, die Dinge so zu sehen, wie sie wirklich sind, und nicht unter dem Einfluß von Etiketten.

● Einführung neuer Etiketten

Es mag paradox erscheinen, ein neues Etikett einzuführen, um den schädlichen Wirkungen von Etiketten zu entgehen. Der Zweck der Einführung eines neuen Etiketts ist es indes, den verzerrenden Wirkungen der alten Etiketten zu entgehen. Der polarisierende Effekt verschiebt die Information in festgelegte Kategorien. Je geringer die Zahl der Kategorien, um so größer die Verschiebung und Verzerrung. Durch Einführung einer neuen Kategorie kann man weniger verzerrte Information erhalten. Deshalb führt man ein neues Etikett ein, um die ankommende Information vor dem polarisierenden Effekt bereits festgelegter Etiketten zu schützen.

Etablierte Etiketten umgeben sich leicht mit Bedeutungen, Kontexten und Entwicklungsabläufen. Selbst wenn man sich eines Gedankens zu bedienen wünscht, der zu einem vorhandenen Etikett paßt, könnte es besser sein, ihn nicht damit in Verbindung zu bringen, wenn man den Gedanken neu entwickeln will. Zum Beispiel überschneidet sich laterales Denken mit dem, was manche Leute unter kreativem Denken verstehen. Da kreatives Denken aber einen ganzen Komplex von Bedeutungen – unter anderem »künstlerischer Ausdruck«, »Talent«, »Sensibilität«, »Inspiration« usw. – nach sich zieht, ist es viel besser, laterales Denken als einen gesonderten Begriff einzuführen, wenn man es als eine bewußte Methode der Informationsverarbeitung ansehen will. Ähnlich geht es dem Wort »Patriotismus«, das so mit »Heldentum«, »Pflicht«, »Tugend« und »Vaterland über alles« verknüpft ist, daß man das Wort entweder für sehr ehrenhaft oder sehr gefährlich halten muß. Wenn man das Nationalgefühl im Sinne von »ein Land unter anderen« und im Sinne von »eigener Kultur« oder »Wirtschaftswachstum« fördern will, dann braucht man ein neues Etikett.

Übung

1. Etiketten in Frage stellen

Man verfährt hier ähnlich wie bei der in einem früheren Kapitel beschriebenen »Warum«-Technik. Wenn man einen Namen, ein Etikett oder eine Vorstellung in Frage stellt, dann *verlangt man nicht, daß der Begriff definiert wird.* Man diskutiert die Verwendung des Begriffs als Begriff und fordert weder eine Rechtfertigung noch eine Erklärung.

Den Schülern wird ein Artikel aus einer Zeitung oder Zeitschrift vorgelesen. Wenn genug Exemplare da sind, können sie ihn auch selbst lesen. Die Aufgabe besteht darin, gewisse Etiketten herauszusuchen, die allzu leichtfertig verwendet werden. Jedes dieser Etiketten wird unterstrichen. Es kann ein Etikett oder ein Begriff sein, die eine Beweisführung prägen, aber auch ein Etikett, das sehr oft verwendet wurde. In einem Artikel über Betriebsführung könnte dazu gehören: »Produktivität«, »Rentabilität« oder »Koordination«. Jeder Schüler stellt eine Liste solcher Klischeewörter auf, und zum Schluß werden die Listen verglichen und besprochen. Die Diskussion konzentriert sich darauf, wie diese Etiketten aus lauter Bequemlichkeit gebraucht werden. Es soll nicht entschieden werden, ob die Etiketten richtig oder falsch sind, sondern ob es nicht allzu bequem ist, einfach jedesmal den Begriff »Rentabilität« zu benutzen, wenn man etwas rechtfertigen muß. Aus einem anderen Artikel könnten die Klischeewörter »Gerechtigkeit«, »Gleichheit«, »Menschenrechte«

stammen. Man könnte die Diskussion über die leichtfertige Verwendung eines Etiketts durch die Frage erweitern, warum es gefährlich ist, Etiketten so zu verwenden.

2. Etiketten und Diskussion

Zwei Schüler werden aufgefordert, über ein Thema zu diskutieren, während die anderen Schüler zuhören. Anschließend äußern sich die Schüler über die Verwendung von Etiketten bei der Diskussion. Es genügt, wenn die Schüler sich darüber klarwerden, wie leicht Etiketten verwendet werden. Es soll kein Urteil gefällt werden, ob das Etikett gerechtfertigt war. Auch kritische Bemerkungen zur Diskussionstechnik sollten vermieden werden.

Mögliche Themen für eine solche Diskussion:
Sind Frauen so schöpferisch wie Männer?
Inwieweit ist Gehorsam eine gute Sache?
Man sollte nur Dinge lernen, die sofort nützlich sind.
Wenn du nicht bekommst, was du haben willst, solltest du es weiter versuchen.
Eltern sollten ihren Kindern bei den Hausaufgaben helfen.
Manche Menschen unterscheiden sich von anderen.

3. Auf Etiketten verzichten

Mit dieser Übung soll festgestellt werden, wie gut man ohne einen bestimmten Namen oder Begriff oder ein bestimmtes Etikett auskommen kann. Ein bestimmtes Etikett wird völlig fallengelassen, und der Zeitungsbericht wird umgeschrieben, ohne das Etikett zu verwenden. Hierfür eignen sich besondere Zeitungsartikel, in denen ein bestimmtes Etikett sehr oft vorkommt. Der Lehrer kommentiert die Ergebnisse, er achtet vor allem darauf, ob durch den Verzicht auf ein Etikett eine neue Betrachtungsweise erreicht wird oder ob das Etikett durch einen Klischeesatz ersetzt wurde.

4. In der Diskussion auf Etiketten verzichten

Hier wird ein Schüler aufgefordert, über ein Thema zu sprechen. Dann soll ein anderer Schüler erklären, was der erste gesagt hat, aber ohne ein bestimmtes Etikett zu verwenden, das der erste verwendet hat. Eine ähnliche Übung kann auch mit einer Debatte zwischen Schülern verbunden werden: Beiden Seiten wird verboten, irgendein Etikett zu verwenden. Man kann auch nur einer Seite das Etikett verbieten.

Mögliche Themen für die Diskussion:
Krieg (Etikett »kämpfen« fallenlassen)
Autorennen (Etikett »schnell« und Etiketten mit ähnlicher Bedeutung fallenlassen)
Laufen im Regen (Etikett »naß« fallenlassen)
Schule (Etikett »lehren« fallenlassen)
Polizei (Etikett »Gesetz« fallenlassen)

5. Umformulieren

Anstatt im Laufe einer Diskussion oder beim Umschreiben eines Artikels auf ein begriffliches Etikett zu verzichten, übt man mit einzelnen Sätzen. Diese Übung ist eigentlich leichter als die vorige und kann sehr nützlich sein. Der Lehrer wählt eine Reihe von Sätzen aus, die aus einer Zeitung stammen können oder spontan gebildet werden. Die Sätze werden vorgelesen oder an die Tafel geschrieben. Das Etikett, auf das verzichtet werden soll, wird unterstrichen. Die Schüler machen dann Vorschläge, wie die Sätze ohne dieses Wort neu formuliert werden können. Sie können auch der Reihe nach eine neue Version vorlegen. Zum Schluß werden die verschiedenen Versionen verglichen. Bei dieser Übung kommt es darauf an, die Bedeutung des Satzes möglichst nicht zu verändern.

Sätze folgender Art könnten verwendet werden:
Kinder sollten ihre Hausaufgaben möglichst *ordentlich* machen.

Jeder hat das Recht auf *gleiche Chancen* in der Erziehung.

In einer Demokratie regiert der *Wille* des Volkes.

Wenn ein Dieb beim *Stehlen* erwischt wird, kann er zu einer Gefängnisstrafe verurteilt werden.

Erdbeereis *schmeckt* besser als Vanilleeis.

Wenn man einen *Teller* auf den Boden fallen läßt, zerbricht er.

Bei Übungen dieser Art erhält man sehr oft einfach Synonyme. So könnten bei den obigen Beispielen statt »ordentlich« die Wörter »sorgfältig« oder »sauber« gebraucht werden. Eigentlich kann man Synonyme nicht ablehnen, denn die Grenze zwischen echtem Synonym und anderer Betrachtungsweise einer Situation ist fließend. Deshalb werden Synonyme akzeptiert, aber man sollte einen Schritt weitergehen und noch nach anderen Ausdrucksmöglichkeiten suchen. Anstatt Synonyme abzulehnen, sollte man versuchen, sie auszuschöpfen.

6. Überschriften

Diese Übung ähnelt der vorigen. An Stelle von Sätzen werden Überschriften aus Zeitungen genommen. Den Schülern wird die Aufgabe gestellt, die ganze Überschrift neu zu formulieren. Jedes Wort soll durch ein anderes ersetzt werden, die Bedeutung der Überschrift soll sich aber nicht verändern. Am zweckdienlichsten sind Überschriften, die keine spezifischen Etiketten enthalten. Zum Beispiel wäre es schwierig, die Überschrift »Ribofillo gewinnt Derby« neu zu formulieren, sofern man nicht sagen dürfte: »Favorit siegt im klassischen Epsom-Rennen.« Aber diese Umformulierung würde bedeuten, daß man weiß, daß Ribofillo der Favorit ist. In dieser Hinsicht muß man also etwas Freiheit zugestehen.

7. Neue Etiketten

Da die Kommunikation äußerst wichtig ist, wird man die Schüler nicht dazu ermutigen wollen, ihre eigenen Sonderetiketten für Dinge zu entwickeln. Doch kann man vor der ganzen Klasse die Schüler auffordern, Vorstellungen oder Dinge zu nennen, die ihrer Ansicht nach

a) unrichtig klassifiziert sind oder

b) von vorhandenen Etiketten nicht erfaßt werden.

Zum Beispiel könnte jemand der Ansicht sein, daß ein Luftkissenfahrzeug nicht eigentlich ein Flugzeug oder ein Auto ist, sondern etwas Besonderes. Jemand könnte der Meinung sein, daß »schuldig« und »unschuldig« zu scharfe Unterscheidungen sind und es ein Mittelding geben müßte für einen Menschen, der nach dem Buchstaben des Gesetzes schuldig ist, aber unschuldig, was seinen Vorsatz betrifft (oder nach dem Buchstaben des Gesetzes unschuldig, doch in Wirklichkeit schuldig).

Vielleicht sollte es ein spezielles Etikett für etwas geben, das nicht »häßlich« oder »schön« ist – anstatt es »gewöhnlich« nennen zu müssen. Vielleicht sollte es ein spezielles Etikett geben, um den Satz »die Art und Weise, wie man eine Situation betrachtet« zu fassen.

Vielleicht sollte es ein spezielles Etikett geben für »etwas, das im Augenblick gutgeht, aber deutlich dem Verhängnis zusteuert«. Vielleicht sollte es ein spezielles Etikett geben für »etwas, das nicht völlig ein Unglücksfall und auch nicht völlig alleinige Schuld von jemandem war, sondern eine Mischung von beidem«.

20 Das neue Wort PO

Wenn man das Wesen des lateralen Denkens begreift und seine Notwendigkeit einsieht, dann ist der erste Schritt zu seiner Anwendung getan. Aber Verständnis und guter Wille reichen nicht aus. Die vorgeschlagenen Verfahren für die Anwendung des lateralen Denkens bewähren sich schon eher in der Praxis, doch wird noch dringend etwas Bestimmtes, Einfacheres und Universelleres gebraucht: irgendein Werkzeug des lateralen Denkens, so wie NEIN ein Werkzeug des logischen Denkens ist.

NEIN und PO
Das Grundprinzip des logischen Denkens ist Auswahl. Sie wird durch Annahme- und Ablehnungsprozesse geleistet. Ablehnung ist die Grundlage des logischen Denkens. Der Ablehnungsprozeß ist im Begriff »Verneinung« enthalten. Die Verneinung ist ein Instrument der Beurteilung. Sie ist das Mittel, mit dem man gewisse Anordnungen der Information ablehnt. Die Verneinung wird gebraucht, um ein Urteil auszusprechen und eine Ablehnung anzuzeigen. Die Idee der Verneinung nimmt feste Formen an in einem ganz bestimmten Sprachwerkzeug. Dieses Sprachwerkzeug besteht aus den Wörtern »nein« und »nicht«. Sobald man die Funktion und Verwendung dieser Wörter lernt, hat man gelernt, wie man das logische Denken anwendet. Die ganze Idee des logischen

Denkens liegt in der Verwendung dieses Sprachwerkzeugs. Logik, könnte man sagen, ist die Handhabung des NEIN.

Der Grundsatz des lateralen Denkens ist intuitive Umstrukturierung. Sie wird durch die Neuanordnung der Information geleistet. Neuanordnung ist die Basis des lateralen Denkens, und Neuanordnung bedeutet, den durch die Erfahrung festgelegten starren Mustern zu entgehen. Der Neuanordnungsprozeß ist verbunden mit dem Begriff des Lösungsmittels. Das Lösungsmittel ist eine Neuanordnungsvorrichtung. Es ist das Mittel, durch das man starren Mustern entgehen und neue schaffen kann. Es erlaubt, die Information neu zu ordnen, und erst dadurch können neue Muster entstehen. Die Idee des Lösungsmittels nimmt feste Form an in einem eindeutigen Sprachwerkzeug. Dieses Sprachwerkzeug ist PO. Wenn man die Funktion und Verwendung von PO begreift, hat man gelernt, wie man laterales Denken anwendet. Die ganze Idee des lateralen Denkens läßt sich in der Verwendung dieses Sprachwerkzeugs zusammenfassen. Laterales Denken, könnte man sagen, ist die Handhabung von PO, ebenso wie logisches Denken die Handhabung von NEIN ist.

PO ist für das laterale Denken, was NEIN für das logische Denken ist. NEIN ist ein Ablehnungswerkzeug. PO ist ein Umstrukturierungswerkzeug. Die Idee des Lösungsmittels ist die Grundlage des lateralen Denkens, ebenso wie die Idee der Verneinung die Basis des logischen Denkens ist. Beide Ideen müssen in Sprachmitteln feste Form annehmen. Weil der Mechanismus des Verstandes von Natur aus passiv ist, sind Sprachmittel unerläßlich. Die Sprachmittel selbst sind Muster, die sich auf der Erinnerungsoberfläche des Verstandes gegenseitig beeinflussen, um gewisse Wirkungen zu erzeugen. Solche Sprachmittel sind äußerst nützlich für das Denken und unerläßlich für die Kommunikation.

Obwohl NEIN und PO als Sprachwerkzeuge dienen, führen sie völlig verschiedene Operationen aus. NEIN ist ein Instrument der Beurteilung. PO ist ein Instrument der Anti-Beurteilung. NEIN wirkt innerhalb des Rahmens der Vernunft. PO wirkt außerhalb dieses Rahmens. PO kann verwendet werden, um unvernünftige Anordnungen der Information herbeizuführen. Doch sie sind nicht wirklich unvernünftig, weil das laterale Denken anders als das vertikale Denken funktioniert. Das laterale Denken ist nicht irrational, sondern a-rational. Es befaßt sich damit, aus der Information Muster zu bilden, nicht damit, diese Muster zu beurteilen. Das laterale Denken ist Vor-Vernunft. PO ist niemals ein Instrument der Beurteilung. PO ist ein Konstruktionsinstrument. PO ist ein musterbildendes Instrument. Der musterbildende Prozeß kann auch das Auflösen und Neubilden von Mustern einschließen.

Zwar ist PO ein Sprachwerkzeug, doch ist es gleichzeitig ein Anti-Sprachinstrument. Wörter sind ebenso Klischeemuster wie die Methoden, nach denen sie zusammengesetzt werden. PO ermöglicht eine zeitweilige Flucht aus der geordneten Stabilität der Sprache, die die etablierten Muster eines sich selbst organisierenden Erinnerungssystems widerspiegelt. Darum ist es unwahrscheinlich, daß sich die volle Funktion von PO in der Sprachentwicklung selbst entfaltet hat. Vielmehr ergibt sich PO aus der Untersuchung des musterbildenden Verhaltens des Verstandes.

Die Funktion von PO ist die Neuanordnung von Informationen, um neue Muster zu schaffen und die alten umzustrukturieren. Diese beiden Funktionen sind nur verschiedene Ansichten ein und desselben Prozesses, aber der Bequemlichkeit halber können sie getrennt werden.

● Neue Muster schaffen
● Alte Muster in Frage stellen

Diese beiden Funktionen können auch anders ausgedrückt werden:

● Provokation und Duldung: Information auf neue Weise zusammenfügen und ungerechtfertigte Informationsanordnungen dulden.

● Befreiung: alte Muster auflösen, um die eingeschlossenen Informationen auf neue Weise wieder zusammenzufügen.

Die erste Funktion von PO: neue Informationsanordnungen schaffen

Die Erfahrung ordnet Dinge in Mustern an. Die Dinge der Umwelt sind vielleicht zufällig in einem bestimmten Muster angeordnet, oder die Aufmerksamkeit màg nach einem bestimmten Muster Dinge herausgreifen. Im einen Fall ist das Muster von der Umwelt übernommen, im anderen Fall stammt es von der Erinnerungsoberfläche des Verstandes, da diese die Aufmerksamkeit lenkt. Die erste Funktion von PO besteht darin, Informationsanordnungen zu schaffen, die nicht aus einer dieser beiden Quellen stammen. Ebenso wie NEIN verwendet wird, um Anordnungen abzulehnen, die auf der Erfahrung beruhen, wird PO verwendet, um Verbindungen herzustellen, die nichts mit der Erfahrung zu tun haben. Sobald sich die Information in fixierten Mustern auf der Erinnerungsoberfläche »niedergeschlagen« hat*, kann es nur dann zu neuen Anordnungen kommen, wenn sie unmittelbar aus diesen Mustern hervorgehen. Es werden nur solche Anordnungen der Informationen zugelassen, die mit diesen Hintergrundmustern übereinstimmen. Alles andere wird sofort fallengelassen. Wenn aber (auf irgendeine Weise) andere Informationsanordnungen gebildet und eine Weile erhalten werden könnten, dann könnte sich die Information an dieser Stelle zusammenschließen und ein neues Muster bilden, das entweder mit dem Hintergrundmuster übereinstimmt oder es

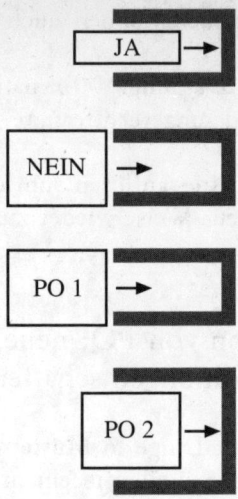

zu ändern vermag. Diesen Vorgang veranschaulicht die Abbildung auf dieser Seite. PO hat dann den Zweck, entweder Anordnungen einzuführen, die sonst nicht vorkommen, oder Anordnungen zu erhalten, die sonst als unmöglich fallengelassen würden. Diese Funktionen können in drei Punkten zusammengefaßt werden:

● Information auf eine Weise anordnen, die bei normalem Ablauf nicht zustande gekommen wäre.

● An einer Informationsanordnung festhalten, ohne sie zu beurteilen.

● Eine Informationsanordnung, die schon als unmöglich beurteilt worden ist, vor der Ablehnung bewahren.

Eine Informationsanordnung wird gewöhnlich in dem Moment beurteilt, in dem sie zustande kommt. Das Urteil lautet entweder: »Das ist zulässig« oder »Das ist unzulässig«. Die Anordnung wird also bejaht oder abgelehnt. Es gibt keinen Mittelweg. Die Funktion von PO ist es, einen Mittelweg ein-

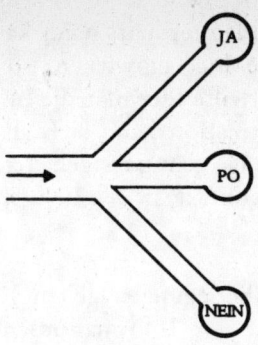

zuführen, wie in der Abbildung oben gezeigt. PO ist niemals eine Beurteilung. Es kritisiert nicht die Entscheidung, sondern die Anwendung der Beurteilung. PO ist ein Anti-Beurteilungsinstrument.

PO ermöglicht es, eine Anordnung ein wenig länger beizubehalten, ohne sie bejahen oder ablehnen zu müssen. PO schiebt das Urteil auf.

Von der Nützlichkeit, Urteile aufzuschieben, leitet sich eines der grundlegenden Prinzipien des lateralen Denkens ab. Hier unterscheidet sich das laterale Denken grundsätzlich vom vertikalen. Beim vertikalen Denken muß eine Informationsanordnung bei jedem Schritt richtig sein. Das Urteil muß daher möglichst früh gefällt werden. Beim lateralen Denken mag eine Informationsanordnung an sich falsch sein, aber sie kann zu einer durchaus stichhaltigen neuen Idee führen. Diese Möglichkeit ergibt sich unmittelbar aus der Erkenntnis, daß der Verstand eine sich selbst erweiternde Erinnerungsoberfläche ist.

Das Aufschieben des Urteils und das Festhalten an einer Idee können eine Reihe von Dingen auslösen. Wenn die Idee weit genug verfolgt wird, läßt sich erkennen, ob sie sinnvoll ist.

Wenn man an der Idee festhält, dann kann neu eintreffende Information auf die Idee einwirken, so daß sie stichhaltig wird. Die nicht beurteilte Idee mag die Informationssuche leiten. Die neue Information kann sich als nützlich erweisen. Wenn an der Idee lange genug festgehalten wird, kann sich im Laufe der Zeit der Kontext, in den sie ursprünglich nicht paßte, geändert haben.

Genau dieselben Überlegungen gelten für die Verwendung von PO zum Schutz von Informationsanordnungen, die bereits beurteilt und fallengelassen wurden. Solche abgelehnten Anordnungen sind vielleicht schon vor langer Zeit fallengelassen worden, und es kann notwendig sein, sie unter dem Schutz von PO wiederaufleben zu lassen. Andererseits können die Anordnungen auch erst vor kurzem vorgeschlagen und abgelehnt worden sein.

Man sollte sich darüber klarwerden, daß die Verwendung von PO zur Schaffung neuer Informationsanordnungen ganz andere Folgen hat als die Verwendung der üblichen Instrumente, die Informationen ordnen.

● PO hat nicht die hinzufügende Funktion, für die »und« steht.
● PO hat nicht die identifizierende Funktion, für die »ist« steht.
● PO hat nicht die alternative Funktion, für die »oder« steht.

PO hat die Funktion, eine provokative Informationsanordnung einzuleiten, ohne etwas darüber auszusagen. Die Anordnung selbst ist nicht wichtig, doch das, was dann geschieht. Die Anordnung dient allein dem Zweck, neue Ideen zu fördern.

In der Praxis gibt es spezifische Situationen, in denen PO zweckdienlich angewendet werden kann.

● Nebeneinanderstellung

Am einfachsten läßt sich PO verwenden, um zwei zusammenhanglose Dinge so zusammenzubringen, daß sie (oder die ausgelösten Assoziationen) sich gegenseitig beeinflussen können. Dazu ist keinerlei Verbindung oder Beziehung zwischen den beiden Dingen notwendig. Auch existiert kein Grund dafür, sie zusammenzubringen (abgesehen von dem, was geschehen könnte). Ohne das Instrument PO würde es einem nicht leichtfallen, Dinge auf diese Weise zusammenzubringen – ohne irgendeinen Grund dafür zu finden, zu unterstellen oder zu erzwingen.

Man könnte sagen: »Computer PO Eierkuchen.« Aus dieser Nebeneinanderstellung könnte sich folgende Idee ergeben: Kochen durch Computer oder einen Automaten. Eine andere Idee wäre eine zentrale Speicherung von Rezepten: Man könnte über Telefon angeben, welche Zutaten man hat und was man haben will, und bekäme dann das dafür passende Rezept. Eierkuchen und Computer verbindet die Funktion, Rohmaterial in eine brauchbarere Form zu bringen. Bei einem Eierkuchen werden Dinge vermischt, kommen aber in eindeutiger Form wieder heraus, ebenso wie bei einem bestimmten Computertyp eine scheinbar zufällig gemischte Information immer zu einem eindeutigen Ergebnis führt (wie zum Beispiel im Gehirn).

● Einführung eines Zufallswortes

Anstatt zwei unzusammenhängende Wörter durch Nebeneinanderstellen zu verbinden, kann PO verwendet werden, um ein zufälliges, zusammenhangloses Wort in eine Diskussion »einzuführen«, so daß neue Gedanken angeregt werden. Man könnte sagen: »Meine Herren, Sie wissen alles über das laterale Denken und die Anwendung einer Zufallseingabe, die dazu beitragen kann, Klischee-Denkmuster zu stören und neue Gedanken anzuregen. Ich werde jetzt ein solches Zufallswort einführen. Dieses Wort steht in keinerlei Zusammenhang mit dem, was wir besprochen haben. Es gibt keinen Grund für meine Wahl des Wortes. Der einzige Grund für seine Verwendung ist die Hoffnung, daß es einige neue Gedanken provoziert. Glauben Sie nicht, daß es in Wirklichkeit einen verborgenen Grund gibt. Verschwenden Sie keine Zeit damit, nach diesem Grund zu forschen. Das Wort ist ›Rosine‹.« An Stelle dieser langen Rede kann man auch einfach sagen: »PO Rosine.«

Wenn man über das Thema »Wie nutzt man am besten die Studienzeit?« diskutiert, könnte dieses Zufallswort folgende Gedanken auslösen: Rosine – macht Kuchen leckerer – kleine süße Einschiebsel – eingestreute kurze Perioden von interessanteren Dingen zwischen längeren Perioden weniger interessanter Dinge – kleine interessante Passagen in weniger interessanten Lernstoffen schaffen.

Rosinen – getrocknete Trauben – konzentrierte Süße – Arbeitsstoff konzentrieren und zusammenfassen, so daß er in kürzerer Zeit aufgenommen werden kann.

Rosinen – in der Sonne zum Trocknen ausgebreitet – vielleicht kann man in einer erfreulichen Umgebung ebenso gut arbeiten wie in einer unerfreulichen – beeinflussen Beleuchtung, Farbe usw. die Langeweile? – Vielleicht kann der Stoff dem »Licht« der Analyse von jemand anderem ausgesetzt werden, um ihn auf seine Kernpunkte zu reduzieren.

Rosinen – zum Haltbarmachen getrocknet – Notizen und Zusammenfassungen sind leichter zu merken, müssen aber mit Flüssigkeit (d. h. Beispielen) wieder aufgefrischt werden.

● Gedankensprünge
Beim vertikalen Denken folgt ein Schritt dem anderen. Beim lateralen Denken kann man sich Sprünge erlauben und dann versuchen, die Lücken zu füllen. Wenn man so in einer Diskussion verfährt, die nach den Regeln des vertikalen Denkens

abläuft, dann verwirrt man alle anderen Teilnehmer, da sie Logik hinter diesem Sprung vermuten. Um anzudeuten, daß es ein lateraler, willkürlicher Sprung aus dem Zusammenhang ist, könnte man seine Ausführungen mit PO einleiten. In der Diskussion über die Studienzeit könnte man zum Beispiel sagen: »PO mit Studieren verbrachte Zeit ist Zeit, die nicht damit verbracht wird, andere Dinge zu tun.«

Der Sprung kann nur ein kleiner Sprung innerhalb der Grenzen des Themas sein, aber es kann auch ein großer Sprung aus dem Zusammenhang hinaus zu einem anderen Thema sein. PO erspart einem die Mühe, die neue Bemerkung an das Vorangegangene anzuknüpfen. Wie gewöhnlich bedeutet PO: »Sucht nicht nach dem Grund dafür. Laßt uns weitergehen und sehen, welche *Wirkung* der Vorschlag hat.«

● Zweifel (halbe Gewißheit)
Immer wenn eine Diskussion ins Stocken gerät, weil ein bestimmter Punkt nicht bewiesen werden kann, wird PO verwendet, um den Weg wieder freizumachen. PO beweist den Punkt nicht und lehnt ihn auch nicht ab. Es schafft aber die Möglichkeit, den Punkt in einer Weise zu verwenden, die die Diskussion in Gang hält. Dann kann man immer noch sehen, was geschieht. Vielleicht kommt wenig Nützliches dabei heraus, und man erkennt, daß der ursprüngliche Punkt letztlich doch nicht entscheidend war. Vielleicht kommt man zu einer Lösung und kann von hier aus auf einem anderen Weg zurück zum Ausgangspunkt finden, ohne den zweifelhaften Punkt wieder zu berühren. Es kann auch sein, daß man nur auf dem Weg über den zweifelhaften Punkt zu einer Lösung gelangt, auf diese Weise erkennt, wie wichtig dieser Punkt ist, und deshalb die Bemühungen verstärkt, ihn zu beweisen. Diese Verwendung von PO unterscheidet sich nicht sehr von der üblichen Verwendung von »wenn« oder »angenommen«.

● Holzwege

Beim lateralen Denken stört es einen nicht, wenn der Weg zu einer Lösung einmal ein Holzweg ist. Es kann sich als notwendig erweisen, ein falsches Gebiet zu durchqueren, um einen Punkt zu erreichen, von dem aus der richtige Weg sichtbar wird. PO ist ein Geleitschutz, der einem durch den falschen Bereich hilft. PO macht die Dinge nicht richtig, aber es verlagert die Aufmerksamkeit, so daß man nicht mehr fragt, warum etwas falsch ist, sondern wie es nützlich sein kann. Tatsächlich besagt PO: »Ich weiß, daß das falsch ist, aber ich will die Dinge so ausdrücken, um zu sehen, wohin das führt.«

Bei der Erörterung des Problems, wie man die Windschutzscheibe eines Wagens von Schmutz und Wasser freihalten kann, schlug jemand vor, Autos sollten rückwärts fahren, denn durch die hintere Scheibe könne man immer besser sehen als durch die vordere. An sich ist das offensichtlicher Unsinn, denn wenn man rückwärts fährt, würde dieses Fenster ebenso schmutzig werden wie die Windschutzscheibe. Dennoch kann die Anregung »Warum nicht rückwärts fahren?« zu Ideen führen – wie Systeme für indirekte Sicht oder andere Mittel und Wege, um die Windschutzscheibe vor der Beschmutzung von vorn zu schützen.

Bei diesem Beispiel würde PO auf folgende Weise verwendet: Jemand würde den Vorschlag machen, rückwärts zu fahren, und die Reaktion darauf wäre: »Das ist Unsinn, weil . . .« Darauf könnte geantwortet werden: »PO warum nicht rückwärts fahren.« Der Zweck von PO wäre, das Urteil aufzuschieben – die Idee eine Zeitlang im Gedächtnis zu behalten, um zu sehen, was sich daraus ergeben könnte, statt sie sofort fallenzulassen.

● Die Festhalte-Funktion

PO schützt also eine Idee, die offensichtlich falsch ist. Es kann jedoch auch eine Idee vor dem Urteil bewahren. In diesem Fall ist der Gedanke noch nicht beurteilt worden, sondern soll erst einer kritischen Analyse unterworfen werden: PO wird dann verwendet, um das Urteil aufzuschieben. Diese Funktion von PO gleicht seiner Verwendung bei der Einführung einer zufälligen Anregung. Eine belanglose Bemerkung oder ein Gedanke in einer Diskussion wird durch die Verwendung von PO in einen Katalysator verwandelt. Dann besagt PO: »Sparen wir uns die mühevolle Analyse, ob das richtig oder falsch ist – laßt uns einfach sehen, zu welchen Ideen das führt.«

PO könnte von demjenigen verwendet werden, der die Idee äußert, oder von jemand anderem. Wenn also die Wertung einer Idee beginnt, könnte jemand einwerfen: »PO ...« Das würde bedeuten: »Laßt uns mit der Wertung noch abwarten.«

● Konstruktion

In der Geometrie wird die Lösung einer Aufgabe oft erleichtert, wenn der ursprünglichen Figur ein paar Linien hinzugefügt werden. Dieser Vorgang gleicht dem Verfahren des Richters, der die Aufgabe übernahm, elf Pferde unter drei Söhnen aufzuteilen: Einer von ihnen sollte die Hälfte der Pferde, der zweite ein Viertel und der dritte ein Sechstel bekommen. Der Richter lieh den Söhnen sein eigenes Pferd und teilte dann die zwölf Pferde auf, gab dem ältesten sechs, dem zweiten drei und dem dritten zwei. Dann nahm er sein eigenes Pferd wieder weg.

PO wird konstruktiv verwendet, um dem Problem etwas hinzuzufügen oder es auf eine andere Weise zu verändern. Wenn man das Problem so verändert, können sich neue Entwicklungsabläufe und neue Betrachtungsweisen einstellen. Die Änderung des Problems dient *nicht* dem Zweck, es neu zu formulieren oder besser darzustellen, sondern es abzuwandeln und abzuwarten, was dann geschieht. Wenn man zum Beispiel über die Wirksamkeit der Polizei bei der Verbrechensbekämpfung nachdenkt, könnte man sagen: »PO warum nicht einarmige Polizisten beschäftigen?« Wird das Problem auf diese Weise verändert, indem der Faktor »einarmige Polizisten« hinzukommt, dann konzentriert sich die Aufmerksamkeit auf die möglichen Vorteile, einarmig zu sein, und insbesondere auf die Notwendigkeit, eher Verstand und Organisation einzusetzen als Muskelkraft.

Zusammenfassung

Es gibt noch viele andere Möglichkeiten, PO zu verwenden. Die angeführten Fälle reichen jedoch aus, um die *erste* Funktion von PO hinreichend zu veranschaulichen. Diese erste Funktion läßt sich auf den Satz reduzieren: »Jeder darf sagen, was er will.« PO gestattet es, Informationen auf jede erdenkliche Weise anzuordnen. Eine solche Anordnung bedarf keiner anderen Rechtfertigung als PO.

PO zwei und zwei ist fünf.
PO Wasser fließt bergauf, wenn es grün gefärbt ist.
PO laterales Denken ist Zeitverschwendung.
PO Männer haben Seelen, Frauen aber nicht.
PO es braucht ein ganzes Leben, um sich von dem zu befreien, was man in der Schule gelernt hat.

Die erste Funktion von PO verlagert die Aufmerksamkeit von der Bedeutung einer Aussage und dem Grund, warum sie gemacht wird, auf die Wirkung der Aussage. Mit PO schaut man nach vorn anstatt zurück. Da jede Informationsanordnung zu anderen Anordnungen führen kann, kann eine Aussage als Anreiz sehr nützlich sein, wie unsinnig sie an sich auch sein mag. Und dadurch, daß sie unsinnig ist, kann man Informationen in einer Weise anordnen, die sich von den fixierten Mustern unterscheidet – und damit die Chance einer permanenten Umstrukturierung erhöhen. Beim vertikalen Denken darf man nichts dergleichen tun. Beim vertikalen Denken schaut man zurück nach dem Grund für eine Aussage, nach der Rechtfertigung und nach der Bedeutung.

Die Aussage: »PO Wasser fließt bergauf, wenn es grün gefärbt ist« ist lächerlich, aber sie könnte Gedanken wie die folgenden anregen: Warum sollte die grüne Farbe einen Unterschied ausmachen? Warum sollte die Beimischung von Farbe überhaupt einen Unterschied ausmachen? Gibt es irgend etwas, das man dem Wasser zusetzen kann, um es bergauf fließen zu lassen? Das gibt es in der Tat. Wenn man eine ganz kleine Menge eines bestimmten Kunststoffs zusetzt, dann verhält sich das Wasser wie ein Festkörper/Flüssigkeit. Wenn man anfängt, Wasser aus einem Gefäß auszugießen, und den Krug dann senkrecht hält, fließt das Wasser weiter, es klettert an den Seiten des Gefäßes hinauf, fließt über den Rand und an der Außenseite herunter.

Das Instrument PO erlaubt uns, Informationen auf eine ganz und gar unübliche Weise zu verwenden. Man könnte Informationen zwar auch ohne PO in dieser Weise verwenden, aber dann würde man immer noch den lateralen Begriff gebrauchen, der in PO steckt. Mit dem Wort PO gibt man deutlich zu erkennen, daß Informationen in einer besonderen Weise eingesetzt werden. Ohne einen solchen Hinweis würde Verwirrung entstehen, denn der Hörer wüßte nicht, was vor sich geht. Eine Aussage vom Typ PO in einer normalen Diskussion, bei der vertikal gedacht und PO nicht verwendet wird, könnte die Teilnehmer zu der Annahme verleiten, der Sprecher sei verrückt, ein Lügner, einer Täuschung erlegen, dumm, unwissend oder ein Witzbold. Abgesehen davon, daß es unerfreulich ist, so beurteilt zu werden, besteht die Gefahr, ernst genommen zu werden. »PO das Haus brennt« ist zum Beispiel ganz etwas anderes als »Das Haus brennt«. Wenn man PO nicht gebraucht, wird die Information überdies nicht in lateraler Weise als Anreiz verwendet.

Die zweite Funktion von PO: alte Informationsanordnungen anfechten

Die grundlegende Funktion des Verstandes ist es, Muster zu schaffen. Die Erinnerungsoberfläche des Verstandes ordnet die Information systematisch zu Mustern – oder vielmehr bietet sie der Information die Möglichkeit, sich selbst zu Mustern anzuordnen. Das Ergebnis ist dasselbe, wie wenn der Verstand Dinge aus der Umwelt herausgreift und sie so zusammenfügt, daß sie Muster bilden. Diese gerade gebildeten Muster prägen sich immer fester ein, weil sie die Aufmerksamkeit steuern. Die Wirksamkeit des Verstandes hängt völlig von der Schaffung, dem Erkennen und der Verwendung dieser Muster ab. Die Muster müssen beständig sein, wenn sie nützlich sein sollen. Dennoch ist ein bestimmtes Muster nicht unbedingt die einzige Möglichkeit, Informationen zu verbinden – auch nicht die beste. Die Reihenfolge, in der die Informationen eintreffen, oder die vorangegangenen Muster, die ganz übernommen werden, bestimmen die Struktur der Muster.

PO in seiner zweiten Funktion stellt diese fixierten Muster in Frage. PO wird als befreiendes Mittel angewendet, um die Starrheit festgelegter Gedanken, Etiketten, Teilungen, Kategorien und Klassifizierungen zu lösen. Die Verwendungsweise von PO kann wie folgt zusammengefaßt werden:

● Die Anmaßung etablierter Muster anfechten.
● Die Gültigkeit etablierter Muster bezweifeln.
● Etablierte Muster trennen und Informationen freisetzen, die sich dann vereinigen und neue Muster bilden können.

- Durch Etiketten und Klassifikationen gefangene Information retten.
- Die Suche nach alternativen Informationsanordnungen fördern.

- Niemals ein Urteil

Wie schon früher erwähnt, wird PO niemals als Instrument der Urteilsfindung verwendet. PO soll niemals anzeigen, ob eine Informationsanordnung richtig oder falsch ist. PO gibt niemals an, ob eine Informationsanordnung wahrscheinlich oder unwahrscheinlich ist oder ob sie die beste der im Augenblick verfügbaren ist. PO ist ein Instrument, um eine Informationsanordnung oder Neuanordnung zu bewirken, nicht aber ein Instrument, um neue Anordnungen zu beurteilen oder die alten zu verdammen.

PO besagt: »Das mag die beste Art und Weise sein, die Dinge zu betrachten oder die Informationen zusammenzustellen. Das kann sich sogar als die einzig mögliche Anordnung erweisen. Aber wir wollen uns noch nach anderen Möglichkeiten umschauen.«

Beim vertikalen Denken darf man keinen Gedanken in Frage stellen, es sei denn, man kann belegen, daß er falsch ist, oder man kann eine Alternative anbieten. Wenn man eine Alternative anbietet, muß man nachweisen, warum sie besser ist als der ursprüngliche Gedanke, und man muß auch ihre Richtigkeit beweisen. Mit PO braucht man nichts dergleichen zu tun. Man stellt die etablierte Ordnung in Frage, auch wenn man nichts als Ersatz anzubieten hat und keinen Fehler nachweisen kann.

Ein Urteil verlangt gewöhnlich die Rechtfertigung eines Gedankens oder die Rechtfertigung der Behauptung, daß eine Informationsanordnung akzeptiert werden sollte. Man will wissen, warum etwas auf eine bestimmte Weise zusammengefügt wurde. Mit PO wird dieser Nachdruck von »warum« auf »wohin« verlagert. Man akzeptiert die Notwendigkeit, Information auf eine neue Weise anzuordnen. Man nimmt sich eine neue Anordnung vor, und anstatt herausfinden zu wollen, wo sie herkommt und ob sie gerechtfertigt ist, überlegt man sich, wo sie hinführt – *welche Wirkung sie haben kann.*

● Die Reaktion auf PO

Der Herausforderung durch PO begegnet man nicht mit einer leidenschaftlichen Verteidigung, warum ein festverwurzelter Gedanke tatsächlich die beste Art und Weise sei, Dinge zusammenzufügen, denn PO greift keinen Gedanken an. PO fordert nur dazu heraus, den Versuch zu wagen, auf andere Weise zu denken. Der Herausforderung durch PO begegnet man, wenn man andere Betrachtungsweisen der Situation entwickelt. Je mehr Betrachtungsweisen man entwickeln kann, um so klarer wird gezeigt werden können, daß der ursprüngliche Gedanke tatsächlich der beste war. Aber auch dieses Ergebnis liefert keinen Grund, Versuche mit anderen Betrachtungsweisen zu unterlassen. Wenn sich beim Ausdenken dieser Alternativmöglichkeiten eine andere und bessere Betrachtungsweise zeigt, kann das nur gut sein. Selbst wenn der alte Gedanke nur leicht verändert wird, ist das immer noch gut. Sogar die Möglichkeit, daß es noch eine andere Art und Weise geben könnte, die Dinge zu betrachten, ist insofern an sich nützlich, als dadurch die Starrheit des alten Gedankens gelockert wird. Nun wird es leichter, ihn zu ändern, wenn eine Änderung nötig ist.

● Klischeemuster anfechten

Jedes überhaupt nützliche Muster ist ein Klischee. Je nützlicher es ist, um so leichter wird es ein Klischee. Und je mehr es ein Klischee ist, um so nützlicher kann es werden. PO kann verwendet werden, um jedes Klischee anzufechten. PO stellt nicht nur die Anordnung der Begriffe zu Mustern in

Frage, sondern auch die Begriffe selbst. Man neigt immer dazu, sich Klischees als Begriffsanordnungen vorzustellen und zu glauben, die Begriffe selbst müßten akzeptiert werden, weil sie die Bausteine des Denkens sind und deshalb unverändert bleiben.

»PO Freiheit« stellt eben den Begriff »Freiheit« in Frage, nicht den Wert oder das Ziel der Freiheit.
»PO Strafe« stellt eben den Begriff »Strafe« in Frage, nicht die Umstände, unter denen eine Strafe verhängt wird, und nicht den Zweck, weswegen sie verhängt wird.

Wie oben erwähnt, müssen die nützlichsten Begriffe zuerst angefochten werden. Die weniger nützlichen Begriffe werden wahrscheinlich ständig angefochten und umgestaltet. Aber die Nützlichkeit eines nützlichen Begriffs schützt ihn.

● Scharfeinstellung
Da das Klischee ein bestimmter Begriff oder eine Redensart oder der ganze Gedanke selbst sein kann, empfiehlt es sich, ganz genau festzulegen, was mit PO angefochten wird. Deshalb wird wiederholt, was angefochten wird, und zwar unter Voranstellung von PO.

»Es ist die Aufgabe der Erziehung, den Verstand auszubilden und ihm das Wissen der Jahrhunderte zu übermitteln.«

Darauf könnte man erwidern: »PO den Verstand ausbilden« oder »PO das Wissen von Jahrhunderten« oder auch bloß: »PO ausbilden.«

So verwendet, kann PO als Instrument zur *Scharfeinstellung* dienen, um die Aufmerksamkeit auf irgendeinen Begriff zu lenken, der immer für selbstverständlich gehalten wird, weil es andere Begriffe gibt, deren Überprüfung eher notwendig erscheint.

● Alternativen

Zuweilen ist es vernünftig, wenn man nach anderen Mitteln und Wegen sucht, eine Situation zu betrachten. Das ist der Fall, wenn die geläufige Betrachtungsweise nicht befriedigt. PO ist dann eine Aufforderung, Alternativen zu entwickeln, auch wenn es *unvernünftig* zu sein scheint. Es werden also weiterhin Alternativen entwickelt bis zur völligen Sinnlosigkeit – und noch darüber hinaus. Da es keine logische Rechtfertigung gibt, warum unter diesen Umständen Alternativen entwickelt werden, braucht man den künstlichen Anreiz von PO, das ein außerhalb der Vernunft wirkendes Instrument ist.

»Es ist Frühling, und auf den Flügeln der Liebe kehren die Vögel zurück.«
»Nein. Die Vögel fliegen mit ihren eigenen Flügeln.«
»PO.«
»Die Flügel der Liebe und die Flügel der Vögel sind im Frühling ein und dasselbe.«

In dieser Verwendung ist PO eine Aufforderung (oder ein Ersuchen), Alternativlösungen der Informationsanordnung zu entwickeln. PO wird auch verwendet, um diese Alternativanordnungen zu rechtfertigen. Sie werden deutlich erkennbar als Alternativlösungen angeboten und nicht unbedingt als bessere oder gar gerechtfertigte Anordnungen.

● Anti-Arroganz

Eine der wertvollsten Funktionen von PO ist die eines Instruments der Anti-Arroganz. PO richtet eine Mahnung an das Verhalten der Erinnerungsoberfläche des Verstandes. PO erinnert daran, daß eine bestimmte Informationsanordnung, die unvermeidlich scheint, dennoch auf willkürliche Weise entstanden sein kann. PO weist darauf hin, daß die Illusion der Gewißheit nützlich, aber nicht absolut sein kann. PO ist eine Mahnung, daß die Gewißheit über eine bestimmte Informationsanordnung niemals die Möglichkeit ausschließen kann, daß es noch eine andere Anordnung gibt. PO ficht Dogmatismus und Absolutismus an. PO verweist die Anmaßung jeder absoluten Aussage, jedes Urteils oder jedes Standpunktes in ihre Schranken.

Wenn man PO so gebraucht, bedeutet es nicht, daß die Aussage falsch ist. Es bedeutet nicht einmal, daß derjenige, der PO verwendet, Zweifel an der Aussage hegt – geschweige denn berechtigte Zweifel. PO bedeutet lediglich, daß die Aussage mit einer Anmaßung gemacht wird, die nicht unter allen Umständen gerechtfertigt ist.

PO bedeutet: »Sie mögen recht haben, und Ihre Argumentation mag fehlerfrei sein. Dennoch gehen Sie von Vorstellungen aus, die willkürlich sind, und Sie verwenden Begriffe, die willkürlich sind, denn die einen wie die anderen sind aus Ihrer persönlichen Erfahrung abgeleitet oder von der allgemeinen Erfahrung einer bestimmten ›Kultur‹. Das sind die Grenzen des informationsverarbeitenden Verstandes. Sie mögen recht haben in einem bestimmten Kontext oder wenn Sie bestimmte Begriffe anwenden, aber diese Begriffe sind nicht absolut.«

PO soll niemals so viel Zweifel aufkommen lassen, daß ein Gedanke unbrauchbar wird. PO richtet sich niemals gegen einen Gedanken als solchen, sondern gegen die Anmaßung, die ihn umgibt und zum Ausschluß anderer Möglichkeiten führt.

● Dem NEIN entgegenwirken
NEIN ist ein äußerst zweckmäßiges Instrument für die Verarbeitung von Informationen. Es ist ein sehr eindeutiges und sehr absolutes Instrument. NEIN neigt auch dazu, ein permanentes Etikett zu werden. Die Beständigkeit des Etiketts, seine Bestimmtheit und seine absolut ablehnende Bedeutung

stützen sich vielleicht auf einen Beweis, der bestenfalls oberflächlich gewesen ist. Sobald das Etikett jedoch angewendet wird, kommt es mit voller Kraft zur Geltung, und die kaum ausreichende Begründung, warum es überhaupt angewendet wird, ist bald vergessen. Es kann auch vorkommen, daß das Etikett gerechtfertigt war, als es zum erstenmal angewandt wurde, daß sich die Lage aber inzwischen geändert hat und das Etikett nun nicht mehr gerechtfertigt ist. Leider bleibt das Etikett da, bis es entfernt wird – es hält sich eben nicht nur so lange, wie Gründe für sein Dasein vorhanden sind. Es ist nicht so einfach, dieses Etikett zu untersuchen, denn man kann nicht wissen, ob sich eine Überprüfung lohnt, ehe man sie nicht gemacht hat, und das NEIN-Etikett selbst verhindert eine solche Überprüfung.

PO wird verwendet, um der absoluten Sperre entgegenzuwirken, die das NEIN-Etikett errichtet. Wie sonst auch, verhängt PO kein Urteil. PO besagt nicht, das NEIN-Etikett sei falsch, und es impliziert auch keinerlei Zweifel an dem Etikett. Tatsächlich besagt PO: »Wir wollen das NEIN-Etikett einstweilen verstecken und so tun, als sei es nicht da.« Fährt man dann mit seiner Prüfung fort, so kann sich herausstellen, daß das Etikett nicht mehr gerechtfertigt ist. Andererseits kann sich herausstellen, daß das Etikett zwar so gültig ist wie eh und je; daß aber die Information, die unter dem Etikett verborgen liegt, woanders sehr nützlich sein kann.

Nehmen Sie die Aussage: »Man kann nicht leben, wenn das Herz stillsteht.« Wenn das geändert würde in: »PO man kann leben, wenn das Herz stillsteht«, dann würde PO dazu führen, daß Mittel, um den Herzschlag in Gang zu halten, künstliche Herzen oder verpflanzte Herzen diskutiert werden. PO führt auch zu der Einsicht, daß ein neues Kriterium für den Tod notwendig wird, denn mit künstlichen Mitteln kann der Herzschlag auch dann in Gang gehalten werden, wenn das Gehirn irreparable Schädigungen erlitten hat.

Die Geschichte der Wissenschaften wimmelt von Beispielen, daß etwas für unmöglich gehalten wurde und sich später doch als möglich erwies. Flugmaschinen, die schwerer als Luft sind, gehören zu diesen Beispielen. 1941 wies jemand nach, daß eine Rakete mit einem Gewicht von einer Million Tonnen nötig sei, um eine Last von einem Pfund auf den Mond zu bringen. Schließlich wog die Rakete, die Menschen auf den Mond brachte, erheblich weniger.

Jede bestimmte Verwendung des NEIN-Etiketts ist eine Aufforderung, PO zu verwenden.

● Antiteilung
Da PO verwendet wird, um Begriffe in Frage zu stellen, stellt es auch die Teilung in Frage, die etwas in zwei getrennte Begriffe zerlegt. PO ficht nicht nur die Begriffe an, sondern auch die Teilung, die sie zustande gebracht hat. Die musterbildende Tendenz des Verstandes kann sowohl Dinge zusammenfügen, die eigentlich getrennt sein sollten, als auch Dinge trennen, die eigentlich zusammengefügt werden sollten. Ein künstlicher Unterschied und eine künstliche Gleichheit können beide mit PO in Frage gestellt werden.

Wenn zwei Dinge durch eine Teilung getrennt sind, kann PO entweder die Teilung anfechten oder aber die Aufmerksamkeit auf die Merkmale lenken, die die beiden Dinge miteinander gemein haben, und die Aufmerksamkeit von den Merkmalen ablenken, die sie unterscheiden.

Starre Teilungen, Klassifizierungen, Kategorien und Polarisierungen sind sehr nützlich, aber sie können auch einschränkend wirken. Wie NEIN entfernt auch PO zeitweilig die Etiketten, damit sich die Information wieder neu zusammenfügen kann. Die Informationen werden aus den Ablagefächern herausgezogen und beeinflussen sich gegenseitig. Die Dinge können nach einem bestimmten Merkmal oder nach einer bestimmten Funktion klassifiziert werden. Wenn sie erst einmal klassifiziert sind, prägt sich das Etikett ein, und infolgedessen werden leicht alle anderen Merkmale und Funktionen vergessen. Man kommt nicht auf den Gedanken, unter einem Etikett nach einer Funktion zu suchen, die auf dem Etikett nicht angegeben ist. Wie bei der Aktenablage ist etwas falsch Abgelegtes viel schwieriger zu finden als etwas, was gar nicht abgelegt wurde.

Ein Spaten und ein Besen sind zwei ganz verschiedene Gegenstände. »Spaten PO Besen« lenkt die Aufmerksamkeit auf die Ähnlichkeiten: Bei beiden wird am Ende eines Stiels eine Funktion erfüllt, beide haben lange Stiele, beide können von Rechts- oder Linkshändern benutzt werden, beide haben einen breiten Teil am Ende des schmalen Teils, beide können dafür verwendet werden, Materie von einem Ort wegzuschaffen, beide können als Waffe gebraucht werden, beide können dazu dienen, eine Tür festzuklemmen, damit sie nicht zuschlägt, usw.

»Künstler PO Technologe.« Man ist nur allzu bereit, Leute in Ablagefächer zu stecken, und je besser die Ablagefächer getrennt sind, um so nützlicher erscheinen sie. Sie erscheinen deshalb nützlicher, weil man bei weit auseinanderliegenden Ablagefächern leicht voraussagen kann, was jemand tut. Wenn sich die Ablagefächer überschneiden, handelt man sich nur Schwierigkeiten ein. »Künstler PO Technologe« stellt die große Kluft in Frage, die diese beiden Typen angeblich trennt. PO weist darauf hin, daß die beiden Typen vielleicht dasselbe zu tun versuchen: eine Wirkung zu erzielen. Die Arbeitsgebiete mögen verschieden sein, aber die Methoden können dieselben sein: eine Kombination von Erfahrung, Information, Experiment und Urteil. PO kann auch darauf anspielen, daß ein Künstler heutzutage etwas von einem Technologen haben muß, wenn er sich der neuen Medien bedienen soll.

● Ablenkung

PO stellt Begriffe in Frage, es stellt die Teilung zwischen Begriffen in Frage, und es kann auch dazu verwendet werden, den Entwicklungsgang eines Begriffs in Frage zu stellen. Manchmal ist der Entwicklungsgang einer Idee zu natürlich und so offensichtlich vorgegeben, daß man ganz widerstandslos diesem Pfad folgt, ohne auch nur auf die Frage zu stoßen, ob es noch einen Alternativweg gibt, den man erforschen könnte. Gegen diesen Ablauf kann PO als eine zeitweilige Sperrvorrichtung eingesetzt werden. PO wird als eine spezielle Art von NEIN verwendet, aber ohne das Urteil des NEIN oder seine Beständigkeit. Tatsächlich besagt PO: »Das ist der natürliche Lauf der Entwicklung, aber wir wollen diesen Weg für einen Augenblick sperren, damit wir irgendeinen anderen Weg erkunden können.«

»Eine Firma ist da, um Gewinn zu machen. Gewinn wird erzielt durch rationelle Produktionsmethoden in Verbindung mit gründlicher Marktforschung und dem höchsten Preis, den der Markt verträgt . . .« Das ist ein natürlicher und vernünftiger Gedankengang. Doch wenn man die Frage stellen müßte »PO Gewinn machen«, dann wäre man imstande, andere mögliche Entwicklungen zu erforschen:
Eine Firma hat die soziale Funktion, eine Umgebung anzubieten, in der die Leute durch Produktivität den größten Beitrag für die Gesellschaft leisten können.
Eine Firma ist eine rationelle Produktionseinheit. Wirtschaftlichkeit ist das Hauptziel, nicht Gewinn.
Eine Firma ist nur ein Entwicklungsstadium im Produktionsgefüge, und ihre einzige Rechtfertigung ist historisch.

Wenn PO geschickt verwendet wird, kann es den Gedankengang auf neue Wege leiten, indem es an bestimmten entscheidenden Punkten die alten Wege sperrt. PO ist ein Vorwand, um einen Gedankengang zu wählen, der nicht der offensichtlichste und nicht der beste ist.

● PO und Überreaktion

Die allgemeine Funktion von PO ist die eines Lösungsmittels, um die Starrheit einer bestimmten Betrachtungsweise zu lokkern. In gewissen Situationen kann eine starre Betrachtungsweise zu emotionaler Überreaktion führen. In solchen Fällen wirkt PO wie ein Lachen oder ein Lächeln, um die Spannung zu lösen, die ein hartnäckig verfochtener Standpunkt erzeugt. Zum Lachen und Lächeln kommt es, wenn eine bestimmte Art und Weise, eine Situation zu betrachten, plötzlich umgekehrt wird. PO weist auf die Möglichkeit einer solchen Meinungsänderung hin. PO bewirkt, daß ein bestimmter Standpunkt nicht mehr so unbedingt notwendig erscheint.

Die allgemeine Funktion von PO

PO ist das Lösungsmittel der Sprache und des Denkens.
PO ist das Instrument des lateralen Denkens.
PO ist ein Symbol, das die Aufmerksamkeit auf das musterbildende Verhalten des Verstandes lenkt. Der Verstand neigt dazu, starre Muster anzulegen. PO lenkt die Aufmerksamkeit auf die Möglichkeit von Klischees und starren Betrachtungsweisen. PO lenkt die Aufmerksamkeit auf die Möglichkeit intuitiver Umstrukturierung, die ohne weitere Informationen neue Muster schafft. Selbst wenn PO nur als Mahnung verwendet wird, kann es immer noch außerordentlich nützlich sein.

Wenn PO als praktisches Sprachwerkzeug eingesetzt wird, signalisiert es die Anwendung des lateralen Denkens. PO zeigt an, daß die betroffene Informationsanordnung unter dem Gesichtspunkt des lateralen Denkens sinnvoll ist, auch wenn sie sonst keinen Sinn ergibt. Ohne ein präzises Signal wie PO könnte Verwirrung entstehen, wenn in eine Diskussion, die nach den Regeln des vertikalen Denkens verläuft, laterales Denken eingeführt wird.

PO ist kein selektierendes Instrument, sondern ein schöpferisches. PO ist niemals ein Urteil. PO untersucht niemals, warum eine Informationsanordnung getroffen wurde, sondern blickt voraus, um ihre Wirkung abzuschätzen. PO widersetzt sich Urteilen nicht und wirkt ihnen nicht entgegen, sondern weicht ihnen lediglich aus. PO schützt Informationsanordnungen vor der Wertung.

PO ist im wesentlichen ein Instrument, das uns in die Lage versetzt, auf eine andere als die offensichtlichste und vernünftigste Weise von Informationen Gebrauch zu machen. PO erlaubt, Informationsanordnungen zu treffen, für die es keine Rechtfertigung gibt. PO erlaubt auch, Informationsanordnungen in Frage zu stellen, die voll gerechtfertigt sind.

Scheinbar ist PO eine Perversion, die das höchst nützliche System des logischen Denkens, die festen Begriffe und das Verfolgen der eindeutigen Wege unterminieren will. PO ist jedoch alles andere als eine Perversion, es ist eine Befreiungstat. PO zerstört nicht die Nützlichkeit des vertikalen Systems, sondern erhöht sie, weil es die Starrheit überwinden hilft, die das vertikale Denken einengt. PO, das sind *Ferien* von den üblichen Konventionen der Logik, aber nicht ein Angriff auf sie. Ohne den stabilisierenden Hintergrund des traditionellen, vertikalen Denkens wäre PO nicht viel nütze. Wenn alles Chaos wäre, dann gäbe es keine Starrheit, der man entrinnen muß. Es bestünde dann auch keine Möglichkeit, ein aktuelleres Muster einzuführen – und das tut die einsichtsvolle Intuition. Tatsächlich erhöht PO die Wirksamkeit des vertikalen Denkens, denn es tastet das vertikale Denken nicht an. PO bietet die Möglichkeit, wie man das vertikale Denken umgeht, um ein schöpferisches Moment einzuführen. Sobald ein neues Muster entstanden ist, kann es mit der ganzen Exaktheit des vertikalen Denkens entwickelt und beurteilt werden.

Ähnlichkeit von PO mit anderen Wörtern

Der Eindruck könnte entstehen, daß einige Funktionen von PO ohnehin schon von Wörtern wie »Hypothese«, »möglich«, »angenommen« oder »Poesie« wahrgenommen werden. Einige Funktionen von PO sind zum Beispiel der Funktion der »halben Gewißheit« tatsächlich ähnlich; andere wiederum sind ganz verschieden, zum Beispiel das Nebeneinanderstellen völlig unzusammenhängender Gegenstände. »Hypothese«, »möglich« und »angenommen« sind sehr schwächliche Verwandte von PO. Sie beziehen sich auf Informationsanordnungen, die sehr vernünftig scheinen, aber nicht so recht bewiesen werden können. Sie tragen mittelmäßige Mutmaßungen über die zur Zeit beste Informationsanordnung vor. PO dagegen läßt zu, daß Information auf eine Weise verwendet wird, die *absolut* vernunftwidrig ist. Der wichtigste Unterschied ist, daß bei diesen Wörtern die Information um ihrer selbst willen verwendet wird, auch wenn es nur versuchsweise geschieht. Bei PO wird die Information jedoch nicht um ihrer selbst willen, sondern um ihrer Wirkung willen verwendet. Das ähnlichste Wort ist vielleicht »Poesie«, denn in Gedichten werden die Wörter nicht so sehr wegen ihrer Bedeutung, sondern wegen ihrer anregenden Wirkung verwandt.

Der Mechanismus von PO

Warum soll PO überhaupt eine Wirkung haben? In einem linearen System wie einem Computer könnte PO niemals wirksam werden, denn die Informationsanordnung in einem solchen System ist im Rahmen des Programms immer die bestmögliche. Doch in einem sich selbst erweiternden System oder einem System mit Humor hängt die Anordnung der Information zu Mustern sehr stark von der Reihenfolge ab, in der die Informationen eintreffen. Wenn B auf A folgt und danach C und D kommen, entsteht ein ganz anderes Muster, als wenn D auf B folgt, dann A und schließlich C. Wenn aber A, B, C und D alle zusammen eintreffen, unterscheidet sich ihre beste Anordnung von beiden anderen Anordnungen. Dieser Systemtyp besitzt eine ungeheure Kontinuität. Das bedeutet: Es ist zwar einfach, neue Muster einzuführen oder sie zu kombinieren, aber sehr schwierig, sie umzustrukturieren. Es gibt auch ererbte Muster, die fix und fertig von anderen Köpfen übernommen werden.

Diese Tendenz, Muster anzulegen, die dann immer starrer werden, macht ein Mittel notwendig, mit dem man die Muster auseinanderreißen kann, um die Informationen neu zu ordnen. PO ist dieses Mittel, da es das Werkzeug des lateralen Denkens ist. PO wird gebraucht, um das Verhalten eines sich selbst erweiternden Erinnerungssystems zu kontrollieren, und PO ist wirksam, weil das System sich so verhält. Innerhalb eines Erinnerungssystems muß sich irgendeine Art von Muster bilden. Wenn das alte Muster genügend durcheinandergebracht wird, bildet sich ein neues Muster – durch den Prozeß der intuitiven Umstrukturierung.

PO wird verwendet, um Muster auseinanderzureißen. PO wird verwendet, um Muster durcheinanderzubringen. PO wird als Katalysator verwendet, um Informationen neu zusammenzustellen. Von diesem Punkt an fügt das natürliche Verhalten des Verstandes das neue Muster zusammen. Ohne dieses Verhalten des Verstandes wäre PO nutzlos.

Je größer der Unterschied gegenüber dem alten Muster ist, um so wahrscheinlicher ist es, daß sich ein neues Muster bildet. »Vernünftige« Informationsanordnungen sind den alten Anordnungen zu ähnlich, als daß sie neue Muster ergeben könnten. Darum wirkt PO außerhalb der Vernunft. PO kümmert sich nicht um die Gründe, wenn Information auf eine bestimmte Weise verwendet wird, sondern um die Wirkung. Wenn das neue Muster entstanden ist, muß es natürlich in üblicher Weise beurteilt werden.

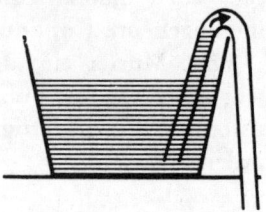

Wenn ein Eimer mit einem Saugheber entleert werden soll, muß das Wasser zuerst in das Rohr hinaufgesaugt werden. Das ist ein für Wasser unnatürlicher Weg. Sobald das Wasser eine bestimmte Stelle erreicht hat, stellt sich die Hebewirkung ein, und das Wasser fließt weiter, bis der Eimer leer ist.

Grammatikalische Verwendung von PO

PO kann auf jede Weise verwendet werden, die selbstverständlich zu sein scheint. Alles, was mit PO gemeint wird, muß deutlich erkennbar sein. Die beiden Hauptfunktionen von PO sind: 1. eine Informationsanordnung vor der Beurteilung bewahren und anzeigen, daß PO provokativ verwendet wird; 2. eine bestimmte Informationsanordnung in Frage stellen – zum Beispiel einen Gedanken, einen Begriff oder eine Darstellungsweise. Im ersten Fall würde PO neue Dinge erfassen, im zweiten würden die zur Debatte gestellten Teile mit dem Zusatz PO wiederholt.

1. PO als Interjektion
Hier wird PO für sich allein verwendet als Erwiderung oder auch als Einwurf, etwa in derselben Weise wie NEIN. PO

impliziert, daß eine bestimmte Art und Weise, die Dinge zu betrachten, angefochten wird.

Beispiel: »Der Sport soll den Kampfgeist und den Siegeswillen stärken.«

»PO!«

2. Vorangestelltes PO

Hier wird PO vor einem Satz, einer Redewendung oder einem Wort verwendet, die es modifizieren soll. Die Modifikation kann die Form der Anfechtung einer Behauptung annehmen, oder sie kann provokatives Material einführen.

Beispiel: »Eine Organisation kann nur dann erfolgreich arbeiten, wenn alle ihre Mitglieder absoluten Gehorsam beweisen.«

»PO erfolgreich arbeiten.«

Oder: »PO Uhrwerk mit Zahnrädern aus Gummi.«

3. PO als Bindeglied

Wenn zwei Wörter ohne jeden Grund nebeneinandergestellt werden sollen, wird PO verwendet, um das Verhältnis zwischen ihnen anzuzeigen. Auf dieselbe Weise wird PO verwendet, wenn ein Zufallswort in eine Diskussion eingeworfen wird.

Beispiel: »Reise PO Tinte.«

Oder: »PO Känguruhs.«

4. PO an denselben Stellen wie NEIN oder NICHT

PO kann an jeder Stelle verwendet werden, an der NEIN oder NICHT stehen könnten. An einer solchen Stelle würde PO genau dieselben Dinge modifizieren wie NEIN oder NICHT.

Beispiel: »Mittwoch ist PO ein Feiertag.«

In der Praxis ist es wahrscheinlich am besten, wenn man versucht, PO immer am Anfang eines Satzes oder einer Redensart oder unmittelbar vor dem modifizierten Wort zu verwenden. PO braucht nicht mit großen Buchstaben geschrieben zu werden, aber bis man sich völlig daran gewöhnt hat, sind Großbuchstaben vorzuziehen. Wenn man PO verwendet und der Gesprächspartner versteht nicht, wie es verwendet wird, dann kann das auf ganz einfache Weise erklärt werden:

1. Anfechtungsfunktion

PO bedeutet: Du magst schon recht haben, aber wir wollen doch mal sehen, ob es sich nicht noch auf andere Weise betrachten läßt.

2. Provokative Funktion

PO bedeutet: Ich sage das bloß, um zu sehen, was dadurch in deinem Verstand ausgelöst wird, und ob durch diese Art und Weise, die Dinge auszudrücken, neue Gedanken angeregt werden können.

3. Anti-Arroganz-Funktion

PO bedeutet: Sei nicht so arrogant, so dogmatisch. Sei nicht so engstirnig.

4. Überreaktion

PO bedeutet einfach: Immer mit der Ruhe. Kein Grund, sich aufzuregen.

Übung

PO ist das sprachliche Werkzeug des lateralen Denkens. Der Begriff und die Funktion des lateralen Denkens nehmen feste Form an in der Verwendung von PO. Wenn man PO geschickt verwendet, dann beherrscht man auch das laterale Denken. Aus diesem Grunde ist es überaus wichtig, die Verwendung von PO zu üben. Man lernt PO zu gebrauchen, wie man NEIN zu verwenden gelernt hat. Zu lernen, wie man NEIN verwendet, ist allerdings ein langwieriger Vorgang, der sich über viele Jahre erstreckt. Bei PO versucht man, denselben Effekt in kürzerer Zeit zu erreichen. Es ist allerdings viel besser, langsam und sorgfältig vorzugehen, als voranzustürmen und nur eine begrenzte, oft gar falsche Verwendung von PO zu lehren oder zu lernen.

Wer die Verwendung von PO lehrt, weist besser auf den allgemeinen Begriff PO hin, als starr die Situationen zu umreißen, in denen es verwendet werden kann. Dennoch muß man die praktische Anwendung von PO in der Sprache zeigen und nicht nur die Theorie.

Da PO das Werkzeug des lateralen Denkens ist, können alle vorangegangenen praktischen Übungen noch einmal mit PO als Verfahrensinstrument wiederholt werden. Allerdings wäre es nützlicher, sich besondere Situationen auszudenken, die die Funktion von PO deutlicher erkennen lassen.

In diesem Abschnitt sind verschiedene Teilbereiche der Funktion von PO aufgeführt worden. Diese Teilbereiche können erwähnt werden, wenn das Wesen von PO erklärt wird, und dabei können zusätzliche Beispiele angeführt und nach weiteren gefragt werden. Für die Übungsstunde ist es besser, die Funktionen von PO in ein paar große Kategorien einzuteilen, statt die Schüler durch die Einzelheiten jedes speziellen Verwendungszwecks zu verwirren.

Die Funktion von PO schließt zwei grundlegende Aktionsarten ein:

● Die Reaktion auf PO
● Die Verwendung von PO

Die Reaktion auf PO

Es ist sinnvoll, die Reaktion auf PO *vor* der Verwendung von PO zu lernen. Dieser scheinbar paradoxe Ansatz ist deshalb vorteilhaft, weil man aus der Reaktion auf PO spontan lernt, warum PO verwendet wird. Wenn man zuerst auf PO reagieren lernt, kann man die Verwendung von PO realistisch üben, denn man wendet PO nicht nur an, sondern reagiert auch darauf.

Wer auf PO reagiert, sollte beachten:

1. PO ist niemals ein Urteil. Wenn PO verwendet wird, um eine Aussage anzufechten, dann bedeutet das nicht, daß man anderer Meinung ist oder Zweifel hegt. Die Erwiderung auf PO ist niemals eine Verteidigung dessen, was gesagt wurde. Auch wird auf PO nicht mit dem verzweifelten Ausruf reagiert: »Wie könnte man es denn sonst ausdrücken – wie würdest *du* es ausdrücken?« Außerdem zeigt PO nicht an, daß derjenige, der es ausspricht, eine bessere oder überhaupt eine Lösung weiß. PO besagt lediglich: »Ich bin nicht unbedingt anderer Meinung als du – aber laß uns doch beide versuchen, die Dinge auf eine andere Weise zusammenzubringen. Nicht daß ich gegen dich wäre; vielmehr wollen wir gemeinsam nach einer Alternativlösung suchen.« Es ist wichtig, diesen Aspekt der *gemeinsamen Suche* zu betonen. Es ist wichtig, zu betonen, daß PO kein Gegenargument in einer Debatte ist. Man reagiert also auf PO mit dem Versuch, Alternativen zu entwickeln, aber *nicht* durch Verärgerung oder Verteidigung der ursprünglichen Ansicht.

2. PO kann Information provokativ verwenden. Das bedeutet, die Information kann in einer phantastischen und völlig ungerechtfertigten Weise zusammengefaßt und durch PO gedeckt werden. Bei dieser Verwendung von PO wird nicht als Argument angeführt, daß die Informationsanordnung unan-

nehmbar sei. Auch nimmt man keine passive Haltung ein und bringt damit zum Ausdruck: »Sehr schön, wenn du es so darstellen willst, aber mach nur weiter und zeige, daß es nützlich sein kann.« Die provokative Verwendung von PO soll einen Anreiz bieten, aus dem beide Parteien gemeinsam Nutzen ziehen. Die Provokation bedeutet: »Wenn wir diese Informationsanordnung als Anregung nehmen, was können wir beide damit erreichen?« Die Reaktion auf die provokative Verwendung von PO ist also weder Verurteilung noch Gleichgültigkeit, sondern Kooperation.

3. PO kann als Schutz verwendet werden. Das bedeutet, daß PO ein Urteil hinausschieben oder sich vorübergehend über ein Urteil hinwegsetzen kann, das zu einer Ablehnung geführt hat. Die Reaktion auf diese Verwendung von PO ist *nicht* der Nachweis, daß ein Urteil notwendig ist und sofort gefällt werden sollte. Die Reaktion ist auch kein verzweifelter Ausruf: »Wenn du die übliche Verwendung von falsch und richtig nicht akzeptieren willst, wie können wir dann weiterkommen?« Auch überlegene Gleichgültigkeit ist keine passende Reaktion: »Wenn du behaupten willst, daß schwarz weiß ist, und dich mit diesem Gedanken eine Weile beschäftigen willst, dann werde ich eben warten, bis du fertig bist.« Die richtige Reaktion ist auch hier eine gemeinschaftliche Untersuchung der neuen Situation.

4. PO kann eine Entspannung sein. Wenn eine Situation durch das Verfechten starrer Standpunkte und mögliche Überreaktionen spannungsgeladen ist, wird PO wie ein Lächeln angedeutet, um die Spannung zu verringern und die starren Standpunkte zu entkrampfen. In solchen Fällen ist die einzig angemessene Reaktion, mit PO (und einem Schulterzucken im Geiste und einem Lächeln) zu reagieren und so die Starrheit der Situation zu lockern.

5. PO kann auch mehrdeutig verwendet werden. Manchmal ist es nicht klar, wie PO angewendet wird oder welcher Begriff in Frage gestellt wird. In solchen Fällen fordert man denjenigen, der PO verwendet hat, auf, sich entweder genauer auszudrücken oder zu bestätigen, daß er PO wirklich so unspezifisch verwenden will.

Wichtig bei der Reaktion auf PO ist also die Erkenntnis, daß PO sich nicht gegen irgend etwas richtet, sondern anregen will zu kooperativen Versuchen, eine Situation umzustrukturieren. Wem nach Wettkampf zumute ist, der kann das zum Ausdruck bringen, indem er PO effektvoller verwendet als derjenige, der es ausgesprochen hat – das heißt, er entwickelt weiterhin mehr Alternativen als der andere. PO kann eine Aufforderung zu einem Wettlauf sein, aber niemals eine Aufforderung zum Kampf.

Die Verwendung von PO

Der Bequemlichkeit halber können die vielen Verwendungsmöglichkeiten von PO in drei große Kategorien eingeteilt werden:

1. Die Entwicklung von Alternativen. Anti-Arroganz. Entspannung. Überprüfung eines Begriffs. Neu überdenken. Umstrukturierung. Hinweis darauf, daß man sich der Möglichkeit bewußt ist, es könnte sich um Klischees oder einen starren Standpunkt handeln.

2. Provokation. Die Verwendung von Informationsanordnungen als Reize. Bindeglied. Einführung von Zufallswörtern. Abschaffung von Begriffsteilungen. Die Anwendung von Phantasie und Unsinn.

3. Schutz und Rettung. Hinausschieben der Beurteilung. Vorübergehende Umkehrung des Urteils. Entfernung des NEIN-Etiketts.

Die Entwicklung von Alternativen

PO soll darauf hinweisen, daß eine bestimmte Betrachtungsweise einer Situation nur eine Möglichkeit unter vielen ist. PO soll darauf hinweisen, daß ein bestimmter Standpunkt anscheinend mit ungerechtfertigter Anmaßung vertreten wird. Die erste Stufe soll lediglich andeuten, daß es noch andere Betrachtungsweisen geben kann. Das trifft besonders dann zu, wenn PO als Anti-Arroganz-Instrument verwendet wird.

Die zweite Stufe soll eine Aufforderung zur Umstrukturierung der Situation sein. Hier fragt man, ob es denn keine Alternativen gibt, und liefert sie dann selbst.

PO kann angewendet werden auf einen ganzen Gedanken, einen ganzen Satz, eine Redensart, einen Begriff oder bloß ein Wort.

Übung
1. Der Lehrer bittet einen Schüler (einen bestimmten Schüler oder einen, der sich freiwillig meldet), über ein Thema zu sprechen. Das Thema könnte etwa lauten:
Welchen Zweck hat die Raumfahrt?
Soll der ganze Gesundheitsdienst kostenlos sein?
Sind gerade Straßen besser als kurvenreiche?

Während der Schüler spricht, unterbricht ihn der Lehrer mit PO. Bei der Unterbrechung wird mit vorangestelltem PO ein Teil von dem wiederholt, was der Schüler gesagt hat. Der Schüler soll in diesem Stadium nicht auf PO reagieren. Das wird ihm erklärt. Er hält einfach inne, wenn der Lehrer unterbricht, und fährt dann fort.

2. Der Lehrer spricht über ein Thema, und diesmal werden die Schüler aufgefordert, auf dieselbe Weise, wie es der Lehrer bei der vorigen Übung gemacht hat, mit PO zu unterbrechen.
Themen für die Diskussion könnten sein:
Die Nützlichkeit verschiedener Sprachen
Ob große Organisationen besser arbeiten als kleine
Was ist leichter, allein arbeiten oder in einer Gruppe?

Jedesmal, wenn ein Schüler mit PO unterbricht, geht der Lehrer darauf ein und entwickelt Alternativmöglichkeiten, indem er die Dinge anders darstellt. Die Schüler werden ermutigt, es ihm gleichzutun. Eine Diskussion könnte zum Beispiel so vor sich gehen:

LEHRER: Verschiedene Sprachen sind nützlich, denn sie ermöglichen die Entwicklung verschiedener Kulturen, sie bieten mehr Reiz.
SCHÜLER: PO bieten mehr Reiz.
LEHRER: Verschiedene Kulturen bedeuten unterschiedliche Lebensanschauungen, unterschiedliche Gewohnheiten und Verhaltensweisen, unterschiedliche Kunst usw. Aus all diesen Dingen kann man etwas lernen und sie mit den eigenen Erfahrungen vergleichen. Neue Muster können untersucht werden. Man kann etwas tun.
SCHÜLER: Verschiedene Arten und Weisen, dasselbe auszudrücken – sie könnten nützlich sein, sie könnten aber auch eine Zeitverschwendung sein.
LEHRER: Wegen der verschiedenen Sprache ist die Kommunikation behindert, und so entsteht Verschiedenartigkeit statt Gleichförmigkeit.
SCHÜLER: PO Kommunikation ist behindert.
LEHRER: Die Menschen können sich mit denen, die eine an-

dere Sprache sprechen, nicht leicht unterhalten und ihre Bücher nicht lesen. Die Menschen können sich gegenseitig nicht so stark beeinflussen.

SCHÜLER: Die Menschen können sich nicht gegenseitig beeinflussen. Das kann schlimm sein, denn aus der Wechselwirkung könnte ein besseres Verständnis erwachsen.

LEHRER: PO Verständnis.

SCHÜLER: Sie könnten wissen, was der andere meint, was er vorhat, was er will, wie sein Wertsystem aussieht.

3. Es ist recht wahrscheinlich, daß eine einseitige Diskussion dieser Art sehr rasch zu einer zweiseitigen wird. Wenn nicht, kann der Lehrer bewußt eine Diskussion zwischen zwei Schülern arrangieren. Jeder von ihnen darf PO verwenden, ebenso wie der Lehrer, der mit PO unterbrechen kann, aber sonst nicht an der Diskussion teilnehmen darf.

Kommentar

Bei einer Diskussion dieser Art kann sich herausstellen, daß PO hauptsächlich als Mittel zur Scharfeinstellung verwendet wird. PO bedeutet dann: »Erkläre, was du damit meinst . . .« oder: »Definiere das . . .« oder: »Arbeite diesen Punkt heraus . . .« Wenn das der Fall zu sein scheint, dann sollte der Lehrer darauf hinweisen, daß PO eine Umstrukturierung veranlassen und Alternativmöglichkeiten bei Erklärungen verlangen soll. Wenn PO wieder verwendet wird, läßt der Lehrer eine Pause eintreten und fordert die ganze Klasse auf, die verschiedenen Bedeutungen, die PO an dieser Stelle haben könnte, in einer Liste aufzuführen. »PO Verständnis« aus dem oben angeführten Beispiel könnte vielleicht folgendes ergeben:

Angenommen, der andere reagiert auf dieselbe Weise wie du
Die Möglichkeit von Mißdeutungen verringern
Volle Sympathie
Kommunikation ohne Dolmetscher oder Vermittler
Fähigkeit zuzuhören und zu reagieren

Keine dieser Definitionen von »Verständnis« ist vollständig oder sehr gut, aber es sind andere Darstellungsmöglichkeiten. Die beste ist vermutlich »die Möglichkeit von Mißdeutungen verringern«. Das klingt vielleicht wie eine Tautologie, aber unter dem Gesichtspunkt der Information besagt es eine Menge.

4. Bilderklärungen. Diese Übung gleicht der Bilderklärung, die in einem früheren Kapitel geschildert wurde. Von einer Fotografie wird die Bildunterschrift entfernt, und ein Schüler (oder mehrere, wenn genügend Exemplare des Bildes vorhanden sind oder eine Möglichkeit besteht, es für alle sichtbar zu machen) wird aufgefordert, das Foto zu erklären. Das tut er, und der Lehrer sagt: »PO.« Das bedeutet einfach: »Sehr gut. Mach weiter. Entwickle noch eine Alternative. Was könnte das Bild sonst noch bedeuten?«

Diese Verwendung von PO ist einfach, aber nützlich, denn die Anwendungsmöglichkeiten von PO treten viel deutlicher hervor als in anderen Situationen.

Provokation

Diese zweite Möglichkeit von PO signalisiert lediglich, daß die Informationsanordnung durch nichts gerechtfertigt ist, außer durch die Möglichkeit, daß sie neue Gedankengänge auslösen könnte. Eine solche Informationsanordnung kann so phantastisch oder vernunftwidrig sein, wie man es nur fertigbringt. Die Anordnung wird nicht untersucht als solche, sondern nur im Hinblick auf das, was sie auslöst.

5. Bindeglied. Das ist die einfachste provokative Informationsanordnung. Zwei Wörter werden zusammengefügt, und das zwischen sie gestellte PO zeigt an, warum das geschieht. Die Wortpaare werden dann eins nach dem anderen der Klas-

se vorgelegt. Die Übung kann mit der ganzen Klasse durchgeführt werden, wobei die von den Schülern gemachten Vorschläge vom Lehrer auf die Tafel geschrieben oder von einem Schüler notiert werden. Die Schüler können aber auch ihre Gedanken selbst aufschreiben, und die Zettel werden dann eingesammelt und miteinander verglichen.

Mögliche Wortpaare:

Eiskrem PO elektrisches Licht
Pferd PO Raupenschlepper
Buch PO Polizist
Regen PO Mittwoch
Stars PO Fußball
Stars PO Entscheidung
Schuh PO Essen

Die Schüler werden nicht besonders aufgefordert, die Wörter miteinander zu verknüpfen oder einen Zusammenhang zwischen ihnen zu finden oder zu zeigen, daß den Paaren etwas gemein ist. Alle entwickelten Ideen werden akzeptiert. Es sollte vermieden werden, den Schülern die Richtung der Ideenentwicklung vorzuschreiben. Wenn man beim Durchlesen der Ergebnisse den Zusammenhang nicht erkennen kann, kann gefragt werden, wie er zustande kam und welches Bindeglied fehlt. Man kümmere sich nicht um die Idee selbst, sondern um ihre Entstehungsbedingungen.

6. Zufallswort. Diese Technik ist in einem früheren Abschnitt besprochen worden. In die Beschäftigung mit einem Gegenstand wird ein Wort eingeführt, das überhaupt keinen Zusammenhang mit dem Gegenstand hat.

Man will nur sehen, was das Zufallswort auslöst. In diesem Fall könnte PO verwendet werden, um das Zufallswort einzuführen. Eine andere Möglichkeit wäre, irgendein Wort zu nehmen, das in der Diskussion offenbar sehr wichtig war, und es durch PO mit einem Zufallswort zu verbinden.

Mögliche Diskussionsthemen:
Vorteile des Sparens gegenüber dem Ausgeben
Vorteile des Angriffs gegenüber der Verteidigung im Sport
Wissen, wo man Information findet
Warum brechen Kämpfe aus?
Sollten die Menschen genau das tun, was sie wollen?
Entwürfe für Schuhe
Mögliche Zufallswörter:
Angelleine
Busfahrschein
Autohupe
Eierbecher

7. Wiedervereinigung von Begriffen. PO kann verwendet werden, um Dinge wieder zusammenzufügen, die in einzelne Begriffe zerlegt worden sind. PO kann verwendet werden, um Etiketten zu entfernen und Information aus Ablagefächern hervorzuholen. Damit PO diese Funktion erfüllt, nimmt man Begriffe, die durch eine Teilung geschaffen wurden (oder die sich infolgedessen gegenseitig geschaffen haben), und fügt sie mit PO zusammen. Solche Begriffspaare werden der Klasse auf dieselbe Weise vorgelegt wie die Nebeneinanderstellungen. Die aus dem Begriffspaar entwickelten Ideen werden untersucht und miteinander verglichen. In diesem Fall ist es besser, wenn die Schüler ihre Ideen selbst aufschreiben. Die Ergebnisse werden dann zum Schluß vorgelesen, und jeder Schüler kann so die Nützlichkeit des Verfahrens erkennen.
Mögliche Beispiele:
Soldaten PO Zivilisten
Flexibel PO starr
Angreifer PO Verteidiger
Ordnung PO Chaos
Flüssig PO fest
Lehrer PO Schüler
Oben PO unten

Tag PO Nacht
Norden PO Süden
Richtig PO falsch
Männlich PO weiblich

8. Die Schüler können zusätzlich zu den vorgelegten Nebeneinanderstellungen und Begriffspaaren eigene Nebeneinanderstellungen und Begriffspaare entwickeln. Vorschläge dafür werden auf Zettel geschrieben und eingesammelt. Ausgewählte Vorschläge werden an die Schüler zurückgegeben, damit sie dazu Stellung nehmen. Diese einfache Übung, Nebeneinanderstellungen und Begriffspaare selbst zu entwickeln, ist *als solche* sehr nützlich, denn sie macht diesen speziellen Gebrauch von PO deutlich.

Schutz und Rettung

Dieser Funktion von PO bedient man sich, um das Urteil aufzuschieben. In Wahrheit bedient man sich ihrer, um die Ablehnung aufzuschieben, denn nur diese Art von Urteil führt dazu, daß eine Idee nicht mehr berücksichtigt wird. PO kann eine Idee schützen, bevor sie beurteilt worden ist, oder eine Idee wieder zur Diskussion stellen, nachdem sie bereits beurteilt und abgelehnt worden ist. In der Praxis wird PO vom NEIN-Etikett angezogen. Immer wenn das NEIN-Etikett verwendet wird, ist es ein direkter Hinweis auf das herrschende Bezugssystem, in dem jedes Urteil gefällt wird. Wenn man sich mit PO vorübergehend über die Ablehnung hinwegsetzt, überprüft man in Wirklichkeit das Bezugssystem selbst.

9. Eine Diskussion zwischen zwei Schülern oder dem Lehrer und einem Schüler wird in Gang gebracht. Die Diskussion wird fortgesetzt, bis der eine oder andere eine NEIN-Ableh-

nung verwendet. An diesem Punkt wird PO gebraucht, um über die Ablehnung hinwegzukommen.

Die abgelehnte Aussage wird als solche erwogen, um zu prüfen, welche Ideen sie auslösen kann.

Mögliche Diskussionsthemen:

Sollten die Menschen dazu ermutigt werden, auf dem Lande oder in der Stadt zu leben?

Fördert ein Wohlfahrtsstaat die Faulheit der Menschen?

Ist der Wechsel der Mode etwas Gutes?

Wieviel sollte man selbst tun, und wieviel sollte man anderen Leuten dafür bezahlen, daß sie einem die Arbeit abnehmen?

Sind die Unterrichtsstunden zu lang?

Eine Diskussion könnte vielleicht so ablaufen:

LEHRER: Die Menschen sollten dazu ermutigt werden, auf dem Lande zu wohnen, weil das Leben in der Stadt ungesund ist.

SCHÜLER: Leben in der Stadt ist ungesund. PO Leben in der Stadt gesund. Das Leben in der Stadt könnte bei besserer Planung und besserer Verkehrsregelung gesund sein. Vielleicht könnten Städte ein geistig gesünderes Klima bieten durch die intensiveren sozialen Kontakte.

LEHRER: In den Städten wäre die ärztliche Versorgung besser, weil sie zentralisiert werden könnte und die Kommunikation einfacher wäre.

10. Ein Thema wird ausgewählt, und die Schüler werden aufgefordert, sich alles Negative auszudenken, was sie darüber sagen könnten. Diese negativen Dinge werden zusammengestellt, und einige von ihnen werden unter Verwendung von PO noch einmal überprüft. Offenbar ist die Zahl der negativen Dinge, die man über etwas sagen kann, unbegrenzt. Über einen Apfel könnte man zum Beispiel sagen: »Er ist nicht schwarz. Er ist nicht lila. Er ist nicht beige usw. Er ist keine Orange. Er ist keine Tomate usw.« In der Praxis würde man eine derartige Liste einfach ignorieren oder nur einige Punkte

herausgreifen. »Ein Apfel ist keine Tomate« könnte zum Beispiel zu folgenden Gedanken führen: »In manchen Sprachen wird das Wort für Tomate von Apfel abgeleitet. Auf italienisch wird eine Tomate ein goldener Apfel genannt. In Schweden wird das Wort für Orange von Apfel abgeleitet.« Um derlei Dinge zu vermeiden, ist es wahrscheinlich besser, sich mit abstrakten Begriffen oder mit Funktionen statt mit Gegenständen zu befassen.

Mögliche Themen könnten sein:

Arbeit
Freiheit
Pflicht
Wahrheit
Gehorsam
Langeweile

Allgemeine Bemerkungen über den Gebrauch von PO

Nach den ersten Übungen, bei denen PO offensichtlich übermäßig und gekünstelt verwendet wurde, gelangt man dann zu der mehr natürlichen Verwendung von PO bei normalen Diskussionen. Es ist Sache des Lehrers, dann und wann PO zu verwenden, um zu zeigen, wie es verwendet werden sollte. Der Lehrer sollte sorgfältig beobachten, wie die Schüler auf PO reagieren, wenn es entweder von anderen Schülern oder vom Lehrer gebraucht wird. Eine unpassende Reaktion auf PO zeigt, daß die Funktion von PO nicht begriffen worden ist. Es ist wichtiger, die korrekte *Reaktion* auf PO hervorzuheben, als seine korrekte *Anwendung*. Jemand, der weiß, wie man richtig auf PO reagiert, wird auch wissen, wie man es richtig gebraucht.

Die einseitige Verwendung von PO

PO ist ein Instrument, das sich beim eigenen Denken und Reagieren, aber auch in der Kommunikation, anwenden läßt. Tatsächlich liegt sein größerer Nutzen wahrscheinlich darin, daß es uns in die Lage versetzt, das laterale Denken für uns anzuwenden, und weniger darin, bei Gruppendiskussionen lateral zu denken. Diese *private* Verwendung von PO ist natürlich nicht davon abhängig, daß andere Leute seine Funktion verstehen. In der Kommunikation kann es jedoch geschehen, daß jemand PO verwendet und der Gesprächspartner keine Ahnung hat, was es bedeutet. In diesem Fall soll man nicht davon ablassen, PO zu verwenden, sondern erklären, was es bedeutet. Einfache Möglichkeiten, zu erklären, was PO bedeutet, sind in diesem Kapitel bereits beschrieben worden. Im Notfall könnte man immer sagen, es sei eine besondere Form von »angenommen«.

Zusammenfassung

PO ist ein sprachliches Instrument, um lateral zu denken. PO ist ein Werkzeug der Intuition, denn es versetzt uns in die Lage, Informationen so zu verwenden, daß wir den starren Mustern entrinnen und sie intuitiv in neue umstrukturieren können. PO erfüllt eine spezielle Funktion, die ohne PO sprachlich nicht angemessen erfüllt werden kann. Andere Mittel und Wege, diese Funktion zu erfüllen, sind beschwerlich, unzureichend und wirkungslos. Je mehr Erfahrung und Übung man in die Verwendung von PO investiert, um so wirkungsvoller wird es. Nicht die Sprache macht PO notwendig, sondern der Mechanismus des Verstandes.

21   Blockiertes Denken

Ich kannte die Stadt ziemlich gut, aber um zu diesem bestimmten Restaurant zu kommen, mußte ich mir den Weg erklären lassen. Die Erklärung war leicht zu merken, denn die Strecke setzte sich aus drei Abschnitten zusammen, die mir alle vertraut waren, weil jeder ein gut sichtbares Wahrzeichen hatte. Die einzelnen Abschnitte hatte ich beim Herumfahren in der Stadt kennengelernt. Eines Tages brachen einige Freunde vom selben Ort und zur selben Zeit wie ich auf, um in das Restaurant zu fahren. Aber sie kamen viel früher an als ich. Ich fragte sie, ob sie sehr schnell gefahren seien – was sie abstritten. Dann fragte ich, welchen Weg sie gefahren seien. Sie beschrieben ihn, und es war offenkundig, daß sie einen Abkürzungsweg gefahren waren, wie ihn die Zeichnung auf S. 288 zeigt. Durch eine kleine Abzweigung waren sie direkt zum Restaurant gekommen, während ich einen unnötigen Umweg durch die ganze Stadtmitte gemacht hatte. Mein Weg war mir immer sehr befriedigend erschienen, deshalb hatte ich mich nie nach einem kürzeren umgesehen. Auch war ich mir gar nicht bewußt, daß es einen kürzeren gab. Ich war jedesmal an der kleinen Abzweigung vorbeigefahren und hatte sie nie ausgekundschaftet, weil es keinen Grund gegeben hatte, sie zu erkunden. Und ohne sie auszukundschaften, konnte ich natürlich nie herausfinden, wie nützlich sie war. Die Erklärungen, die mir gegeben worden waren, bezogen sich auf große, wohlbekannte Abschnitte der Strecke, Klischee-Ab-

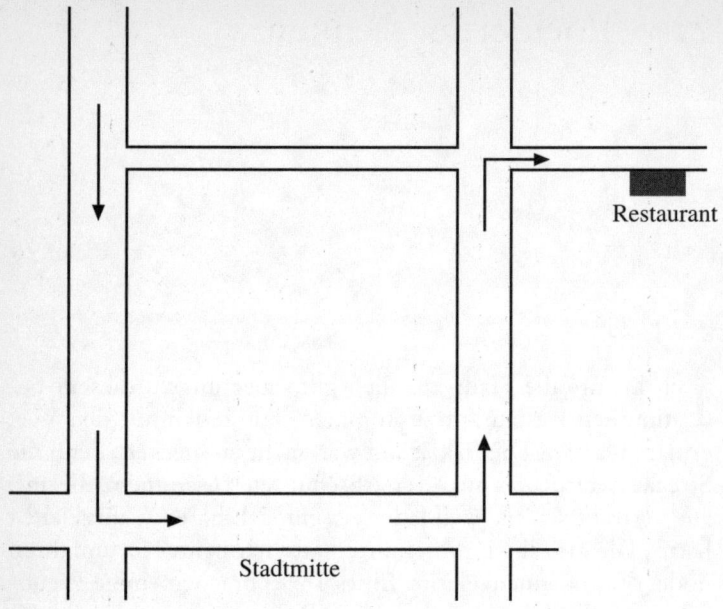

Restaurant

Stadtmitte

schnitte, denn das ist die einfachste Art, etwas zu beschreiben. Es hatte nie ein Grund bestanden, an einem dieser Klischee-Abschnitte abzubiegen. Die Zeichnung auf Seite 289 zeigt drei Möglichkeiten, wie das Denken blockiert sein kann.

1. Der Weg ist durch eine Lücke blockiert. Man kann nicht weiter, weil die Straße aufhört. Man muß woanders eine Straße suchen oder eine Brücke über den Fluß bauen. Das entspricht einer Situation, bei der man sich nach neuer Information umschauen oder sie experimentell erzeugen muß.

2. Man ist blockiert, weil etwas im Weg steht – ein eindeutiges Hindernis, das ein Weitergehen unmöglich macht. Um

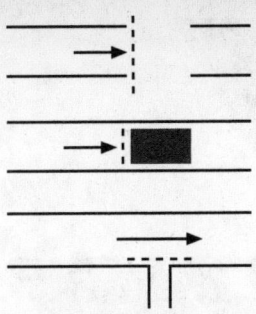

weiterzukommen, muß man eine Möglichkeit finden, das Hindernis zu beseitigen oder es zu umgehen. Wenn man das Hindernis überwunden hat, ist das Weitergehen einfach, weil eine Straße da ist. Man kann seine Bemühungen, das Problem zu lösen, darauf konzentrieren, wie man die Sperre überwindet.

3. Man ist blockiert, weil nichts im Weg steht. Die Straße ist frei und übersichtlich, und so rast man an der wichtigen Abzweigung vorbei und merkt nicht einmal, daß sie da ist. Hier wird man von einer bestimmten Art und Weise, die Dinge zu betrachten, an einer besseren Betrachtungsweise vorbeigeführt. Weil der erste Weg ausreichend ist, kommt man gar nicht auf die Idee, daß es noch einen anderen geben könnte, ganz zu schweigen davon, daß man nicht nach ihm sucht.

Diese dritte Art von Sperrung tritt dann ein, wenn man durch das Ausreichende – die Offenheit – blockiert wird. Der Versuch, diese Art Sperre zu vermeiden, ist der Zweck des lateralen Denkens. Anstatt mit den Mustern weiterzuarbeiten, die auf der Erinnerungsoberfläche des Verstandes fixiert sind, versucht man, Abkürzungswege zu finden, um die Muster umzustrukturieren. Genau wie der Weg in der Restaurant-Geschichte sind die festen Muster aus vertrauten Klischee-Abschnitten zusammengesetzt. Selbst wenn die Mu-

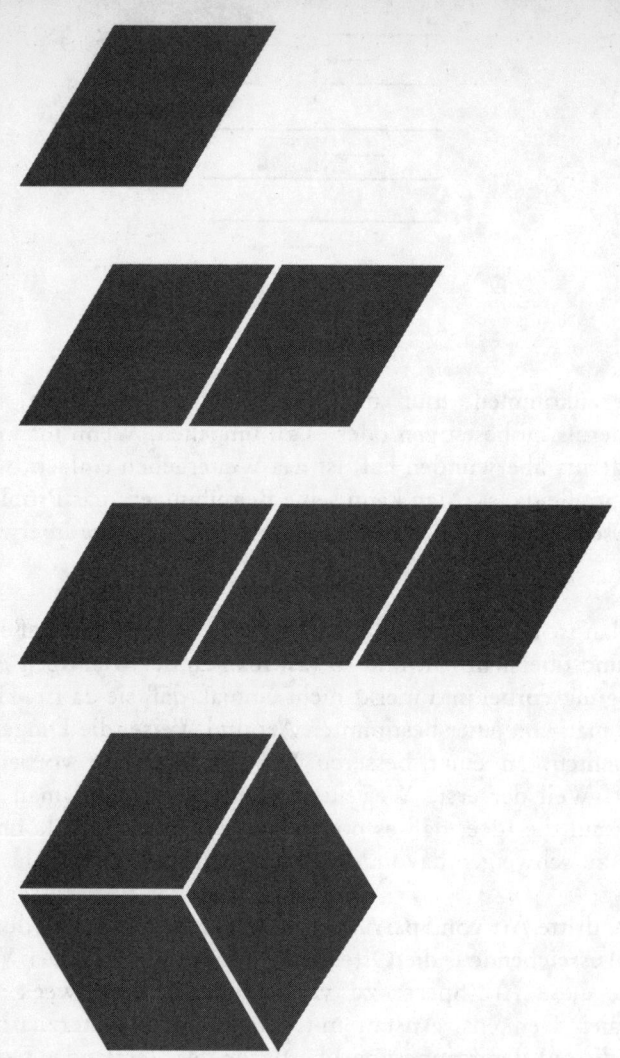

ster ausreichend sind, kann das nicht ausschließen, daß es noch sehr viel wirkungsvollere Muster gibt.

Wenn Dinge in einer bestimmten Weise zusammengefügt werden und ein Muster bilden, dann verhindert dieser Vorgang, daß sie auf andere Weise zusammengefügt und zu einem anderen Muster werden. Eine Möglichkeit, die auf S. 290 gezeigten drei Teile anzuordnen, schließt die andere aus. Auch Muster schließen sich gegenseitig aus. Dennoch kann ein befriedigendes Muster die Möglichkeit nicht ausscheiden, daß es noch eine andere und bessere Anordnung gibt. Das Mißliche ist, daß die andere und bessere Anordnung nicht aus dem bestehenden Muster hervorgeht, sondern an seiner Statt gebildet wird. Es kann kein logischer Grund angeführt werden, nach einer besseren Möglichkeit Ausschau zu halten, wenn es schon eine ausreichende Möglichkeit gibt. Ausreichend ist immer gut genug. Es ist interessant, daß wir in unserem Denken Methoden entwickelt haben, um uns mit dem auseinanderzusetzen, was falsch ist, aber keine Methoden, um uns mit dem auseinanderzusetzen, was richtig ist. Wenn etwas falsch ist, forschen wir weiter. Wenn etwas richtig ist, kommt unser Denken zum Stillstand. Darum brauchen wir das laterale Denken, um die Sperre dessen, was ausreicht, zu durchbrechen und auch dann die Muster umzustrukturieren, wenn es nicht notwendig ist.

Bei der Blockierung durch Offenheit läßt sich nur schwer erkennen, wo die Sperre eingetreten ist. Es kann irgendwo auf dem scheinbar richtigen Weg gewesen sein. Auf Seite 292 werden zwei Typen von Verzweigungsmustern gezeigt. Beim ersten Typ findet bei jeder Abzweigung ein eindeutiger Richtungswechsel statt. Man muß sich entweder rechts oder links halten. Das bedeutet, daß man die Abzweigung immer *bewußt* erkennt. Beim zweiten Typ der Verzweigungsmuster gehen die Abzweigungen von einer geraden Hauptlinie ab. Wenn man die Hauptstraße entlangfährt, kann es sein, daß

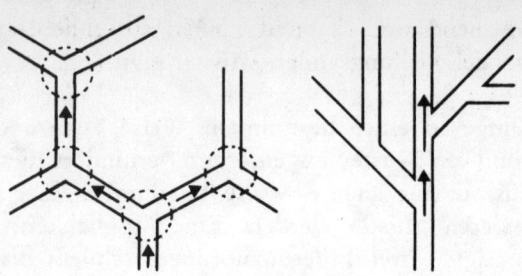

man die Abzweigungen oder Wahlmöglichkeiten gar nicht bemerkt. Man ist blockiert durch die Offenheit des Hauptwegs.

Gerät man beim ersten Typ des Abzweigungssystems an einen toten Punkt, dann kann man zur Abzweigung zurückkehren und es mit einem anderen Weg versuchen. Diese Möglichkeit steht immer wieder bei jedem Abzweigungspunkt offen. Wenn man jedoch beim zweiten Typ in eine Sackgasse gerät, kann man nicht einfach zum nächsten Abzweigungspunkt zurückgehen, denn man weiß nicht einmal, wo die Abzweigungspunkte sind, weil man dort niemals anzuhalten und eine Entscheidung zu treffen brauchte.

Miteinander verknüpfte Klischeemuster stellen die Hauptlinie eines geraden Abzweigungssystems dar. Wenn man auf ihnen entlangfährt, merkt man gar nicht, daß es Seitenwege gibt. Wenn man dann in eine Sackgasse gerät, weiß man nicht, wohin man sich wenden soll.

Oben auf S. 294 ist ein Plastikstück zu sehen. Ein weiteres Stück wird dazugegeben. Die Aufgabe lautet nun, die beiden so zusammenzulegen, daß sie eine leicht zu beschreibende Figur bilden. Die Anordnung ergibt sich fast von selbst. Noch ein Stück wird hinzugefügt, und wiederum ist die Anordnung kein Problem. Wenn ein viertes Stück dazukommt, entstehen Schwierigkeiten, die Stücke zusammenzufügen. Das erste Stück in den Winkel des zweiten zu legen ist ein so auf der Hand liegendes Muster, daß es ein Klischee wird. Und als Klischee will man es ja verwenden. Die endgültige Lösung wird dadurch schwierig, denn das kleine Stück muß nun ganz anders angeordnet werden.

Klischeemuster sind befriedigende, fixierte Muster, die sehr nützlich sind und ihren Zweck gut erfüllen. Diese Muster können auf dreierlei Weise angewendet werden:

1. Zur Kommunikation. Es ist einfacher, eine Situation im Rahmen von Klischeemustern zu erklären, als neue Muster zu entwerfen.

2. Aus einer Umgebung, die mehrere Alternativmuster bietet, greift man leichter ein Klischeemuster als andere Muster heraus.

3. Wenn nur ein Teil eines Musters gegeben wird, arbeitet man diesen Teil zu einem ganzen Muster aus – aber zu einem Klischeeganzen.

Beim Mittagessen in der Mensa einer Universität bemerkte ich an einem anderen Tisch einen Studenten mit sehr langem Haar und einem feingeschnittenen, sensiblen Gesicht. Ich dachte mir, das ist jemand, dessen Geschlecht sich an der äußeren Aufmachung nicht erkennen läßt. Es dauerte einige Minuten, bis mir plötzlich auffiel, daß der Student einen langen Bart hatte. Das lange Haar und das feingeschnittene Gesicht hatten mich zu der Annahme verleitet, der Student sei ein Mädchen. Den Bart habe ich deshalb überhaupt nicht mehr bemerkt. Wenn man Klischeemuster herausgreift, erkennt man nicht einmal mehr, daß ebenso leicht Alternativmuster hätten ausgewählt werden können.

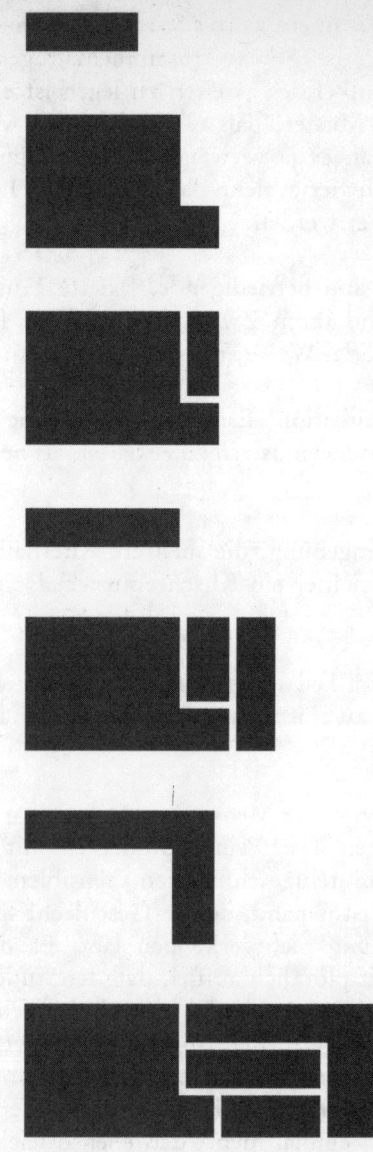

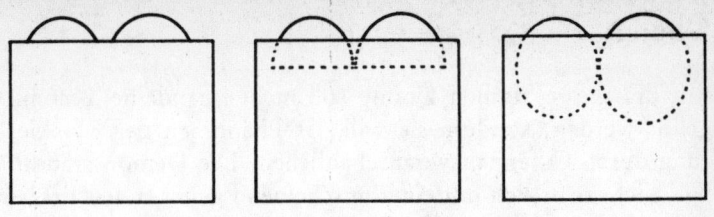

Wenn ein gewöhnlicher Buchstabe teilweise von einem Stück Papier verdeckt wird, arbeitet man das Muster aus, das dann den Standardbuchstaben ergibt. Buchstaben sind Klischeemuster, es bedarf nur einer Andeutung, und man kann sich den übrigen Teil des Buchstabens zusammenreimen. So ist es ziemlich einfach, Buchstaben zu erkennen, denn man kennt von vornherein alle Möglichkeiten und weiß auch, daß das Muster ein Buchstabe sein muß. Aber angenommen, die Muster wären nicht sämtlich Buchstaben, sondern völlig andere Muster, die so abgedeckt sind, daß freiliegende Stückchen wie Buchstaben aussehen? Dann würde man das erwartete Klischeemuster ausarbeiten und hätte unrecht. Oder angenommen, man kennt nicht die Form von allen Buchstaben. Dann würde dasselbe geschehen. Im wirklichen Leben arbeitet man Muster immer so aus, als ob sie nur oft gebrauchte Klischeemuster sein könnten.

Dieser Prozeß der Blockierung durch Offenheit herrscht im Denken vor. In gewisser Weise ist er sogar die Basis des Denkens, denn das Denken muß aus vorliegenden Erfahrungen Schätzungen und Vermutungen ableiten. Dieser Prozeß ist zweifellos nützlich, aber die deutlichen Nachteile für neue Ideen und die Aktualisierung der Muster können nicht übersehen werden. Die Blockierung durch Offenheit ist der Hauptgrund, warum das laterale Denken gebraucht wird. Laterales Denken ist ein Versuch, Alternativwege zu finden, ein Versuch, die Dinge auf neue Weise zusammenzufügen, gleichgültig, wie zweckmäßig die alte Weise zu sein scheint.

Übung

Mit dieser praktischen Übung soll nicht irgendeine Technik geübt werden, sondern sie will das Phänomen der Blockierung durch Offenheit veranschaulichen. Die Demonstration, wie leicht man sich mit einer anscheinend genügenden Erklärung zufriedengibt, erfüllt diesen Zweck.

1. Geschichten, Anekdoten, Witze. Die Schüler werden aufgefordert, sich Beispiele für den Prozeß der Blockierung durch eine zufriedenstellende Erklärung auszudenken. Die Beispiele können aus ihrer eigenen Erfahrung stammen oder Vorfälle sein, von denen sie gehört haben. Der Lehrer kann diese Beispiele notieren und sie für zukünftige Gelegenheiten seinem Materialvorrat hinzufügen. Auf jeden Fall kann der Lehrer schon vorher Beispiele dieser Art sammeln und sie zur Veranschaulichung dessen, was gebraucht wird, anführen.

Beispiel: Ich hatte einmal einen Logiergast in meinem Haus. Nachdem er abgereist war, stellte ich fest, daß die Leselampe nicht brannte. Ich prüfte die Birne nach, ich prüfte die Sicherung nach, aber die Lampe brannte immer noch nicht. Ich wollte gerade die Steckdose abmontieren, als mir der Gedanke kam, daß der Gast die Lampe vielleicht mit dem Lampenschalter ausgeknipst hatte und nicht mit dem Wandschalter, wie ich es gewöhnlich tat. Und so war es auch.

2. Den Schülern werden Teile eines Bildes gezeigt oder Bilder, bei denen einzelne Teile abgedeckt sind. Sie sollen angeben, was die Bilder darstellen. Der Lehrer sollte sie auch ruhig zu voreiligen Schlüssen ermutigen, ehe die Bilder ganz gezeigt werden.

3. Auslassungen. Die Schüler werden aufgefordert, ein paar Zeilen über irgendein Thema zu schreiben, sie dann durchzulesen und alle Wörter zu streichen, die das Thema erkennen

lassen. Der Text wird dann neu geschrieben, und jedes ausgelassene Wort wird durch »Auslassung« ersetzt. Genausogut können die Schüler einfach den Text schreiben, und der Lehrer streicht die aufschlußreichen Wörter aus und ersetzt sie durch »Auslassung«. Man kann auch als dritte Möglichkeit ein paar Zeilen aus einer Zeitung oder Zeitschrift entnehmen und genauso verfahren. Am besten erklärt man den Schülern die Aufgaben erst an einem Beispiel, ehe sie aufgefordert werden, Texte zu schreiben. Der durch Auslassungen unterbrochene Text wird dann den anderen Schülern vorgelesen, die sich zuerst über den Inhalt des Textes klarwerden müssen und dann versuchen sollen, die ausgelassenen Wörter einzusetzen. Das kann jeder Schüler für sich machen, und zum Schluß werden die Ergebnisse miteinander verglichen.

Ein Beispiel für einen solchen Text könnte sein: »Er stand am Rande der ›Auslassung‹, und jedesmal, wenn sich ein ›Auslassung‹ näherte, hob er den Arm und ›Auslassung‹. Es verging einige Zeit, bis er schließlich ›Auslassung‹, und auch so ging es nicht ›Auslassung‹.«

Es ist wichtig, darauf hinzuweisen, daß sich »Auslassung« nicht unbedingt nur auf ein einzelnes Wort bezieht, sondern auch eine Gruppe von Wörtern ausgelassen werden kann.

22   Beschreiben/Probleme lösen/Entwerfen

D er vorige Abschnitt hat sich mit der Blockierung durch Offenheit beschäftigt: Zweckmäßige, feste Muster verhindern die Entwicklung von Mustern, die die vorhandene Information besser verwerten würden. Normalerweise wird einem beigebracht, so lange über etwas nachzudenken, bis man zu einem befriedigenden Ergebnis kommt. Sobald man eine befriedigende Lösung gefunden hat, hört man mit dem Denken auf. Und dennoch kann es Lösungen oder Informationsanordnungen geben, die weit besser sind als die ausreichenden. All das gehört zur ersten Stufe des lateralen Denkens. Auf dieser ersten Stufe soll bewirkt werden, daß einem die Grenzen fixierter Muster bewußt werden. Diese fixierten Muster können dreierlei tun:

1. Sie können Probleme schaffen, die nicht wirklich existieren. Solche Probleme werden nur durch bestimmte Teilungen, Polarisierungen und Begriffsbildungen geschaffen.

2. Sie können als Fallen oder Gefängnisse wirken, die eine nützlichere Informationsanordnung verhindern.

3. Sie können durch ausreichende Lösungen blockieren.

Auf dieser ersten Stufe des lateralen Denkens soll man den Vorgang und seine Notwendigkeit bewußt einsehen. Die zweite Stufe führt zu einiger Geschicklichkeit in der Anwendung des lateralen Denkens.

Es hat nicht viel Sinn, das laterale Denken als abstrakten Prozeß zu betrachten. Genausowenig ist es sinnvoll, das laterale Denken als etwas zu betrachten, das mit Kreativität zu tun hat und daher ganz allgemein wünschenswert ist. Auch die Meinung, das laterale Denken sei manchmal unter gewissen Umständen für manche Leute nützlich, hilft nicht weiter. Das laterale Denken ist ein notwendiger Bestandteil des Denkens und geht jedermann an. Man darf sich nicht damit begnügen, das laterale Denken zur Kenntnis zu nehmen und zu würdigen, sondern man muß es tatsächlich praktisch anwenden. Dieses Buch bietet verschiedene Möglichkeiten, laterales Denken zu üben. Jeder Technik entspricht ein Übungsteil. Zusätzlich zu diesen praktischen Übungen braucht man allgemeine Situationen aus der Praxis. Bei der Behandlung der allgemeinen Situationen kann man die anderswo gelernten Techniken anwenden oder eigene bewußte Denkgewohnheiten entwickeln – auch bewußte Methoden des lateralen Denkens.

Es könnte sein, daß man sich intensiv mit einem besonderen Problem oder Projekt beschäftigt. Dabei kann sich die Gelegenheit bieten, das laterale Denken anzuwenden. In der Regel dürfte sich aber wenig Gelegenheit ergeben, denn bei einem gründlich vorbereiteten, speziellen Projekt liegt der Nachdruck auf dem Zusammentragen von Fachwissen oder seiner Anwendung. Das ist jedoch ein Problem des vertikalen Denkens. Das laterale Denken wird hauptsächlich dann eingesetzt, wenn das Fachwissen bereits vorhanden ist und es vor allem darauf ankommt, den *besten* Gebrauch von diesem Wissen zu machen. Es ist viel erfolgversprechender, das laterale Denken bei einer großen Zahl kleiner Projekte zu üben als bei einem großen Projekt.

Es gibt in der Praxis drei Situationen, die die Anwendung des lateralen Denkens begünstigen:

- Beschreiben
- Probleme lösen
- Entwerfen

Beschreiben

Ein Gegenstand oder eine Situation kann von zwei Personen unterschiedlich beschrieben werden. Möglich sind so viele Beschreibungen wie Standpunkte. Manche Beschreibungen können nützlicher sein als andere, manche vollständiger. Aber es gibt keine einzige Beschreibung, die richtig ist, während alle anderen falsch sind. Darum kann an Hand einer Beschreibung ohne Schwierigkeiten gezeigt werden, wie verschieden ein und derselbe Gegenstand betrachtet werden kann. Hierbei läßt sich auch die Fähigkeit üben, unterschiedliche Betrachtungsweisen zu entwickeln. Wenn man verschiedene Standpunkte zu vertreten lernt, dann ist man zudem auch in der Lage, die Gültigkeit der Standpunkte anderer anzuerkennen.

In einer Beschreibung kann man die Art und Weise sichtbar machen, wie man etwas versteht – wie man sich selbst eine Sache erklärt. Wenn man etwas beschreibt, muß man sich vorübergehend auf einen bestimmten Standpunkt festlegen. Man muß einen klar umrissenen Standpunkt entwickeln, anstatt sich mit einem vagen Eindruck zu begnügen.

Diese Übung soll die vielfältigen Möglichkeiten demonstrieren, wie eine Situation betrachtet werden kann, und auf die Notwendigkeit hinweisen, Alternativen zu entwickeln. Aus diesem Grunde wird nicht Exaktheit der Beschreibung verlangt. Auf den *Unterschied* zwischen den verschiedenen Beschreibungen und auf die Anwendung neuartiger Beschreibungsmethoden kommt es an.

Beschrieben werden können Fotografien oder Bilder. Man kann auch die Schüler auffordern, selbst Bilder zu zeichnen, die sie den anderen dann beschreiben. Einfache geometrische Figuren in Umrissen sind eine gute Sache für den Anfang. Man kann dann von Bildern zu geschriebenem Material übergehen. Bei geschriebenem Material beschreibt man eigentlich etwas von neuem, was schon beschrieben worden ist. Es kann eine Geschichte, eine Erzählung aus einem Buch oder ein Zeitungsartikel sein. Situationen aus dem Leben können nur durch Namen bezeichnet werden (ebenso wie reale Gegenstände identifiziert werden), und die eigentliche Beschreibung wird den Schülern überlassen. Zum Beispiel könnten die Schüler aufgefordert werden, eine Erntemaschine oder das parlamentarische System zu beschreiben. Auch eine Pantomime könnte Gegenstand der Beschreibung sein. Offenbar gibt es keine Grenzen für das, was beschrieben werden kann.

Beschreiben kann man mündlich, schriftlich oder sogar in Bildform. Wenn die Beschreibungen vorliegen und analysiert werden, sollte man besonderen Nachdruck auf die verschiedenen Ansatzpunkte legen. Die Schüler werden ermutigt, noch weitere Ansatzpunkte auszuarbeiten.

Obwohl es nicht darauf ankommt, die bestmögliche Beschreibung zu finden, darf man dennoch nicht vergessen, was eine Beschreibung nützlich macht und was nicht. Die Beschreibung soll den beschriebenen Gegenstand nicht als Anstoß für Ideen nehmen. Die Aufgabe lautet nicht, Ideen zu entwikkeln, die etwas mit dem Material zu tun haben, sondern dieses Material zu beschreiben. Der beste Anhaltspunkt für die Qualität einer Beschreibung ist die Aufforderung »Angenommen, du müßtest diese Szene jemandem beschreiben, der sie nicht gesehen hat, wie würdest du sie beschreiben?«

Niemand erwartet eine vollständige und pedantische Beschreibung. Eine Beschreibung, die nur einen Aspekt des Materials wiedergibt, kann sehr gut sein, wenn sie lebendig ist. Beschreibungen können partiell, vollständig oder allgemein gehalten werden.

Wenn zum Beispiel ein Quadrat zu beschreiben ist, können folgende Formulierungen verwendet werden:

Eine Figur, die vier gleiche Seiten hat.

Eine Figur, die nur vier Winkel hat, und zwar lauter rechte Winkel.

Ein Rechteck, dessen Seiten alle gleich lang sind.

Wenn Sie zwei Meilen nach Norden wandern, sich dann genau nach Osten wenden und zwei Meilen weitergehen, dann weitere zwei Meilen nach Süden, denn genau nach Westen wiederum zwei Meilen, dann würde Ihr Wanderweg vom Flugzeug aus wie ein Quadrat aussehen.

Wenn Sie ein Rechteck nehmen, das doppelt so lang wie breit ist, und es in der Mitte durchschneiden, dann hätten Sie zwei Quadrate.

Wenn Sie zwei rechtwinklige, gleichschenklige Dreiecke zusammenlegen, und zwar Hypotenuse an Hypotenuse, dann hätten Sie ein Quadrat.

Einige dieser Beschreibungen sind offensichtlich sehr unvollständig. Andere wiederum sind sehr umständlich.

Zweifellos ist die Beschreibung der einfachste Rahmen, um das laterale Denken zu üben, denn sie ist nie ohne Ergebnis.

Probleme lösen

Ebenso wie das Beschreiben ist in diesem Buch das Lösen von Problemen Gegenstand praktischer Übungen gewesen. Ein Problem ist nicht einfach eine ausgetüftelte Schwierigkeit, die man nur in Schulbüchern findet. Ein Problem ist einfach die

Differenz zwischen dem, was man hat, und dem, was man haben will. Jede Frage wirft ein Problem auf. Probleme stellen und lösen ist die Grundlage des Vorausdenkens und des Fortschritts. Bei der Beschreibung blickt man zurück auf das, was man hat. Beim Lösen eines Problems richtet man seinen Blick nach vorn auf das, was man bekommen kann.

Bei jedem Problem gibt es einen sehnlich erwarteten Schlußpunkt – etwas, das man erreichen möchte. Was man erreichen möchte, kann alles mögliche sein:
1. Eine Schwierigkeit bereinigen (Verkehrsverstopfung)
2. Etwas Neues schaffen (Entwurf einer Apfelpflückmaschine)
3. Etwas Unbefriedigendes beseitigen (Verkehrsunfälle, Hungersnot)
All das sind nur verschiedene Teile ein und desselben Vorgangs, der einen Zustand verändern soll. Das Problem der Verkehrsverstopfung könnte zum Beispiel unterschiedlich formuliert werden:
1. Die Schwierigkeit der Verkehrsverstopfung bereinigen
2. Ein Straßennetz entwerfen, bei dem der Verkehr ungehindert fließen kann
3. Sich von Ärger und Zeitverlust durch Verkehrsverstopfung befreien

Probleme können offen oder geschlossen sein. Die Mehrzahl der in diesem Buch erwähnten Probleme sind offen. Das liegt daran, daß wir weder über die Zeit noch über die Mittel verfügen, Lösungen für eine Vielzahl von Problemen des Lebens auszuprobieren. Bei offenen Problemen kann man nur Vermutungen äußern, wie das Problem gelöst werden könnte. Da diese Vermutungen sich nicht in der Wirklichkeit bewähren können, müssen sie auf andere Weise beurteilt werden. Das Urteil stützt sich auf das, wovon man glaubt, daß es geschehen würde, wenn man die Lösung tatsächlich ausprobierte. Entweder urteilt der Lehrer oder die Schüler. Der Nachdruck liegt jedoch nicht auf dem Urteil über vorgeschlagene Lösungen, sondern auf der Entwicklung neuer Betrachtungsweisen. Wo es möglich ist, wird ein Vorschlag anerkannt und eher weiter ausgearbeitet als abgelehnt. Nur dann muß ein Urteil gefällt werden, wenn sich die Vorschläge so weit von dem Problem entfernen, daß sie überhaupt nichts mehr mit seiner Lösung zu tun haben. Obwohl Probleme tatsächlich mit Informationen aus einem anderen Zusammenhang gelöst werden können, verfolgt diese Art von Übung mit Problemen den Zweck, gestellte Probleme zu lösen.

Bei geschlossenen Problemen gibt es eine eindeutige Lösung. Entweder taugt die Lösung oder nicht. Vielleicht existiert nur eine Lösung, aber häufiger gibt es noch Alternativlösungen. Einige dieser Lösungen mögen besser sein als andere; für unseren Zweck reicht es jedoch aus, wenn die Lösung etwas taugt. Es ist besser, auf viele Lösungen zu kommen, als nur die beste zu finden. Geschlossene Probleme müssen ziemlich einfach sein, denn sie sollen möglichst in einem einfachen Rahmen gelöst werden. Andernfalls müßte man ein Benennungssystem wie das der Mathematik besitzen, um sich ein eigenes Modell der Wirklichkeit machen zu können. Am besten nimmt man jedoch von rein mathematischen Problemen Abstand, denn sie erfordern die Kenntnis einer Technik. Es gibt verschiedene Sprachprobleme, die sprachliche Lösungen haben. Bei einigen von ihnen kommt ganz simple Mathematik dazu, aber die Lösung hängt in Wirklichkeit davon ab, wie das Problem betrachtet wird. (Beispiel: Ein paar Enten kamen im Gänsemarsch vorbei, und zwar zwei Enten vor einer Ente und zwei Enten hinter einer Ente. Wie viele Enten waren es? Die Lösung: drei Enten.) Man kann sich einen Vorrat derartiger Probleme anlegen, man muß sie sich nur aufschreiben, wann immer man auf sie stößt. Es ist sehr wichtig, daß keines der Probleme auf Wortspielen beruht, denn die Schüler dürfen nicht den Eindruck gewinnen, daß der Lehrer sie hereinlegen will.

Auch ausgeklügelte mechanische Probleme vom geschlossenen Typ sind sehr brauchbar. Solche Probleme haben einen realen Kern (z. B. wie man eine lange Leiter durch einen kleinen Raum transportiert). Diese Probleme lassen sich aus ganz einfachen, unkomplizierten Tätigkeiten ableiten, wenn man die Ausgangsposition stark einengt. Das Problem könnte zum Beispiel lauten: »Wie leert man ein Glas Wasser, wenn man es nicht vom Tisch hochheben darf?« Ein ähnliches Problem wäre: »Wie kann man anderthalb Liter Wasser in einer Zeitung tragen?« Wenn man sich derartiger Probleme bedient, muß die Ausgangsposition sehr sorgfältig definiert werden. Man kann nicht nachher einfach behaupten, dies oder jenes sei vorausgesetzt oder gar als selbstverständlich angesehen worden. Wenn man zum Beispiel die Schüler auffordert, eine Postkarte in eine bestimmte Form zu zerschneiden, kann man nicht sagen: »Ich habe nicht gesagt, daß ihr die Karte falzen dürft«, oder: »Es war Voraussetzung, daß ihr die Karte nicht falzt, denn dann wäre es einfach.« Dieser Punkt ist wichtig, denn wenn man den Schülern sagt, sie müßten bei einem Problem Voraussetzungen und Grenzen berücksichtigen, dann widerspricht dies dem Sinn des lateralen Denkens, das gerade die einschränkende Wirkung solcher Voraussetzungen in Frage stellt.

Viele dieser geschlossenen Probleme mögen recht banal erscheinen. Aber das spielt keine Rolle, denn man kann die Lösungsverfahren derartiger Probleme ohne weiteres isolieren und auf andere Probleme übertragen. Dahinter steckt die Absicht, daß sich jeder einen Vorrat von Lösungsverfahren anlegen kann.

Auf einen dritten Typ von Problemen muß sich der Lehrer zu Hause vorbereiten. Der Lehrer stellt Probleme, die schon gelöst worden sind. Die Lösung wird jedoch verschwiegen. Wer die Aufgabe stellt, muß rekonstruieren, wie das Problem vor der Lösung formuliert wurde. Natürlich dürfen die Schüler nicht mit der Situation vertraut sein. Zum Beispiel könnten die Schüler gefragt werden: »Wie würdet ihr Eimer und Rohre aus Kunststoff herstellen?« Der Lehrer, der etwas von Spritzguß, Umformung im Vakuumverfahren, Strangpressen usw. weiß, wird sich Vorschläge machen lassen und zum Schluß die Lösung bekanntgeben. Manchmal ist es zweckmäßig, sich zu erkundigen, ob einer der Schüler die Lösung kennt, denn dann kann man ihm sagen, er soll sie für sich behalten oder die Erklärung übernehmen. Wenn die Schüler ihre Vorschläge aufschreiben, besteht keine Gefahr, daß das Problem unwirksam wird, weil jemand die Lösung weiß. Ein Problem dieser Art kann man sich selbst einfallen lassen, aus Zeitschriften (Wissenschaft, Technik usw.) nehmen oder aus Anregungen auf Ausstellungen gewinnen. Es schadet nichts, wenn Dinge neu erfunden werden, die bereits erfunden sind.

Entwerfen

Entwerfen ist eigentlich ein Sonderfall des Problemelösens. Man will einen erwünschten Zustand herbeiführen. Gelegentlich will man irgendeinen Mißstand abstellen, aber zumeist will man etwas Neues zustande bringen. Aus diesem Grunde ist das Entwerfen offener als das Problemelösen, es verlangt mehr Kreativität. Ein klar definiertes Ziel soll nicht mit einer klar definierten Ausgangsstellung verbunden werden (wie beim Problemelösen), sondern man steuert von einer allgemeinen Position aus ein allgemeines Ziel an.

Ein Entwurf braucht keine Zeichnung zu sein, aber um laterales Denken zu üben, ist es nützlicher, den Entwurf immer zeichnen zu lassen. Es kommt nicht darauf an, wie gut die Zeichnung ist, solange wirklich versucht wird, eine Idee in die Zeichnung umzusetzen. Schriftliche Erklärungen können beigefügt werden, aber sie müssen kurz sein. Zudem strengt man sich bei einer Zeichnung viel mehr an als bei einer mündlichen Erklärung. Wörter können sehr allgemein sein, aber ein Strich muß an der richtigen Stelle gezogen werden. Bei dem Entwurf für eine Kartoffelschälmaschine könnte einfach gesagt werden: »Hier kommen die Kartoffeln hinein, und dann werden sie gewaschen.« Aber wenn das bildlich beschrieben wird, dann kann die Wirkung der Abbildung auf S. 308 erzielt werden. Der Erfinder wollte einen Eimer verwenden, um die Kartoffeln zu waschen, und die beste Art, wie der Eimer in seine Maschine paßte, war, ihn zu kippen – und so mußte auch der Wasserspiegel gekippt werden. Diese schöne Klischee-Verwendung des Wassereimers wäre in einer rein mündlichen Beschreibung nicht sichtbar geworden.

● Vergleich

Das erste Ziel der Entwurfsübung ist die Demonstration, daß es Alternativmöglichkeiten gibt, um eine Funktion zu erfüllen. Ein einzelner wird nur eine oder vielleicht wenige Alternativmöglichkeiten erkennen. Eine große Zahl von »Erfindern« wird jedoch auch eine große Zahl von unterschiedlichen Lösungsvorschlägen erarbeiten. Wenn man also einen »Erfinder« mit den Bemühungen anderer konfrontiert, dann erkennt er, daß verschiedene Betrachtungsweisen möglich sind. Eine Entwurfsstunde soll nicht das Entwerfen lehren, sondern das laterale Denken – sie soll lehren, wie man die Fähigkeit erwirbt, sich einer Sache auf verschiedenen Wegen zu nähern.

In der Praxis wird der Klasse irgendein allgemeines Entwurfsthema gestellt (Apfelpflückmaschine, ein geländegängiges Fahrzeug, eine Kartoffelschälmaschine, eine Tasse, aus der nichts überschwappen kann, ein verbesserter Entwurf für den menschlichen Körper, für eine Wurst, für einen Regenschirm oder für eine Haarschneidemaschine usw.). Die Schüler werden aufgefordert, ihre Entwürfe vorzuzeigen. Um den Vergleich zu erleichtern, wird am besten nur eine Entwurfsaufgabe gestellt. Den Schülern wird nicht erlaubt, sich selbst eine Aufgabe aus einer Liste auszuwählen. Die einzelnen Entwürfe werden dann eingesammelt und miteinander verglichen.

Die Vergleiche können sich auf den gesamten Entwurf beziehen (z. B. die Äpfel vom Baum pflücken im Gegensatz zum Herunterschütteln) oder auf eine bestimmte Funktion (z. B. die Äpfel mit einem handähnlichen Gerät greifen im Gegensatz zum Absaugen durch ein Loch).

● Klischee-Einheiten
Wenn man die vorgelegten Entwürfe durchsieht, wird man sehr rasch auf Klischee-Einheiten stoßen. Klischee-Einheiten sind oft gebrauchte Techniken, die ganz aus einem anderen Umkreis entlehnt werden. Ein Eimer und Wasser zum Kartoffelwaschen sind zum Beispiel eine Klischee-Einheit. Das zweite Ziel der Entwurfsübung ist es, auf diese üblichen Techniken hinzuweisen und zu zeigen, daß sie nicht die besten zu sein brauchen.

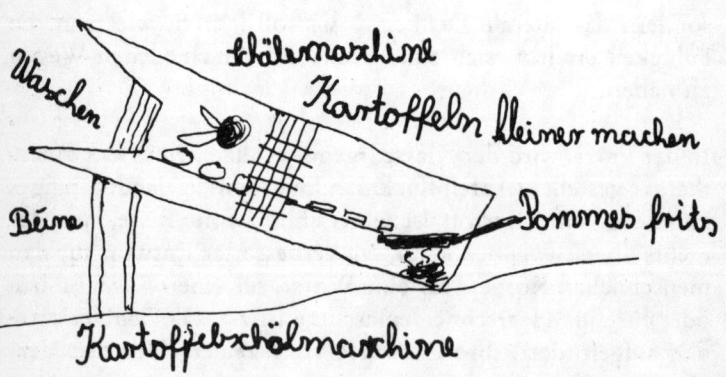

Wenn man auf diese Klischee-Einheiten aufmerksam macht, beurteilt man sie noch nicht. Gewiß wird man sie nicht deshalb ablehnen, weil sie Klischee-Einheiten sind. Beim Entwerfen muß man die Phase der Klischee-Einheiten durchlaufen, ehe man zu eigenen Lösungen gelangt. Man weist nur auf die Klischee-Einheiten hin und ermutigt die Schüler, weiter vorzustoßen.

Der gesamte Entwurf kann eine Klischee-Einheit sein. Als Kinder aufgefordert wurden, ein geländegängiges Fahrzeug zu entwerfen, zeichnete ein Junge ein panzerähnliches Fahrzeug mit allem Drum und Dran – Geschütz, Maschinengewehre und Raketen. Solche ganzen Klischee-Einheiten werden unmittelbar aus Filmen, Fernsehen, Comic strips, Lexika, Zeitschriften usw. bezogen.

Meist entspricht nur ein Teil des Entwurfs einer Klischee-Einheit. Beim Entwerfen einer Apfelpflückmaschine zeichnete ein Schüler einen riesigen Roboter, der von einem Baum Äpfel pflückte. Vom Kopf des Roboters führte ein Kabel zu einem Kontrollschalter in der Hand eines normalen Menschen, der gleich dahinter stand. Der große Roboter glich von Kopf bis Fuß einem Menschen, nicht einmal die Wimpern waren vergessen worden. Auf einem anderen Entwurf war ein kastenartiges Gebilde zu sehen mit einer flachen Scheibe als Kopf. Dieser Kasten stand auf zwei Beinen und war mit zwei einfachen Pflückarmen und Händen mit fünf Fingern ausgestattet. Bei einem anderen Entwurf waren keine Beine mehr vorhanden, die kopfähnliche Scheibe ersetzte ein Zifferblatt mit einem Zeiger, der »schnell ... schneller ... halt« anzeigte. Auf zwei Arme, Hände und Finger hatte der Schüler nicht verzichtet. Ein weiterer Entwurf kam zwar ohne Kopf aus, aber die Arme waren noch da. Schließlich zeigte ein sehr ausgefeilter Entwurf einen kleinen beweglichen Wagen mit Rädern und einem langen Arm, der sich den Äpfeln entgegenstreckte. Am Ende des Arms befand sich eine vollständige

Diese Maschine fährt über holprige Wege.
Das ist so etwas wie ein Panzer und hat
9 Raketen, eine Kanone und zwei
Maschienengewehre. Der Panzer kann überall
fahren.
er hat drei Mann Besatzung und
räumt Felsbrocken weg.

Hand mit fünf Fingern. Man hätte die Hand nur als deutlichen Hinweis auf die Pflückfunktion werten können, aber in der Mitte der Hand war ein schwarzes Loch, und in einer Erklärung hieß es: »Durch dieses Loch werden die Äpfel abgesaugt.« In dieser Folge von Entwürfen reichten die Klischee-Einheiten von der vollständigen Menschenkopie bis zu der Hand mit fünf nutzlosen Fingern.

Wie oben erwähnt, kann es sich ergeben, daß man bei einem Entwurf die Phase der Klischee-Einheiten durchlaufen muß. Klischee-Einheiten können (unter anderem) auf folgende Weise verarbeitet werden:

1. Zurückschneiden und Zerlegen

Man nimmt eine vollständige Klischee-Einheit und schneidet alles Unwesentliche ab, so wie man einen Rosenbusch zurückschneidet. Bei einem ausgeklügelten Entwurf für eine Kartoffelschälmaschine wollte der Erfinder noch einen Schritt weitergehen und aus den Kartoffeln Pommes frites backen. Deshalb fügte er eine komplette Bratpfanne mit Stiel hinzu. Da die Kartoffeln mechanisch in die Pfanne und wieder heraus befördert wurden, war der Stiel natürlich überflüssig.

Durch wiederholtes Zurückschneiden wird die Klischee-Einheit allmählich auf den Teil reduziert, der wirklich nötig ist. Das Zurückschneiden kann in mehreren Etappen vor sich gehen, bei denen jeweils nur kleine Teile entfernt werden; oder es kann sich um einen Vorgang mit wenigen großen Abstrichen handeln. Von der Klischee-Einheit eines Panzers kann man zum Beispiel die ganze Kriegsfunktion abziehen und nur die Raupenkette beibehalten. Wo der Sprung sehr groß ist, wird eine Klischee-Einheit vielleicht besser zerlegt als zurückgeschnitten. Zurückschneiden und Zerlegen sind Verfahren, um Begriffe zu sprengen. Wenn man sie anzuwenden versteht, dann beherrscht man einen lateralen Denkvorgang – die Flucht vor starren Mustern.

2. Abstrahieren und Extrahieren

In gewisser Weise sind Abstrahieren und Extrahieren einfach eine Form des Zerlegens. Den entscheidenden Teil einer Klischee-Einheit extrahieren heißt ihn von allem übrigen abtrennen. In der Praxis unterscheiden sich die beiden Prozesse allerdings. Entweder erkennt man den wesentlichen Teil und holt ihn heraus (Extraktion), oder man nimmt sich die Klischee-Einheit vor und schneidet sie Stück für Stück zurecht, bis man zu dem wesentlichen Teil kommt.

Was extrahiert wird, kann tatsächlich ein Teil der Klischee-Einheit sein. Andererseits mag es etwas weniger Greifbares

311

sein, etwas, das davon abhängt, wie man die Klischee-Einheit betrachtet. Zum Beispiel kann man den Begriff »Funktion« abstrahieren. Obwohl der Begriff von der Klischee-Einheit stammt, gehört er trotzdem nicht zu ihr, sondern beschreibt etwas Bestimmtes. Dennoch wäre er vielleicht ohne die Klischee-Einheit nicht entstanden. So ist das »Pflücken« bei der Apfelpflückmaschine eine abstrahierte Funktion, die unmittelbar von der Klischee-Einheit der menschlichen Hand stammt.

3. Kombinieren

Hier nimmt man Klischee-Einheiten aus verschiedenen Quellen und setzt sie so zusammen, daß sie eine neue Einheit ohne Vorbild ergeben. Dieser Vorgang kann Funktionen verschmelzen (Raupenkette, Teleskoparm, Hand zum Äpfelpflücken), oder er kann Funktionen vervielfachen (z. B. bei einem verbesserten Entwurf für den menschlichen Körper: Nasen an den Beinen, damit sie näher am Boden und nützlicher wären, um Fährten aufzuspüren).

Diese verschiedenen Möglichkeiten, mit Klischee-Einheiten umzugehen, gliedern sich ein in die fundamentalen Prozesse der Selektion und Kombination, die natürlich die Hauptbestandteile jedes informationsverarbeitenden Systems sind. Die Prozesse sind in den Abbildungen auf S. 313 dargestellt.

● Funktion

Im Unterschied zu den Gegenständen beschreibt die Funktion das, was geschieht. Bestimmte Gegenstände oder Anordnungen von Gegenständen kann sich jeder leicht als Klischees vorstellen. Aber Funktionen können ebenso Klischees sein.

In jeder Entwurfssituation gibt es eine Rangordnung, nach der die Funktionen betrachtet werden. Man könnte beispielsweise von der allgemeinen Beschreibung zur spezifischsten fortschreiten. Im Fall der Apfelpflückmaschine könnte die Rangfolge lauten: Äpfel dorthin bringen, wo man sie haben

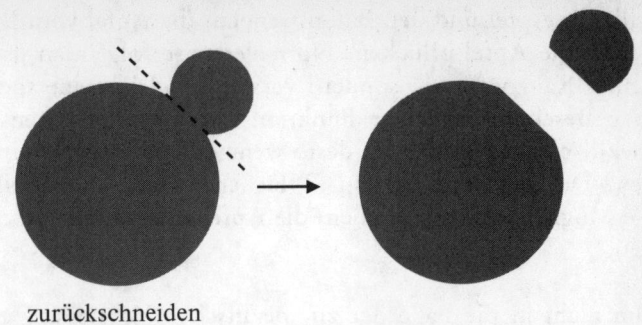

zurückschneiden

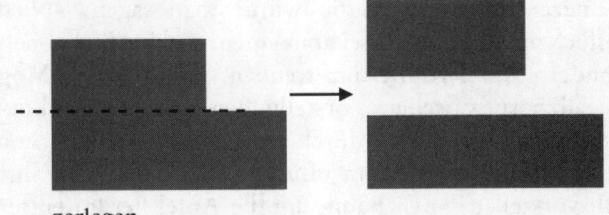

zerlegen

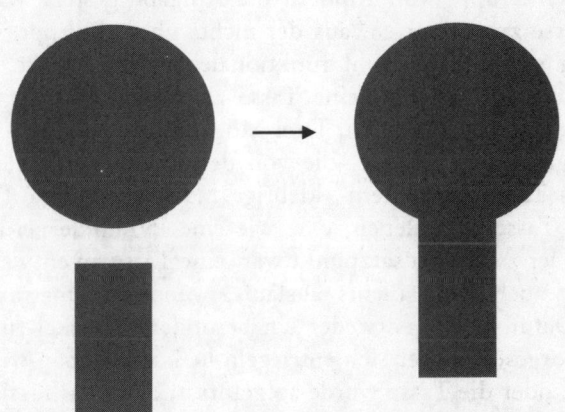

kombinieren

will; die Äpfel und den Baum trennen; die Äpfel vom Baum holen; die Äpfel pflücken. Normalerweise folgt man jedoch keiner Rangordnung, sondern verwendet gleich eine spezifische Beschreibung einer Funktion wie »Äpfelpflücken«. Je spezifischer die Funktion, desto weniger kann man ihr entrinnen. Die Verwendung von »Pflücken« würde zum Beispiel die Möglichkeit ausschließen, die Äpfel vom Baum zu schütteln.

Um nicht in die Falle der zu spezifischen Vorstellung einer Funktion zu geraten, versucht man, die Rangfolge der Funktionen von unten aufzurollen, also vom Spezifischen zum Allgemeineren vorzustoßen. So würde man sagen: »Nicht Äpfel pflücken, sondern Äpfel abnehmen; nicht Äpfel abnehmen, sondern Äpfel vom Baum trennen.« Eine andere Möglichkeit, allzu spezifischen Vorstellungen von der Funktion zu entkommen, bietet sich durch eine laterale Umkehrung. Anstatt an »Äpfel vom Baum pflücken« zu denken, könnte man sich vorstellen, »den Baum um die Äpfel herum entfernen«.

Als einer Gruppe von Kindern die Aufgabe gestellt wurde, eine Tasse zu entwerfen, aus der nichts überschwappt, erarbeiteten sie eine Vielzahl funktionaler Ansatzpunkte. Der erste Ansatzpunkt war, eine Tasse zu entwerfen, die nicht umgeworfen werden kann. Drei Möglichkeiten wurden vorgeschlagen: lange Hände, die von der Decke herabreichten und die Tasse festhielten; »klebrige Masse« auf dem Tisch, um die Tasse anzukleben; eine wie eine Pyramide geformte Tasse. Der zweite Ansatzpunkt war, eine Tasse zu entwerfen, aus der auch dann nichts ausläuft, wenn sie umgeworfen wird. Dafür wurde entweder ein besonderer Deckel für die Tasse vorgesehen (der sich entriegeln ließ, wenn man trinken wollte), oder die Tasse wurde so geformt, daß die Flüssigkeit in jeder Stellung auf dem Boden der Tasse blieb (etwa wie bei einem niemals auslaufenden Tintenfaß).

Leider fixiert die Funktion, sobald man sich einmal für sie entschieden hat, Entwurfsvorstellungen ziemlich stark. Deshalb richtet man seine Aufmerksamkeit darauf, alternative Funktionen zu entwickeln, und nicht nur auf Mittel und Wege, um eine bestimmte Funktion zu erfüllen.

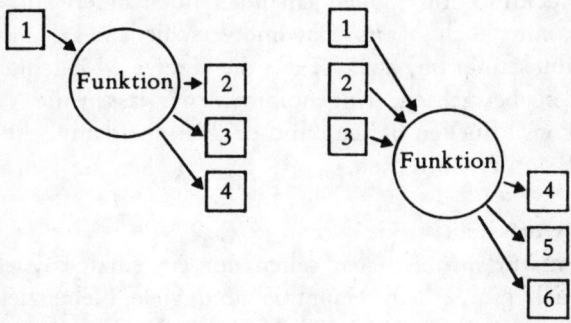

Eine Funktion von etwas zu abstrahieren ist eine sehr nützliche Methode, um beim Entwerfen den Ideenfluß in Gang zu bringen. Wenn man an einer bestimmten Lösung für etwas festhält (eine Hand, die Äpfel pflückt), kann man nicht viel weiterkommen. Wenn man aber die Funktion aus dieser bestimmten Situation abstrahiert, dann kann man andere Möglichkeiten erschließen, die Funktion auszuführen. Dieser Prozeß wird in der Darstellung oben gezeigt. Wenn man die Entwurfsergebnisse der Schüler vergleicht, weist man darauf hin, in welchen Entwürfen nur unterschiedliche Lösungen für dieselbe Funktion vorliegen. Andererseits kann man auch zeigen, wie eine andere Auffassung von der Funktion zu einem völlig anderen Ansatzpunkt führt.

Wenn man sich mit der Funktion befaßt, will man zweierlei zeigen:

1. Wie die Abstraktion einer Funktion zu verschiedenen Möglichkeiten, diese Funktion zu erfüllen, führen kann.
2. Daß es nötig sein kann, eine bestimmte Vorstellung von der Funktion zu ändern, um neue Betrachtungsweisen zu entwickeln.

Bei der Übung könnte man sagen: »Hier ist eine Lösung für die Pflückfunktion – fallen jemandem noch andere ein?« Aber man könnte auch sagen: »Das sind verschiedene Lösungen für die Pflückfunktion, aber ist das die einzige Möglichkeit, die Sache zu betrachten? Angenommen, wir lassen die Vorstellung vom Pflücken beiseite und denken nur daran, die Äpfel vom Baum zu entfernen.«

● Entwurfsziele
Ein Entwurfsproblem hat selten nur ein einziges Ziel. Gewöhnlich gibt es ein Hauptziel und viele Nebenziele, die vielleicht zuerst gar nicht sichtbar sind. Bei dem Entwurf für eine Apfelpflückmaschine zum Beispiel mag das Hauptziel sein, an die Äpfel heranzukommen und sie zu pflücken. Aber wenn man dieses Ziel erreicht, versperrt man sich vielleicht den Weg zu den Nebenzielen. Den Baum zu schütteln, um die Äpfel herunterzuholen, würde dem Hauptziel Genüge tun, aber die Äpfel beschädigen. Mit einer riesigen Maschine würden vielleicht beide Ziele erreicht, aber womöglich ist die Maschine so unwirtschaftlich, daß es billiger wäre, mit der Hand zu pflücken. So sind drei Ziele sichtbar geworden: Äpfel pflücken; unbeschädigte Äpfel ernten; eine Maschine, die wirtschaftlicher ist als Handarbeit. Es gibt noch andere Ziele. Zum Beispiel könnte es sein, daß die Maschine mit einer bestimmten Geschwindigkeit arbeiten muß oder die und die Größe haben müßte, damit sie leicht zwischen den Bäumen eines normalen Obstgartens herumfahren kann. All diese Ziele müßten in einer Beschreibung der gewünschten Maschine genau aufgeführt werden, denn sonst würden sie erst in Erscheinung treten, wenn der Entwurf überprüft wird.

Manche »Erfinder« versuchen, alle Ziele die ganze Zeit im Gedächtnis zu behalten. Sie gehen nur sehr langsam vor und verwerfen sofort jede Idee, die eines dieser Ziele nicht erreicht. Andere »Erfinder« arbeiten schneller und versuchen, das Hauptziel zu erreichen. Wenn sie irgendeine Lösung gefunden haben, halten sie inne und untersuchen, inwieweit die anderen Ziele erreicht worden sind. Diese zweite Methode ist wahrscheinlich ergiebiger; aber der Entwurf muß zum Schluß gründlich überprüft werden, denn sonst könnte verhängnisvollerweise ein wichtiges Ziel übersehen werden. Es ist besser, zum Schluß eine bewertende Prüfung vorzunehmen als in jedem Stadium. Eine Bewertung in jedem Stadium könnte Ideen ausschließen, die an sich unzulänglich sind, aber als Sprungbrett für viel bessere dienen können.

● Entwerfen und laterales Denken
Dieser Abschnitt soll keine Abhandlung über das Entwerfen sein, sondern nur ein Hinweis, daß der Vorgang des Entwerfens mit lateralem Denken eng zusammenhängt. Entwürfe bieten einem vorzügliche Rahmen, um das laterale Denken zu üben. Beim Entwerfen versucht man ständig, Begriffe umzustrukturieren; man nimmt Klischee-Einheiten wahr und versucht sie loszuwerden; man ist ständig genötigt, neue Betrachtungsweisen zu entwickeln.

Viele Beispiele in diesem Abschnitt stammen aus Entwurfsübungen mit Kindern im Alter von sieben bis zehn Jahren. Kinder sind in diesem Alter noch ziemlich unverbildet; bei ihnen ist der Entwurfsprozeß ein Zerrbild von dem, was er bei älteren Menschen wäre. Die Vorteile solcher Beispiele sind darin zu sehen, daß sowohl der Entwurfsprozeß als auch seine Fehlerquellen viel deutlicher werden. Die Fehlerquellen entstehen aus der Art und Weise, wie der Verstand Informationen verarbeitet, und nicht aus irgendwelchen Problemen einer bestimmten Altersstufe. Dieselben Fehler werden etwas versteckter in allen Altersklassen begangen.

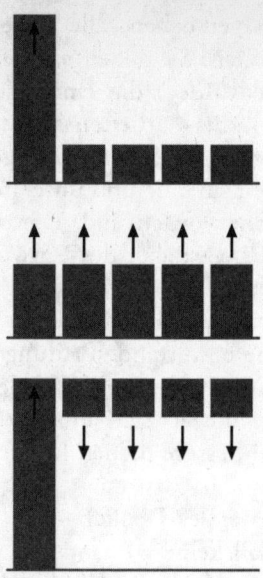

Das erste Ziel der Entwurfsaufgaben ist, die Schüler dazu anzuregen, Alternativen zu entwickeln. Das zweite Ziel ist, sie über die ausreichende Lösung hinausgehen zu lassen, um eine bessere zu suchen. Das dritte Ziel ist, sie von dem Einfluß der Klischeemuster zu befreien. Diese drei Ziele umschreiben das Ziel des lateralen Denkens.

Übung

Den Schülern wird eine bestimmte Entwurfsaufgabe gestellt. Alle Schüler nehmen dieselbe Aufgabe in Angriff. Jeder Entwurf ist eine Zeichnung. Kurze Anmerkungen können auf den Zeichnungen gemacht werden, um zu erklären, wie dieses oder jenes funktioniert. Zusätzlich kann eine ausführlichere Erklärung gegeben werden, aber diese ausführliche Erklärung sollte sich nur auf das beziehen, was schon in der Zeichnung enthalten ist – sie soll kein Ersatz für die Zeichnung sein. Eine halbe Stunde reicht für jede Entwurfsaufgabe aus, denn es kommt nicht auf die perfekte Ausführung des Entwurfs an, sondern auf den Entwurfsvorgang.

Wenn die Entwurfsaufgabe gestellt ist, werden manche Schüler vielleicht um zusätzliche Informationen bitten. Wenn die Aufgabe zum Beispiel lautet, ein geländegängiges Fahrzeug zu entwerfen, dann könnte jemand fragen, wie uneben das Gelände sein soll. Obwohl solche Fragen völlig berechtigt sind und man bei einer wirklichen Entwurfssituation das Ziel sehr genau angeben würde, ist es besser, nichts genau anzugeben. Das bedeutet, daß jeder Schüler sich die Einzelheiten selbst ausmalen kann. Auf diese Weise werden die Ergebnisse vielfältiger. Wenn die Resultate erörtert werden, kann man besonders die Wege besprechen, auf denen die Entwürfe sowohl andere Ziele als auch das Hauptziel erreichen. Man darf jedoch keinen Entwurf deswegen ablehnen, weil er eine nie gestellte Bedingung nicht erfüllt.

Die eingesammelten Ergebnisse können gleich an Ort und Stelle besprochen werden, oder sie werden erst durchgesehen und dann in einer der nächsten Stunden diskutiert. Es könnte vorteilhaft sein, die Entwürfe erst einmal auszustellen, ehe sie besprochen werden.

Wie oben erwähnt, konzentriert sich die Diskussion auf Vergleiche der verschiedenen Betrachtungsweisen und auf die Suche von Klischee-Einheiten. Man sollte vermeiden, die Entwürfe zu vergleichen, um den besten herauszufinden, denn das könnte die Phantasie lähmen. Wenn man einen besonders guten Entwurf herausstellen will, kann man es mit Bemerkungen über Einzelheiten tun, zum Beispiel über seine Originalität oder Wirtschaftlichkeit. Man sollte nie ein pauschales Lob für eine »gute« Arbeit aussprechen. Besser macht man Bemerkungen wie »interessant«, »ungewöhnlich«, »sehr anders« usw. Vor allem sollte man es unterlassen, irgendeinen Entwurf abfällig zu beurteilen. Solche abfälligen Urteile können nur hemmend wirken. Wenn man etwas Besonderes fördern will, tut man es besser dadurch, daß man es lobt, wenn es da ist, als daß man es verurteilt, wenn es fehlt. Aus diesem Grunde ist es am besten, wenn man den Schülern nicht erlaubt, über die Entwürfe der anderen ein Urteil abzugeben (d. h. nicht vor der ganzen Klasse zu solchen Urteilen auffordert).

Entwurfsaufgaben sind in diesem Abschnitt schon vorgeschlagen worden. Allgemein kann es sich bei der Aufgabe um einen Entwurf für etwas handeln, das es nicht gibt (z. B. eine automatische Haarschneidemaschine) oder für etwas, das verbessert werden kann (z. B. ein Entwurf für einen neuen Kamm). Die Aufgaben können einfach oder komplizierter sein. Im großen und ganzen sind einfache mechanische Zeichnungen nützlicher als abstrakte Ideen. Man kann die Schüler auffordern, irgendeinen alltäglichen Gegenstand neu zu entwerfen, zum Beispiel Telefonhörer, Bleistift, Fahrrad, Herd, Schuhe, Schreibtische.

● Funktioniert es?
Wenn man jeden einzelnen Entwurf sorgfältig analysiert und diejenigen ablehnt, die sich nicht realisieren lassen, schränkt man den Sinn der Entwurfsaufgabe ein. Dennoch will man, daß die Schüler einen brauchbaren Entwurf anstreben und nicht Phantasiegebilde um der Phantasie willen erzeugen. Das Niveau des mechanischen Wissens, das man bei den Schülern erwarten kann, schwankt natürlich je nach ihrem Alter, aber das soll ja auch nicht getestet werden. Es genügt, wenn der Lehrer dann und wann einen Entwurf herausgreift, der sich nicht realisieren ließe, und der ganzen Klasse klarmacht, daß er zwar nicht realisierbar ist, aber immerhin zu nützlichen Ideen führen kann. Beurteilt wird also nicht, ob der Entwurf

brauchbar ist, sondern ob der »Erfinder« wirklich einen Versuch unternahm, einen brauchbaren Entwurf zustande zu bringen (auch wenn jeder andere sieht, daß es damit nicht klappen kann). Wenn irgendwelche Zweifel über die Brauchbarkeit eines Entwurfs bestehen, ist es besser, nichts zu sagen und den Entwurf einfach unbeachtet zu lassen.

Zusammenfassung

In der Erziehung liegt immer noch der Nachdruck auf dem logischen, folgerichtigen Denken. Die Tradition will, daß es die einzig richtige Art und Weise ist, wie von Informationen Gebrauch zu machen ist. Die Kreativität wird als eine geheimnisvolle Begabung angesehen und mit undefinierbaren Methoden gefördert. Dieses Buch beschäftigt sich mit dem lateralen Denken. Das laterale Denken ist kein Ersatz für das traditionelle, logische Denken, sondern eine notwendige Ergänzung, das logische Denken bliebe ohne es unvollständig.

Das laterale Denken macht von Informationen einen ganz anderen Gebrauch als das logische (vertikale) Denken. Beim logischen Denken muß jeder Schritt richtig sein, beim lateralen Denken ist das absolut unnötig. Manchmal mag es sogar notwendig werden, unrecht zu haben, denn nur so kann ein Muster aufgelöst werden und sich neu bilden. Das logische Denken fällt sofort Urteile, beim lateralen Denken kann es sein, daß man Urteile hinauszögert, um die Informationen aufeinander einwirken und neue Ideen entwickeln zu lassen.

Das laterale Denken tut zweierlei: Es verwendet Informationen provokativ, und es stellt akzeptierte Begriffe in Frage. Diese beiden Vorgänge entwickeln sich aus dem Hauptzweck des lateralen Denkens: Das laterale Denken bietet Mittel an, die Muster umzustrukturieren. Diese Umstrukturierung von

Mustern ist notwendig, um die bereits vorhandenen Informationen besser gebrauchen zu können. Die Umstrukturierung erfolgt intuitiv.

Der Verstand ist ein musterbildendes System. Der Verstand schafft Muster aus der Umwelt, er erkennt sie wieder und verwendet sie. Darauf beruht seine Wirksamkeit. Da die Informationen nicht gleichzeitig eintreffen, bestimmt die Reihenfolge ihrer Ankunft, wie sie zu einem Muster angeordnet werden. Aus diesem Grund sind solche Muster immer weniger gut als die bestmögliche Informationsanordnung. Um die Muster zu aktualisieren und damit die in ihnen enthaltenen Informationen besser einzusetzen, braucht man ein Werkzeug für die intuitive Umstrukturierung. Dieses Werkzeug kann das logische Denken niemals bieten, denn seine Arbeit beschränkt sich darauf, akzeptierte Begriffe miteinander zu verbinden, aber es strukturiert sie nicht neu. In einem informationsverarbeitenden System dieser Art kann nur laterales Denken eine intuitive Umstrukturierung auslösen. Die provokative Funktion und die anfechtende Funktion des lateralen Denkens sind beide auf dieses Ziel gerichtet. In beiden Fällen wird die Information auf eine Weise verwendet, die über die Vernunft hinausgeht, denn das laterale Denken wirkt außerhalb der Vernunft. Dennoch beruht die Notwendigkeit des lateralen Denkens ganz logisch auf den Mängeln eines sich selbst erweiternden Erinnerungssystems, nämlich des Systemtyps, der den Verstand zum Humor befähigt.

Das laterale Denken setzt auf einer früheren Stufe an als das vertikale Denken. Das laterale Denken wird gebraucht, um das Wahrnehmungsmuster – das heißt die Art und Weise, wie eine Situation betrachtet wird – umzustrukturieren. Das vertikale Denken akzeptiert dann das Wahrnehmungsmuster und entwickelt es weiter. Das laterale Denken ist schöpferisch, das vertikale Denken selektiv. Beide wollen wirkungsvoll sein.

Beim gewöhnlichen, traditionellen Denken haben wir keine Methoden entwickelt, um über das Ausreichende hinauszugehen. Sobald etwas befriedigend ist, muß unser Denken innehalten. Und dennoch gibt es viele Informationsanordnungen, die besser sind als das bloß Ausreichende. Sobald man eine ausreichende Lösung gefunden hat, ist es schwierig, mit dem logischen Denken weiter vorzustoßen, weil der Ablehnungsmechanismus, der dem logischen Denken zugrunde liegt, nicht länger richtig eingesetzt werden kann. Beim lateralen Denken erleichtert die intuitive Umstrukturierung den Schritt über das Ausreichende hinaus.

Das laterale Denken bewährt sich besonders beim Lösen von Problemen und der Entwicklung neuer Ideen. Aber es beschränkt sich nicht auf diese Situationen, denn es ist ein wesentlicher Teil allen Denkens. Ohne ein Instrument, mit dessen Hilfe man Begriffe ändern und aktualisieren kann, läuft man Gefahr, von Begriffen gefangen zu werden, die eher schaden als nutzen. Überdies können starre Begriffsmuster tatsächlich eine ganze Reihe von Problemen aufwerfen. Diese Probleme sind dann besonders brennend, denn sie können durch vorhandene Beweise nicht gelöst werden, sondern nur durch intuitive Umstrukturierung.

Die Notwendigkeit, unsere Ideen abzuwandeln, wird immer offenkundiger, da die Technologie das Tempo der Kommunikation und des Fortschritts beschleunigt. Wir haben niemals sehr befriedigende Methoden entwickelt, um Ideen abzuwandeln, sondern haben uns immer auf Widerspruch verlassen. Das laterale Denken will durch intuitive Umstrukturierung Veränderungen unserer Ideen herbeiführen.

Das laterale Denken hat unmittelbar mit Intuition und Kreativität zu tun. Doch während diese beiden Vorgänge gewöhnlich erst erkannt werden, wenn sie bereits abgelaufen sind, stellt das laterale Denken eine Methode zur Verfügung, mit der man bewußt Informationen so verwendet, daß sie Intuition und Kreativität fördern. In der Praxis vermischen sich laterales Denken und vertikales Denken. Dennoch empfiehlt es sich, beide auseinanderzuhalten, damit man das Wesen des lateralen Denkens versteht und es anzuwenden lernt. Diese Trennung verhindert Verwirrung, denn die Grundsätze, die für die Verwendung der Informationen beim lateralen Denken gelten, unterscheiden sich stark von denen, die für vertikales Denken maßgebend sind.

Es ist schwierig, Geschicklichkeit im lateralen Denken zu erwerben, wenn man bloß darüber liest. Um diese Geschicklichkeit zu erwerben, muß man üben und immer wieder üben. Das ist der Grund, warum in diesem Buch solcher Nachdruck auf die praktische Anwendung gelegt wurde. Ermahnungen und guter Wille reichen nicht aus. Es gibt spezifische Techniken für die Anwendung des lateralen Denkens. Diese Techniken verfolgen einen doppelten Zweck: Sie können um ihrer selbst willen angewendet werden, aber wichtiger ist, daß sie angewendet werden können, um die laterale Denkgewohnheit zu entwickeln. Um erfolgreich lateral zu denken, braucht man ein praktisches Sprachwerkzeug. Ein solches Werkzeug ist nötig, damit die Informationen so eingesetzt werden können, wie es das laterale Denken erfordert. Zugleich wird anderen ein Hinweis auf das gegeben, was geschieht. Dieses Sprachwerkzeug ist PO. PO ist ein intuitives Werkzeug. PO ist ein sprachliches Lösungsmittel. Es bewirkt die Lockerung starrer und verkrampfter Muster, die der Verstand so leicht bildet, und es provoziert neue Muster.

Das laterale Denken will keine Zweifel um des Zweifels willen oder Chaos um des Chaos willen. Das laterale Denken erkennt die enorme Nützlichkeit von Ordnung und Mustern an. Aber es betont die Notwendigkeit, diese Muster zu ändern, um sie zu aktualisieren und noch nützlicher zu machen. Das laterale Denken betont insbesondere, wie gefährlich die starren Muster sind, die der Verstand so bereitwillig bildet.

Edward de Bono
Laterales Denken
Trainingsbogen
ECON

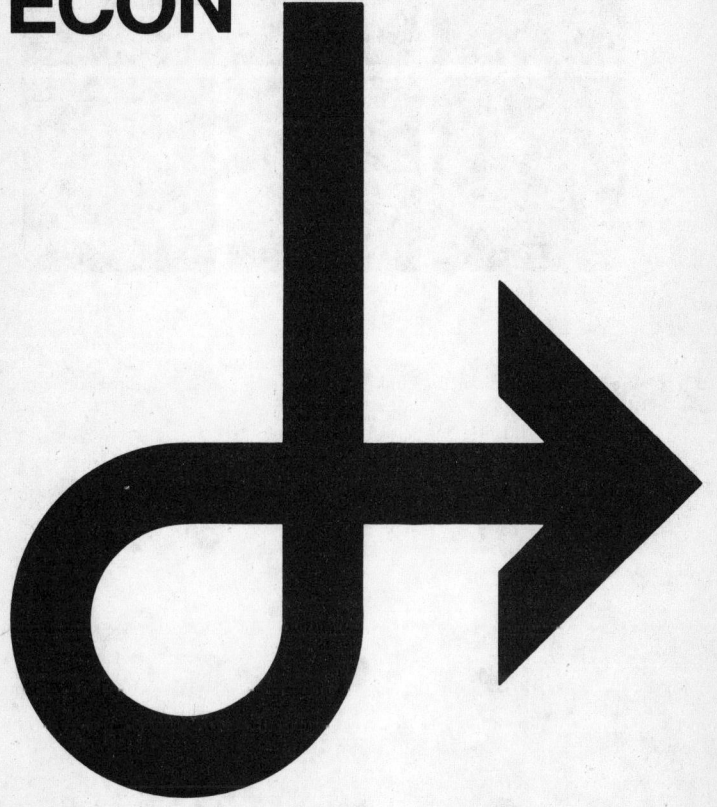

1 Wie würden Sie ein Quadrat in vier gleiche Teile zerschneiden? Suchen Sie nach möglichst vielen Alternativen.
Aufgabe und Lösungen auf Seite 84 f.

2 Wie würden Sie die neun Punkte durch vier Gerade verbinden, ohne den Bleistift abzusetzen?
Aufgabe und Lösung auf Seite 104 f.

3 Wie würden Sie aus den gegebenen drei Formen eine einzige, leicht beschreibbare Form zusammensetzen?
Aufgabe und Lösung auf den Seiten 99 bis 102.

4 Wie würden Sie ein Quadrat zu einem L zerschneiden, dessen Fläche der des Quadrates entspricht? Es dürfen nicht mehr als zwei Schnitte gemacht werden.
Aufgabe und Lösungen auf Seite 86 f.

5 Wie würden Sie die L-Form in vier jeweils form- und flächengleiche Stücke zerschneiden?
Aufgabe und Lösung auf den Seiten 142 bis 144.

6 Schneiden Sie die vier Rohformen für Quader aus, falzen Sie die Kanten zwischen den großen und den kleinen Rechtecken und den Laschen. Kleben Sie die Laschen übereinander. Natürlich können Sie auch Streichholzschachteln oder ähnliches verwenden.

Wie würden Sie die vier Quadrate anordnen, daß

1. jeder Quader zwei andere berührt,
2. ein Quader einen anderen, einer zwei andere und einer drei andere berührt,
3. jeder Quader drei andere berührt,
4. jeder Quader nur einen anderen berührt?

Aufgabe und Lösungen auf den Seiten 106 bis 109.

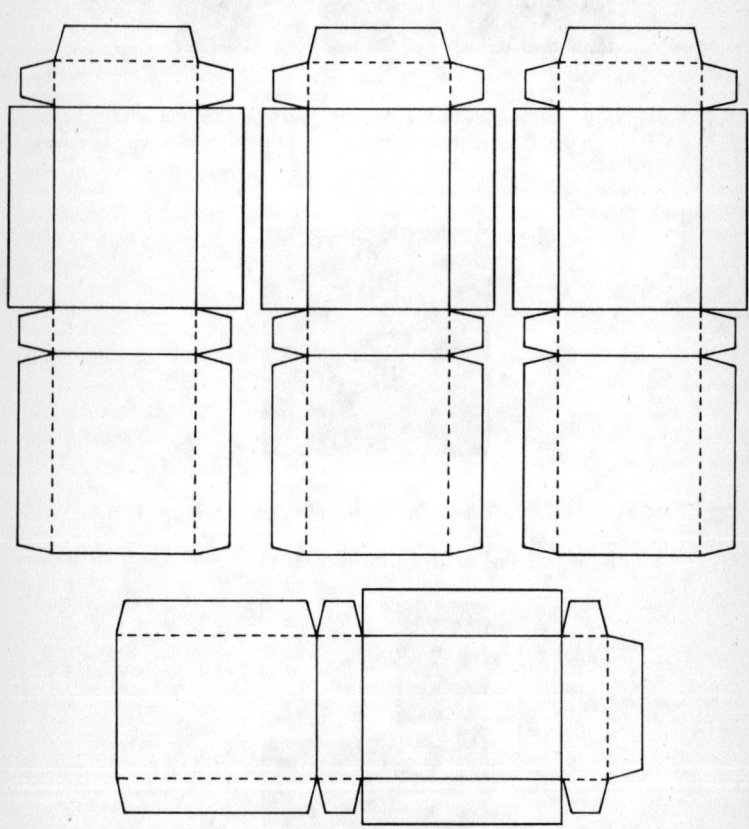

Margrit Erni
Grenzen erfahren
176 Seiten broschiert

Margrit Erni beschreibt die Grenzen, denen wir ausgesetzt sind, Grenzen unserer Fähigkeiten, Möglichkeiten unserer Wirksamkeit und Empfänglichkeit. Die Autorin versteht es, den Umgang mit den Grenzen als Umgang mit dem Leben selbst darzustellen. Grenzen gehören zum Leben; sie erschrecken nicht nur, sondern schützen und bewahren zugleich, sie schenken Freiheit und geben Chancen zur Weiterentwicklung.

Margrit Erni
Sich selber finden
136 Seiten, broschiert

Die Autorin entwirft das Bild eines Menschen, der auf dem Weg zu sich selbst ist. Wer bin ich eigentlich? Was macht mein tiefstes Mensch-Sein aus? Dieses Buch hilft bei der Beantwortung dieser Fragen. Die Forderung nach eigener Selbstverwirklichung läßt sich auf Dauer für keinen Menschen beiseite schieben. Selbstverwirklichung ist ein widerspruchsvoller Prozeß, vor allem in einer Welt, in der das Selber-Sein immer schwerer wird.

ECON Taschenbuch Verlag
Postfach 30 03 21 · 4000 Düsseldorf 30

John Sculley
Meine Karriere
bei PepsiCo und Apple
432 Seiten, broschiert

Alle Höhen und Tiefen in der Welt des alten und neuen
Unternehmertums enthüllt John Sculley, einer der Top-
manager Amerikas, in diesem mitreißenden Buch.
Sculley selbst war es, der sich in den unterschiedlichsten
Sparten bewährte. Sein Marketingkonzept stärkte die
Position von PepsiCo und ermöglichste Apple nach einer
schweren Krise ein Comeback am Computermarkt. Eine
spannende Geschichte, die sich wie ein klassisches
Drama liest.
John Sculley war Topmanager bei PepsiCo und ist heute
Vorstandsvorsitzender von Apple Computers. Sein Co-
Autor, John A. Byrne, arbeitet für den Managementbe-
reich der *Business Week* und ist Autor des erfolgreichen
Buches *Headhunters*.

ECON Taschenbuch Verlag
Postfach 30 03 21 · 4000 Düsseldorf 30

Jean-Louis Servan-Schreiber
Mut im Alltag
184 Seiten, broschiert

»Wünsche, Willensäußerungen und Entscheidungen sind bloße Absichtserklärungen. An ihnen mangelt es uns nicht. Erst der Mut sorgt dafür, daß sie Wirklichkeit werden.«

Der erfolgreiche Sachbuchautor Jean-Louis Servan-Schreiber zeigt, daß wir heute mehr denn je Alltagsmut brauchen, den inneren Ansporn, der uns zum Handeln bringt. Mut ist die Schwelle, die unsere Vorstellung von uns und unseren Absichten von der Wirklichkeit trennt. Es werden Wege aufgezeigt, wie wir lernen können, im Einklang mit uns selbst zu leben.

Jean-Louis Servan-Schreiber
Die 90-Minuten-Stunde
– Mehr Zeit zum Leben –

176 Seiten, broschiert

Zeitmangel ist in der modernen Gesellschaft zu einem großen Problem geworden. Servan-Schreiber zeigt einen Weg zum besseren Umgang mit der Zeit auf. Das Buch vermittelt nicht allein praktische Ratschläge, sondern ist zugleich ein geistreicher und zutiefst menschlicher Bericht über unsere Schwierigkeiten, sinnvoll mit dem Leben umzugehen.

ECON Taschenbuch Verlag
Postfach 30 03 21 · 4000 Düsseldorf 30

Ehrhardt Heinold
Erfolgreich durch methodisches Arbeiten
— Tips und Hilfen für den Berufsalltag —

168 Seiten, broschiert

Auf der Grundlage der EKS®-Strategie von Wolfgang Mewes geht dieses Buch von den Problemen aus, denen jeder geistig Tätige in seinem individuellen oder betrieblichen Umfeld ausgesetzt ist. Es beschreibt, mit welchen arbeitsmethodischen Möglichkeiten diese Probleme gelöst werden können. Von der Problembeschreibung führt es über die Problemanalyse zur Problemlösung. Jedes Kapitel erhält eine Tabelle mit detaillierten Angaben zur jeweiligen Problemlösung sowie eine Checkliste zur Bearbeitung der eigenen Probleme.

Heiner Kurt Wülfrath
Sich erfolgreich bewerben und vorstellen

96 Seiten, broschiert

Auf einem immer schwieriger werdenden Arbeitsmarkt wird auch die Konkurrenz unter den Stellensuchenden größer. Die Chancen des einzelnen nehmen mit der effizienten schriftlichen und mündlichen Bewerbung zu. In systematischer Abfolge steht in diesem Ratgeber wie man Anzeigen analysiert, welche Bewerbungsformen es gibt, welche am wirksamsten sind, wie man eine schriftliche Bewerbung aufbaut und formuliert, wie man sich auf ein Vorstellungsgespräch vorbereitet, wie man Gehaltsverhandlungen führt und was man beim Vertragsabschluß berücksichtigen muß.

ECON Taschenbuch Verlag
Postfach 30 03 21 · 4000 Düsseldorf 30